| 博士生导师学术文库 |

A Library of Academics by Ph.D. Supervisors

新时代党和国家监督体系论纲

吴建雄 等 著

光明日报出版社

图书在版编目（CIP）数据

新时代党和国家监督体系论纲 / 吴建雄等著 . -- 北京 : 光明日报出版社，2024. 6

ISBN 978-7-5194-7914-5

Ⅰ . ①新… Ⅱ . ①吴… Ⅲ . ①中国共产党—党的纪律—监督—学习参考资料②国家监督—中国—学习参考资料
Ⅳ . ① D262.6 ② D630.9

中国国家版本馆 CIP 数据核字（2024）第 080648 号

新时代党和国家监督体系论纲

XINSHIDAI DANG HE GUOJIA JIANDU TIXI LUNGANG

著　　者：吴建雄　等

责任编辑：宋　悦　　　　责任校对：刘兴华　温美静
封面设计：一站出版网　　责任印制：曹　净

出版发行：光明日报出版社
地　　址：北京市西城区永安路 106 号，100050
电　　话：010-63169890（咨询），010-63131930（邮购）
传　　真：010-63131930
网　　址：http://book.gmw.cn
E - mail：gmrbcbs@gmw.cn
法律顾问：北京市兰台律师事务所龚柳方律师

印　　刷：三河市华东印刷有限公司
装　　订：三河市华东印刷有限公司
本书如有破损、缺页、装订错误，请与本社联系调换，电话：010-63131930

开　　本：170mm × 240mm
字　　数：306 千字　　　印　　张：20
版　　次：2024 年 6 月第 1 版　　印　　次：2024 年 6 月第 1 次印刷
书　　号：ISBN 978-7-5194-7914-5

定　　价：98. 00 元

序　言

李步云[①]

党的二十大报告提出“完善党的自我革命制度规范体系”，明确要求“健全党统一领导、全面覆盖、权威高效的监督体系，完善权力监督制约机制，以党内监督为主导，促进各类监督贯通协调，让权力在阳光下运行”。党和国家监督体系是国家治理体系的重要组成部分，也是党在长期执政条件下实现自我净化、自我完善、自我革新、自我提高的重要制度保障。

国家治理的关键是治权。缺乏监督的权力，必然产生腐败。坚持和完善党和国家监督体系，是我们党加强自身建设、强化对权力运行的制约和监督、破解自我监督难题、一以贯之推进全面从严治党的重大命题。党的十八大以来，以习近平同志为核心的党中央着眼于党和国家长治久安，从政治和全局高度推动党和国家监督制度改革，设立国家监察委员会和地方各级监察委员会，构建巡视巡察上下联动格局，构建以党内监督为主导、各类监督贯通协调的机制，加强对权力运行的制约和监督。党的十九大对构建党统一领导指挥、全面覆盖、权威高效的监督体系作出重要部署。党的十九届四中全会将健全党和国家监督体系、加强权力的监督制约作为纳入坚持和完善中国特色社会主义制度、推进国家治理体系与治理能力现代化的重要内容并提出具体要求。党的十九届六中全会深刻总结党的百年重大历史成就和历史经验，将“坚持自我革命”列为党百年奋斗的十条宝贵经验之一，强调了权力运行制约

① 本文作者为中国社会科学院荣誉学部委员，最高人民检察院专家咨询委员会荣誉委员，中国反腐败司法研究中心学术顾问，湘潭大学法学院特聘教授、博士生导师。

和监督体系建设的重要性和紧迫性，并且从顶层设计的高度提出了明确的改革方向和具体要求。这对于我们落实一以贯之推进全面从严治党、着力规范权力行使、从源头上防治腐败、保证人民赋予的权力真正用来为人民服务等工作意义重大。

本书是我作为湘潭大学的特聘教授以后指导的国家社科基金重点项目“坚持和完善党和国家监督体系研究”的结项成果。课题组由首席专家吴建雄教授领衔，学习领悟了习近平总书记关于权力制约监督系列论述，梳理和探讨了党和国家监督体系建设的马克思主义中国化理论创新。从党和国家监督体系的历史脉络入手，研究不同历史时期党和国家监督体系的发展过程。从推进国家治理体系和治理能力现代化的要求入手，探讨了新时代坚持完善党和国家监督体系的实践路径，包括：优化监督体系中各要素的功能性、系统性和协同性，形成监督合力；完善依法设定权力、规范权力、制约权力、监督权力的权力配置和制约监督机制；一体推进不敢腐、不能腐、不想腐的有效机制和战略目标等。

本书由十个章节构成。导论主要阐明党和国家监督体系的概念特征、研究现状和研究意义。第一章“党和国家监督体系概论”，主要阐述党和国家监督体系的历史发展、时代特征、基本要求和实践路径。第二章“党和国家监督体系的理论基础”，主要阐述马克思主义中的权力制约监督思想、马克思主义权力制约监督思想的中国化和新时代党对权力制约监督的理论创新。第三章“加强党对监督体系的统一领导”，主要阐述坚持党中央的集中统一领导、加强党的中央组织的监督、构建党委统一领导的监督机制、落实党委（党组）监督主体责任、充分发挥党员民主监督作用、完善巡视巡察派驻监督机制六方面内容。第四章“深化纪检监察体制改革”，主要阐述以党内监督为主导，强化纪检监察专责监督、深化监督执纪（法）“四种形态”、健全纪检监察派驻监督机制、构建一体推进“三不腐”监督机制。第五章“健全人大监督和民主监督制度”，主要阐述强化人大对国家机关的监督、完善人大对国家机关监督的探讨、健全人民政协民主监督制度和完善新时代民主监督机制。第六章“加强和改进国家行政监督”，主要阐述行政监督的基本原理与意义、行政监督体制的演变和新时代行政管理监督的机制创新。第七章“发挥司法监督法治保障作用”，主要阐述法律监督的时代要求，包括完善职务犯罪刑事检察工作机制、优化监检衔接监督机制、加强司法人员相关职务犯罪侦查工作，审判监督的法定职责，包括做好审理职务犯罪法法衔接，推进刑事缺席审判制度的实施。第八章“加强审计、统计和财会监督”，主要阐述审计、统计和财会监督的功能特征及三者间的相互关系，新时代强化审计、统计监督的基本原则和实践路径，财会监督在党和国家监督体系中的地位与协同。第九章“完善群众监督和舆论监督”，主要阐述群众监督和舆论监督的原则、机制和基本功能，健全完善群众监督和舆论监督机制。第十章“党和国家监督的贯通协调”，主要从党和国家监督体系内各要素的监督属性和相互关系入手，通过贯通协调的领导机制、主导机制、统筹机制具体展开对构建党和国家监督的贯通协调机制的研究。

党和国家监督体系是一项复杂的系统工程，涉及多方面、多要素，不同工作之间往往相互交织，必须科学谋划、统筹安排，在互联互通中乘势借力、在整合力量中推进实施。期待本书的研究，可以为推进党和国家监督体系现代化建设略尽绵薄之力。由于水平所限，不当之处在所难免，诚望读者理解。

是为序。

2023年6月23日于北京寓所

目　录

CONTENTS

导 论

坚持和完善党和国家监督体系，是党的十九大着眼于全面从严治党、提高党的执政能力和领导水平而作出的重大战略部署。党的十九届四中全会贯彻党的十九大精神，确立党和国家监督体系在坚持和完善中国特色社会主义制度、推进国家治理体系和治理能力现代化中的重要支撑地位，将“坚持和完善党和国家监督体系”专列一章作出重大制度安排。党的二十大将“健全党统一领导、全面覆盖、权威高效的监督体系”纳入完善党的自我革命制度规范并提出明确要求。这是以习近平同志为核心的党中央面对世界百年未有之大变局、立足实现“两个一百年”奋斗目标，从国家治理体系现代化和党的自我革命两个维度作出的战略决策。对于把权力关进制度的笼子、确保人民赋予的权力始终用来为人民谋幸福、推动全面从严治党向纵深发展、推进国家治理体系和治理能力现代化意义重大；同时也是立意高远、内涵丰富、思想深刻、创制科学的历史性课题。

一、党和国家监督体系的概念与特征

国家权力是国家存在的表征。通过权力的运行，国家意志向社会传达，为全体社会成员提供行动规划与指导，同时通过国家强制力保证实施，社会和平稳定的秩序得以实现。权力对于社会安全、社会稳定的维护作用固然是一个客观事实，但是权力也可能成为一种危及人民自由和生存的负面能量，“纵观人类政治文明史，权力是一把双刃剑，在法治轨道上行使可以造福人民，在法律之外行使则必然祸害国家和人民。”习近平总书记高度重视权力监督问题，强调“我们要健全权力运行制约和监督体系，有权必有责，用权受监督，失职要问责，违法要追究，保证人民赋予的权力始终用来为人民谋利益。”①

（一）党和国家监督体系的概念

改革开放之后，随着腐败问题日益严重，中国共产党不断探索权力制约和监督机制，进入21世纪以来，我国逐渐形成了比较成熟的权力监督体系。从党的十六大提出的“加强对权力的制约和监督”，到党的十七大提出的“完善制约和监督机制”，到党的十八大提出的“健全权力运行制约和监督体系”，再到党的十九大提出的“健全党和国家监督体系”，党对权力监督的顶层设计思路越来越清晰、系统。健全党和国家监督体系，加强对权力的制约和监督，对于把权力关进制度的笼子、深入推进全面从严治党、保持反对和惩治腐败的强大力量常在来说至关重要。

习近平总书记指出，对我们党来说，外部监督是必要的，但从根本上讲，还在于强化自身监督。②党内监督是第一位的监督，党内监督有力有效，其他监督才能发挥作用。③党内监督在党和国家各种监督形式中是最根本的、第一位的，但如果不同有关国家机关监督、民主党派监督、群众监督、舆论监督结合起来，就不能形成监督合力。④党和国家监督体系是党在长期执政条件下实现自我净化、自我完善、自我革新、自我提高的重要制度保障。其具体内涵是：在中国共产党统一领导下，推进纪律监督、监察监督、派驻监督、巡视监督统筹衔接，健全人大监督、民主监督、行政监督、司法监督、群众监督、舆论监督制度，发挥审计监督、统计监督职能作用。以党内监督为主导，推动各类监督有机贯通、相互协调。⑤

① 习近平．在首都各界纪念现行宪法公布施行30周年大会上的讲话［N］．人民日报，2012-12-05（2）．

② 习近平在第十八届中央纪律检查委员会第六次全体会议上的讲话 [N]. 人民日报 ,2016-01-12（1）.

③ 党的十九届四中全会《决定》全文［R/OL］．新华网，2019-11-06．

④ 习近平在党的十八届六中全会第二次全体会议上的讲话［R/OL］．新华网，2017-01-06．

⑤ 中共中央关于坚持和完善中国特色社会主义制度 推进国家治理体系和治理能力现代化若干重大问题的决定［N］．人民日报，2019-11-06（1）．

（二）党和国家监督体系的特征

1. 党内监督全覆盖

中国特色社会主义的国情决定，在长期执政条件下，党必须敢于自我革命、刀刃向内，善于自己给自己“做手术”，必须有能力首先监督好自己，才能保证党始终做到坚持真理、修正错误。习近平总书记指出：“党的十八大以来，我们坚持增强自我革命和自我净化能力，以党内监督带动其他监督，健全党内监督体系，发挥巡视监督利剑作用和派驻监督探头作用，实现党内监督全覆盖。”[①] 因此，坚持和完善党和国家监督体系，首先要完善党内监督体系，要实现党内监督的全面覆盖。《中国共产党党内监督条例》指出：“建立健全党中央统一领导，党委（党组）全面监督，纪律检查机关专责监督，党的工作部门职能监督，党的基层组织日常监督，党员民主监督的党内监督体系。”新时代纪检监察工作具有鲜明的政治属性，纪检监察监督最根本的是强化政治监督，因此，坚持和完善党和国家监督体系，必须牢牢把握“两个维护”首要任务，加强对党的理论和路线方针政策以及重大决策部署贯彻落实情况的监督检查，完善巡视巡察整改、督察落实情况报告制度，强化纪委监委专责监督职能，加强上级纪委监委对下级纪委监委的领导，发挥纪委监委合署办公优势，坚持纪在法前、纪严于法，推动执纪执法贯通、有效衔接司法，依规依纪依法开展工作，推进纪检监察工作规范化、法治化。必须要加强日常监督，构建纪律监督、监察监督、派驻监督、巡视（巡察）监督“四个全覆盖”的党内监督格局，推进纪律监督、监察监督、派驻监督、巡视监督统筹衔接，使党内监督不留死角，没有空白。必须落实各级党组织监督责任，切实解决过去对党委（党组）的监督主体责任强调不够问题，党组织的日常管理监督缺位问题，进一步落实各级党组织监督责任，切实保障广大党员依章依规行使监督权利。[②]

2. 党和国家监督全覆盖

党和国家监督全覆盖就是以党内监督为主导，实现党内监督与党外监督

---

① 习近平．深刻把握党的十八大以来全面从严治党的重要经验［M］// 中共中央党史和文献研究院．十九大以来重要文献选编：上．北京：中央文献出版社，2019：191．

② 张志明．健全党统一领导全面覆盖权威高效的监督体系［N］．学习时报，2020-07-20（A1）．

的有机结合，实现对党的自我监督和对公共权力监督的全覆盖。习近平总书记深刻指出："全面覆盖，就是要坚持有形覆盖和有效覆盖相统一，抓好'关键少数'，带动整个监督体系更加严密、更加有效运转。要盯紧权力运行各环节，抓住政策制定权、审批监管权、执法司法权等关键点，合理分解、科学配置权力，严格职责权限，加快推进机构、职能、权限、程序、责任法定化。"① 中国特色的监督体系，既包括党内的纪律监督、监察监督、派驻监督、巡视监督等，又包括人大监督、民主监督、行政监督、司法监督、群众监督、舆论监督制度，同时要注重发挥审计监督、统计监督的职能作用，要进一步推动党内监督和人大监督、民主监督、司法监督等各类监督有机贯通、相互协调，发挥好党内监督与党外监督结合的整体制度效能，增强监督合力，形成发现问题、纠正偏差的有效机制。只有实现了党内监督和党外监督的结合，才能增强监督的严肃性、协同性、有效性，形成决策科学、执行坚决、监督有力的权力运行机制。

3. 监督无禁区、无例外

在监督全面覆盖的基础上，监督的重点是加强对高级干部、各级主要领导干部的监督。从一些主要领导干部违纪违法的案例中可以看到，其根本原因是监督不力，没有很好破解对"一把手"监督和对同级监督的难题。因此，必须完善对各级主要领导干部的监督制度，推进双重领导体制具体化、程序化、制度化，健全领导班子内部监督制度，尤其是加强纪委对同级党委，特别是常委会委员履行职责、行使权力情况的监督，确保主要领导干部身边的监督到位管用。"坚持抓'关键少数'，和管'绝大多数'相统一，既讲'两点论'又讲'重点论'，在兼顾一般的同时紧紧抓住主要矛盾和矛盾的主要方面，以重点突破带动整体推进，在整体推进中破解重点难题。"②

① 习近平．以全面从严治党新成效推进国家治理体系和治理能力现代化［M］// 中共中央党史和文献研究院．十九大以来重要文献选编：中．北京：中央文献出版社，2021：389.

② 中共中央纪律检查委员会，中华人民共和国国家监察委员会，中共中央党史和文献研究院．习近平关于坚持和完善党和国家监督体系论述摘编［M］．北京：中央文献出版社，中国方正出版社，2022：127.

二、党和国家监督体系的研究对象

（一）党和国家监督体系制度规范与运行

党和国家监督体系制度规范研究内容包括：落实各级党组织监督责任制度规范，保障党员监督权利制度规范；重点加强对高级干部、各级主要领导干部监督的制度规范，完善领导班子内部监督制度规范，破解对“一把手”监督和同级监督难题的制度规范；强化政治监督，加强对党的理论和路线方针政策以及重大决策部署贯彻落实情况的监督检查；完善巡视巡察整改、督察落实情况报告制度规范；深化纪检监察体制改革，加强上级纪委监委对下级纪委监委的领导，推进纪检监察工作规范化、法治化；完善派驻监督体制机制；推进纪律监督、监察监督、派驻监督、巡视监督统筹衔接，健全人大监督、民主监督、行政监督、司法监督、群众监督、舆论监督制度，发挥审计监督、统计监督、财会监督职能作用。以党内监督为主导，推动各类监督有机贯通、相互协调。

党和国家监督体系实际运行包括两个方面：一是完善权力配置和运行制约机制。坚持权责法定，健全分事行权、分岗设权、分级授权、定期轮岗制度，明晰权力边界，规范工作流程，强化权力制约；坚持权责透明，推动用权公开，完善党务、政务、司法和各领域办事公开制度，建立权力运行可查询、可追溯的反馈机制；坚持权责统一，盯紧权力运行各个环节，完善发现问题、纠正偏差、精准问责有效机制，压减权力设租寻租空间。二是构建一体推进不敢腐、不能腐、不想腐体制机制。坚定不移推进反腐败斗争，坚决查处政治问题和经济问题交织的腐败案件，坚决斩断“围猎”和甘于被“围猎”的利益链，坚决破除权钱交易的关系网；深化标本兼治，推动审批监管、执法司法、工程建设、资源开发、金融信贷、公共资源交易、公共财政支出等重点领域监督机制改革和制度建设，推进反腐败国家立法，促进反腐败国际合作，加强思想道德和党纪国法教育，巩固和发展反腐败斗争压倒性胜利。

（二）党和国家监督体系基本理论

党的集中统一领导的基本理论。习近平总书记指出，统一领导，就是要强化主体责任，加强统筹协调，使监督工作在决策部署指挥、资源力量整合、措施手段运用上更加协同。各级党委（党组）要严格日常监督，综合运用谈心谈话、检查抽查、指导民主生活会、受理信访举报、督促巡视巡察整改等形式，把管理和监督寓于实施领导的全过程。[①] 在中国特色社会主义伟大事业中，中国共产党既是领导者，又是执政者，因而，如何体现领导者与执政者的准确定位，事关政治体制与政权运行的有序开展，事关国家治理体系和治理能力现代化的高效有序推进。我国宪法的序言，反映了中国共产党带领中国人民进行革命、建设、改革所取得的伟大成就，并确立了在历史和人民的选择中形成的中国共产党的领导地位。党的领导成为我国宪法的基本原则。当今世界，反腐败已然成为保障人类社会持续健康发展的一项复杂而又艰巨的社会工程。任何国家要想在现代化进程中稳健发展，都必须加强反腐败的实际措施及理论研究。在政治、经济基础上，建立完整、完善而又有效的反腐败体系，同时动员全社会的力量加强对公共权力运行的监督，如此，人类才能像战胜瘟疫一样有效地控制公权力的腐败。构建党统一指挥、全面覆盖、权威高效的监督体系，是中国特色社会主义根本制度下，确保人民赋予的权力永不蒙尘的必然选择。

权力属于人民、人民监督权力的基本理论。党的十九大报告提出："健全人民当家作主制度体系，发展社会主义民主政治。"健全的中国特色社会主义监督体系，是发展社会主义民主政治的制度保障，是人民当家作主制度体系的重要组成部分。"我国社会主义民主是维护人民根本利益的最广泛、最真实、最管用的民主。发展社会主义民主政治就是要体现人民意志、保障人民权益、激发人民创造活力，用制度体系保证人民当家作主。"[②] 公权力姓"公"，也必须为公。只要公权力存在，就必须有制约和监督。不关进笼子，公权力就会被滥用。马克思强调，社会主义国家的一切权力属于人民，一切公职人员必须"在公众监督之下进行工作"。[③] 中国特色社会主义监督体系的构建，是我

① 习近平．以全面从严治党新成效推进国家治理体系和治理能力现代化［M］// 中共中央党史和文献研究院．十九大以来重要文献选编：中．北京：中央文献出版社，2021：389.

② 习近平．健全人民当家作主制度体系，发展社会主义民主政治［M］// 习近平．论坚持人民当家作主．北京：中央文献出版社，2021：175.

③ 习近平．在新的起点上深化国家监察体制改革［M］// 习近平．论坚持人民当家作主．北京：中央文献出版社，2021：249.

党探索符合中国国情的社会主义民主政治的重大创举，是列宁关于“建立起包括党内监督、人民监督、法律监督在内的监督体系，以防止公职人员成为‘脱离群众、站在群众之上、享有特权的人物’”论述的具体体现。

推进治理体系和治理能力现代化的基本理论。国家治理体系和治理能力相辅相成，是一个国家的制度及制度执行能力的集中体现。世界各国治国理政的实践证明，国家治理能力的现代化，离不开腐败治理的民主化、科学化和法治化。习近平总书记指出，深化国家监察体制改革是贯彻党的十九大精神、健全党和国家监督体系的重要部署，是推进国家治理体系和治理能力现代化的一项重要改革。① 国家监察体制改革有利于党对反腐败工作的集中统一领导。实践表明，反腐败是一项维护公共权力廉洁高效运转的、复杂而又艰巨的国家治理工程。同时，反腐败也是中国共产党作为执政党不断进行自我净化、自我完善、自我革新、自我提高的过程。腐败是国家治理中的一种病变，具体表现为公共管理活动中的权力滥用。只有真正遏制住国家治理中的这种病变、有效防止住公共权力的滥用，才能够保障国家治理的有效性。推进国家治理体系和治理能力现代化，必须实现反腐败治理体系和治理能力的现代化。

党的自我革命的基本理论。中国共产党的自我革命，作为一种来自主体自觉、自发、自动的行为，概括来说就是不忘初心、牢记使命，坚持一切从实际出发，在自我警醒、自我否定、自我反思、自我超越中实现自我净化、自我完善、自我革新、自我提高。其内在逻辑，主要体现在以下五个方面：一是马克思主义政党性质的理论逻辑，即党要保持先进性和纯洁性，就要祛病疗伤、激浊扬清，同一切弱化先进性、损害纯洁性的问题作斗争；二是践行党的初心使命的政治逻辑，这就要求要有正视问题的自觉和刀刃向内的勇气，坚持问题导向，真刀真枪解决问题；三是应对国内外风险挑战的斗争逻辑，要立足于新的时代条件，对成功应对不同阶段、不同风险的经验进行梳理，特别是自我革命的经验，做好长期解决外部环境问题的思想准备以及工作准备；四是永葆青春活力的强党逻辑，党自革命起到长期执政，面临的风

① 习近平．在新的起点上深化国家监察体制改革［M］// 习近平．论坚持人民当家作主．北京：中央文献出版社，2021：247.

险挑战也有了很大的改变，以往的纯洁与当前的纯洁是一样的，以往的先进与当前的先进却是不同的，当前的纯洁也不意味着永远纯洁，只有与时俱进，才能引领时代；五是跳出历史周期律的执政逻辑，经过百年奋斗特别是党的十八大以来新的实践，我们党又给出了第二个答案，这就是自我革命，即长期执政条件下中国共产党在传承“让人民来监督政府”的同时，依靠自我革命跳出历史周期率的成功路径。[①]

三、党和国家监督体系研究现状

中国知网的数据显示，截至2023年7月30日，以“党和国家监督体系”为题名的文章共检索到166篇。从论文类型来看，发表在学术期刊上的论文132篇，发表在报纸上的文章26篇，博士研究生学位论文1篇；从发表年份来看，论文集中发表于2016年以后。党的十九大报告首次提出“健全党和国家监督体系”之后，学界对党和国家监督体系问题的关注与重视程度迅速攀升。已发表的论文从党和国家监督体系的概念论述、发展历程、基本特征、理论逻辑等多维度进行论述，拓展了中国特色党和国家监督体系的研究视域与深度，研究成果丰硕，取得了较好的成绩。主要有：第一，理论研究有一定的深度，对于原理、价值目标、责任等均作出了一定的论述；第二，研究的范围广，从总体性的立法阐述，到具体罪名的分析解读，再到立法建议均有涉及；第三，研究的方法多种多样，既有理论的分析，也有国际法国内法的比较，还有基于实证的解读，这些都为我国建立健全党和国家监督体系提供了理论研究基础；第四，坚持从中国实际出发，吸收世界监督体制机制建设的文明成果；第五，体现了强烈的改革意识和创新思维，对现行党和国家监督体系的基本政治优势既给予充分肯定，又对客观存在的弊端和原因进行梳理和挖掘，从而增强了党和国家监督体系研究的针对性和客观性。近年来国内外学界在党和国家监督体系研究上取得的成果，为进一步深化党和国家监督体系研究奠定了良好的基础。

① 吴建雄．中国共产党自我革命的百年实践、内在逻辑和基本经验［J］．中南大学学报（社会科学版），2022，28（2）：1–12．

（一）对相关代表性成果及观点的分析

新中国成立以来中国共产党在领导社会主义革命、建设与改革过程中，时刻保持自我革命的警醒，不断探索跳出历史周期率的新路，形成了具有鲜明中国特色的党和国家监督体系，为世界各国执政党自身建设提供了“中国经验”。特别是党的十八大以来，以习近平同志为核心的党中央以非凡的政治勇气与历史担当，全面推动国家监察体制改革不断深入，给中国共产党自身和中国社会带来了深刻变化，引发了国内外学者对中国特色党和国家监督体系问题的浓厚学术兴趣和理论思考。党的十八大之前，学者主要对党内监督或国家监督进行独立的研究。党的十八大之后，将党内监督和国家监督置于一个体系下的研究才逐渐增多。综合分析国内外学界现有的基础文献、研究专著及论文成果，尽管学界以党和国家监督体系为直接研究对象的成果不多，但与之相关的研究成果从不同角度、不同程度涉及了该问题，形成了多个研究领域极具代表性的学术观点，这些研究成果对于本研究具有重要借鉴价值。

一是关于党和国家监督体系的整体性研究。在学术界关于党和国家监督体系的整体性研究成果中，主要涉及党和国家监督体系的概念界定、形成脉络、内在逻辑等。

关于党和国家监督体系的相关概念界定。目前研究者在这一问题上，由于研究角度不同，概念的界定也不尽相同，综合各种研究成果对党和国家监督体系的定义，总体上可以概括为“权力监督体系说”和“要素说”两种代表性观点。“权力监督体系说”认为，中国特色权力监督体系就是综合运用多种监督形式，形成结构合理、配置科学、程序严谨、制约有效的权力运行机制。主要代表作是邓频声等所著《中国特色社会主义权力监督体系研究》一书。“要素说”认为，党和国家监督体系是由多个监督要素构成的监督制度体系。主要代表作是任建明、洪宇所写《党和国家监督体系——要素、结构与发展》一文，该研究在梳理甄别的基础上，提出党和国家监督体系的“七大监督要素”，即党和国家监督体系由党内监督、人大监督、国家监督、审计监督、司法监督、民主监督和舆论监督七大要素构成。对比分析上述两种观点，笔者认为“要素说”比“权力监督体系说”更能科学客观揭示中国特色党和国家监督体系的基本特征和显著优势。

关于对党和国家监督体系形成发展历史脉络的梳理。这一视域的研究，有助于在宏观视角对党和国家监督体系的形成过程产生基本认知。由于划分依据不同，学界对于党和国家监督体系形成的历史脉络的梳理也不尽一致，主要代表性观点包括“五阶段说”“六阶段说”和“两阶段说”。“五阶段说”的主要代表作是李兴中主编的《社会主义监督机制研究》，作者将党和国家监督体系形成的历史脉络划分为五个阶段，即土地革命战争时期的监督制度、抗日战争时期的监督制度、解放战争时期的监督制度、新中国成立时期的监督制度和新时期的监督制度。“六阶段说”主要从反贪污视角，依据建党以来中国共产党反贪污制度发展的历程，将以反贪倡廉为中心任务的党和国家监督体系的发展分为六个阶段，主要代表作是邱涛的著作《中国反贪制度史》（下卷），作者在书中将中国共产党反贪污的制度建设划分为新民主主义革命时期中国共产党反贪污思想与实践（1921—1949）、新中国反贪廉政建设的开始阶段（1949—1966）、“文化大革命”时期的反贪污腐败工作（1966—1976）、改革开放初期反贪污腐败工作的恢复和发展（1977—1991）、新中国反贪腐廉政建设的重要发展阶段（1992—2002）、新世纪反贪腐廉政建设（2002年以后）六个阶段。“两阶段说”主要依据党和国家监督体系形成过程中的中心任务不同，将其演进历程分为“治标”和“治本”两个阶段。主要代表作是张桂林的《党和国家监督体系原理探析》一文，其提出“治标”阶段就是为确立完备监督体系而去争取有利政治形势的阶段，“治本”阶段就是展开制度建设的阶段。笔者认为，“六阶段说”的划分不仅准确反映了中国共产党反贪污制度建设的历史脉络，而且划分时间界限具体清晰，反贪污制度建设史即是一部党和国家监督制度体系发展史，对其历史脉络的系统梳理，有利于展开对党和国家监督体系的深入研究。

关于党和国家监督体系的内在逻辑研究。党和国家监督体系的内在逻辑研究，就是其中各个构成要素之间的逻辑关系，目前学界也有初步的探讨，但由于学界对党和国家监督体系的构成要素尚未形成一致认识，所以对各要素之间的逻辑关系，也存在不同观点。具有代表性的观点为“三层立体结构说”和“二元结构说”。“三层立体结构说”就是基于构成要素的地位与作用差异，将党和国家监督体系内部划分为三个不同地位的子系统。主要代表性观点是任建明、洪宇在《党和国家监督体系——要素、结构与发展》一文中提出的基于党和国家监督体系构成的“七大监督要素”，并提出了适合中国国情的监督体系结构，即以党内监督为统领，以民主监督为基础，以人大监督、国家监督、审计监督、司法监督、舆论监督为支柱的三层立体监督体系结构的观点。“二元结构说”认为党和国家监督体系是由党内监督体系和国家监督体系两个子系统构成的观点，主要代表作是张梁的《健全党和国家监督体系论纲》一文。

二是关于党和国家监督体系的专项性研究。在党的十九大提出“党和国家监督体系”这一全新概念之前，学界对我国监督体系的关注点，主要分散在反腐败视域下和执政党建设视域下的党和国家监督体系研究，构成党和国家监督体系各要素的具体研究，以及关于国家监察体制改革的研究四个领域。

关于反腐败视域下党和国家监督体系研究，制度反腐特别是深化纪检监察体制改革、党和国家监督制度的完善，因其强制性、高效性和持久性等特征，在我国反腐败斗争中占有根本性地位，已经成为学界共识。这方面的研究成果首推李雪勤主编的《中国共产党执政以来反腐倡廉思想研究》一书，该书从反腐倡廉的角度，系统总结梳理了社会主义革命和建设时期的“民主反腐、监督治腐”，改革开放和社会主义现代化新时期的“设立专门机构进行铁面无私的党内监督”，党的第三代领导集体的“标本兼治、综合治理”，新时代的“三不”一体推进的国家监督体制改革三个阶段，剖析了新中国成立以来我国监督体系在演进与变革中发挥预防和惩治腐败的特殊作用，堪称是这方面的研究力作。柏维春在《制度与腐败、反腐败的相关性分析》一文中指出，公共权力监督体制失序、监督体制的漏洞是造成“一把手”腐败、“行政权力滥用”的主要原因。

关于执政党建设视域下党和国家监督体系研究，主要代表性观点为党的监督体系建设是执政党建设的重要内容，也是中国共产党的鲜明特色和巨大优势。主要代表作是徐玉生、徐药所著《中国反腐败与执政党建设研究》一书，作者在书中对党内监督的纪法协同管党治党、运用“四种形态”全面从严治党作为创新党的自身建设的重要机制和战略进行了系统阐释。唐皇凤也在《使命型政党建设的理论基础与中国经验》一文中指出：“对于长期执政的使命型政党而言，积极推进自我革命和全面从严管党治党，既是使命型政党的标识性特征和巨大优势，也是实现使命型政党全面领导和长期执政的根本保证。”

关于构成党和国家监督体系各要素的具体研究中，学界对党内监督、国家监察两个监督要素的关注度较高。党内监督作为中国特色社会主义党和国家监督体系的核心，一直是学者们关注的热点问题，研究成果最多，理论阐释最为成熟。党内监督概念、党内监督理论来源、党内民主与党内监督的关系、不同历史时期党内监督思想与实践的梳理、党内法规建设、党内监督的制度框架与内在逻辑、党内监督在党和国家监督体系中的地位与作用、党内监督与其他类型监督的协同等问题广泛受到学界的关注。关于党内监督的概念，以黄晓辉的观点为主要代表，其认为党内监督包含两层含义，一是从监督范围来看，是指党对自己内部的党组织和党员的监督；二是从监督主体来看，是指党作为监督主体对国家公职人员和国家权力运行的监督，即党的监督。党内监督蕴涵了党的监督。关于党内监督的理论逻辑分析，学界认识也比较一致，主要代表性观点认为，中国共产党新民主主义革命时期的党内监督，是对马克思主义党建学说、苏联共产党党内监督的继承与发展。赵绪生、王士龙编著的《健全党和国家监督体系：新时代党内监督九讲》一书指出，马克思、恩格斯关于党的代表大会制度具有最高党内监督权、强调党内成员完全平等是党内监督的前提等思想，以及列宁从苏共自身改革入手，探索建立一党执政条件下党内自身监督机制的实践创新与理论创新，是中国共产党党内监督的理论基础。

关于国家监察体制改革的研究，自2016年国家监察体制改革开启以来呈现井喷增长之势。既有的研究成果按其内容可以大致划分为两个层面：一是从宏观层面对国家监察体制改革全面系统地剖析。主要代表性著作是秦强主编的《监督权力——国家监督委员会的文化传承与制度创新》，作为少有的专门研究国家监督委员会制度的著作，作者从历史、理论和实践三个维度对国家监察体制改革进行分析解读，这对于深化党和国家监督体系的研究具有重要的理论价值和实践意义。另外，纪实专题片《国家监察》，也是目前少有的宏观阐释国家监督体制改革的重要成果，为本书深入研究党和国家监督体系，提供了宝贵的借鉴。二是从微观层面对国家监察体制改革的基础理论与法律问题的关注。主要代表性观点认为，国家监察体制改革是反腐败治理方式与方法的深刻变革，亟须以基础理论作支撑，从法理角度剖析国家监察体制改革的依据、国家监察的职责与权限等具体问题。代表性著作首推李晓明、芮国强主编的《国家监察学原理》一书，作者立足于国家监察体制改革的理论与实践，从国家监察学基础理论和学科建设做起，通过剖析历史、论述当代、面向未来，构建出了一个系统化、专业性的国家监察学科体系，体现出了继承性与民族性、体系性与专业性、原创性与时代性的特征，堪称法理解读国家监察改革方面的一部经典之作。以上研究成果虽未对党和国家监督体系进行专门阐述，但在研究反腐败、执政党建设、党内监督、国家监察等相关问题过程中，都不同程度地涉及了该问题的研究，为本研究提供了直接的借鉴价值。

三是关于中外监督体系的比较研究。新时代如何从国际视野认识中国共产党的政党治理和国家治理的世界意义，如何在新的历史方位上开展党和国家监督体系问题的研究，是当前亟须解决的时代课题。部分学者对中外监督体系进行了横向国际比较研究。这方面的成果，代表作是刘剑华所著《中外监督体系比较研究》一书，作者从如何有效预防和惩治腐败，强化对权力的监督和制约这一现实需要出发，基于对中西方监督体系各个子系统的比较分析，剖析权力监督的一般规律，从而对我国现行监督体系的短板进行理性思考，提出完善中国特色党和国家监督体系的路径展望。罗星在《国外政党的党内监督：主要做法、现实困境与经验启示》一文中，从党内监督的视角，在分析国外政党加强党内监督的动因、主要内容、重点做法的基础上，总结其有益经验和分析其面临的困境，为中国共产党的党内监督提供有益借鉴。文章中的国际比较对象，既包括如美国民主党和共和党、英国工党、法国社会党、澳大利亚工党、墨西哥三大政党、瑞典社会民主党、新加坡人民行动党、日本自民党、巴西劳工党等资本主义国家的政党党内监督之比较，也包括古巴共产党、老挝人革党、越南共产党等社会主义国家政党的党内监督之比较，比较对象典型性强、差异性明显、可比性强，比较得出的结论客观科学，可借鉴性很强，堪称这方面论文成果的研究力作。李辉、蔡林慧的《越南权力监督改革管窥——基于路径依赖的视角》一文，则从路径依赖的视角出发，分析了越南权力监督改革的缘起、基础优势与潜在风险，并提出对于我国而言，不应因越南的权力监督改革而妄自菲薄，应对其持相互借鉴、和而不同的理性态度。这些成果为本书研究新中国成立以来党和国家监督体系的显著优势与现实贡献，提供了研究视角。

（二）对代表性成果及观点的总体评价

上述研究成果从学理、法理等方面对坚持和完善党和国家监督体系提出了很多真知灼见，但对如何整合党和国家监督力量，如何构建具有中国特色的党和国家监督体系贯通协调机制方面研究成果不多，除党和国家领导人发表的权威性文献外，有价值有见地的学术观点鲜见。目前的研究中依然存在以下三个方面的薄弱环节。

一是具体化研究多而整体性研究少。近年来学界在研究党和国家监督体系的过程中，高度关注党和国家监督体系中党内监督、国家监察等个别问题，关于党和国家监督体系的具体制度的研究成果集中涌现，研究成果存在碎片化倾向，而系统化、整体性研究尚未得到学术界应有的关注，具有理论深度和回应现实关切的整体性研究成果更是鲜见。本书将在借鉴已有研究成果的基础上，尝试以宏观历史视野和系统化思维，阐释中国特色党和国家监督体系“是什么”，中国“为什么”会形成独具特色的权力监督体系，中国特色党和国家监督体系是怎样形成的，新时代在健全党和国家监督体系过程中，我们应该“坚持和巩固什么”“完善和发展什么”。尝试对新中国成立以来党和国家监督体系的发展进行系统化、整体性解读与阐释，以期在深化该领域的研究方面有所突破。

二是现有研究成果文献政策解读多，系统深入的理论研究少。虽然目前学界对党和国家监督体系问题的研究热度很高，成果逐年递增，但现有大量相关研究成果叙述史实多，回答现实问题少，历史史料堆积多，理论剖析少，解读党的全国代表大会报告、领导人重要讲话和国家监察体制改革措施多，而有针对性的系统理论研究少。已有相关研究成果对于丰富和深化党和国家监督体系的研究很有必要，对于当前不断推进全面从严治党向纵深发展也具有重要参考价值，但这一研究现状导致党和国家监督体系的理论研究，尚未突破西方基于意识形态偏见构筑的话语堡垒，中国特色的党和国家监督理论话语权羸弱。本书通过总结新中国成立以来党和国家监督体系建设的基本经验和显著优势，尝试从理论和实践两个维度回答中国特色党和国家监督体系"为什么好"，讲清楚为什么中国共产党领导下自我监督为主体的中国特色党和国家监督体系，比西方"三权分立"制度下的异体监督更加适合中国国情，更能集中体现"为人民监督"的价值优势，从而在比较视野中推进构建中国特色社会主义权力监督体系的学术话语体系。

三是研究成果趋同、创新性研究少。从既有研究成果来看，有些选题相似甚至相同，特别是对党和国家监督体系的形成过程的历史考察重复性研究成果居多，研究内容及所持观点也很相似，真正有新意、有价值的研究佳作并不多见。究其原因，主要是"党和国家监督体系"是党的十九大报告对近百年的中共党内监督思想与实践、70多年的国家监督思想与实践的最新理论概括与总结，对于研究者来说，这是中共党史研究的一个新问题、新领域，加之国家监察体制改革仍是进行时而非完成时，该问题研究的深化需要一个由表及里的历史过程。本书以党和国家监督体系贯通协调机制为研究视角，以党和国家监督体系的层级为主线，多维度阐释党和国家监督体系贯通协调的理论逻辑、历史逻辑、实践逻辑及比较优势，以推动该领域研究的深化。

四、党和国家监督体系研究的方法

（一）党和国家监督体系研究的思维方法

1. 政治思维与法治思维

政治思维是一种方向性、本质性思维方式。在"中国特色社会主义制度的最大优势是中国共产党领导"① 的话语下，政治思维就是"在政治立场、政治方向、政治原则、政治道路上同党中央保持高度一致"的思维方式。坚持和完善党和国家监督体系是以习近平同志为核心的党中央，从全面从严治党和全面依法治国的协调推进出发，而作出的重大政治改革决策。坚持和完善党和国家监督体系是健全和推进中国特色社会主义监督制度的重要举措，是

① 习近平．决胜全面建成小康社会夺取 新时代中国特色社会主义伟大胜利——在中国共产党第十九次全国代表大会上的报告［N］．人民日报，2017-10-19（2）．

权力属于人民、人民监督权力的宪法精神的具体体现，是巩固反腐败压倒性态势、夺取反腐败压倒性胜利的迫切需要，这是开展党和国家监督体系研究的逻辑起点。

法治思维简而言之是一种规则思维，说到底是将法律作为判断是非和处理事务准绳的思维方式。长期以来，反腐执法的依据主要是刑事诉讼法。而刑事诉讼法无论在价值取向还是程序设置上，都无法满足反腐败斗争的客观需要，因而过去出现查办腐败案件必须借用“两规”的党内措施的现象。这种法律资源的严重不足，成为制约反腐败斗争的重要瓶颈。健全党和国家监督体系，就是要通过立制赋予监督体系的职责权限和法定手段，破解反腐执法必须依赖党内“法规”的困局。运用法治思维开展监督体系特别是监察监督等的研究，就是要在调查手段、强制措施、证据标准等问题上考虑到腐败犯罪与普通犯罪的不同特点，在体现惩治腐败与保障人权两者之间平衡原则基础上，而作出不同于普通刑事犯罪的特殊规定的合理性、正当性，把中国特色社会主义的监察制度的制度优势转化为执法效能，为腐败的善治提供有效的法治资源。

2. 辩证思维与系统思维

辩证思维是辩证的科学性思维方式，是一种注重矛盾双方的对立统一，注重全面、联系和发展地看问题的思想方法。习近平新时代中国特色社会主义思想，从根本上说，是在“我国社会主要矛盾已经转化为人民日益增长的美好生活需要和不平衡不充分的发展之间的矛盾”时代条件下，解决主要矛盾主要方面的科学性思想方法。运用这一思想方法开展党和国家监督体系研究，就要充分认识党和国家监督体系框架内惩治和预防腐败的若干重大关系，比如作风建设与惩治腐败之间的关系，前者是固本强基之举，后者是刮骨疗毒之策，都是全面从严治党和全面依法治国的客观要求，体现有效防治腐败的客观规律，从而为党内监督制度和国家监察制度等的巩固发展、职权配置和运行的完善规范提供理论支撑和智力支持。

系统思维是宏观性思维方式，是一种高瞻远瞩、总揽各方、把握事物发展趋势和方向的全局性思想方法。习近平新时代中国特色社会主义思想的实践特点，就是对“有效应对重大挑战、抵御重大风险、克服重大阻力、解决重大矛盾”[①]的战略安排。健全党和国家监督体系，是党中央深刻总结历史经验，着眼于“反腐败永远在路上”的科学研判和推进国家治理体系和治理能力现代化而作出的重大战略决策。运用这一思想方法开展监督体系研究，就要着眼于党内监督与国家监察相辅相成、共同发力，巩固党的执政地位，厚植党的执政基础；与人大监督、司法监督、审计监督相结合，保障国家机关及其公职人员依法履职、秉公用权；与民主监督、社会监督相结合，保证国家机器的权力来自人民、服务人民，确保人民赋予的权力为人民谋利益。考量各个监督主体彼此之间如何相互协调、共同发生作用，把具有中国特色社会主义制度优势转化为整体效能，实现国家治理体系和治理能力的现代化。

（二）党和国家监督制度学的研究方法

1．法哲学研究方法

法哲学研究方法就是从哲学角度、用哲学方法研究和思考法学问题的研究方法。有什么样的法哲学，人们对法治建设及其本质就会有什么样的法学理解。作为党和国家监督制度研究的重要研究方法，法哲学方法就是用中国化的马克思主义立场、观点和方法，对党和国家监督体系的全面构建和有效实施进行总结归纳、法理阐释和理论概括。阐明健全党和国家监督体系是新的历史条件下中国共产党执政的人民主权国家“限制权力、保障权利”的重大法治举措，蕴含依规治党和依法治国的内在逻辑，承载着中国特色社会主义法治建设的立场、观点和方法。揭示中国特色社会主义监督制度创立和实施的根本立场就是人民立场，即中国共产党反腐败“全覆盖、无禁区、零容忍”的鲜明态度，“以人民为中心”的初心使命，“打铁必须自身硬”的执政品格；其基本观点是对党和国家自我革新、自我完善、自我提高规律的科学认识，即“加强党对反腐败的统一领导”“强化人民对权力的监督”“把权力关进制度的笼子里”；其基本方法源于新的时代条件下中国共产党的哲学自觉，表现为政治思维与法治思维、战略思维与辩证思维的思想方法，问题导向与顶层设计、试点探路与整体推进的工作方法，是辩证唯物主义和历史唯物主义的世界观和方法论的集中体现。

---

① 习近平. 决胜全面建成小康社会　夺取新时代中国特色社会主义伟大胜利——在中国共产党第十九次全国代表大会上的报告［N］. 人民日报，2017-10-19（2）.

2. 法教义学方法

法教义学也称“法释义学”“法教条学”，法教义学方法主要包括对现行有效法律的描述、对现行有效法律从事法概念体系的研究，以及提出解决疑难问题的建议。概括起来就是通过对法律文本的解读，阐释法律含义的学习和研究方法。拉伦茨教授提出“解释规范时亦须考量该规范之意义脉络、上下关系体系地位及其对该当规范的整个脉络之功能为何”，“以体系的形式将之表现出来，乃是法学最重要的任务之一”。只有正确地理解和分析法律文本，才能正确地使用法律规范，解决法律实践中产生的问题。学习和研究监察制度，就要对党和国家监督制度的内容包括监督概念、监督原则、监督体系的组织构架、监督对象、各项监督之间的配合与制约等作出既符合立法意图又阐明法律本意的正确解读。同时，由于党和国家监督制度具有政治性的鲜明特征，而目前我国监督制度存在一定程度的供给不足，还需将党和国家监督制度与党内法规和刑事诉讼法的衔接作为研究内容，阐明纪法衔接的法理内涵和法法衔接的科学逻辑。

3. 比较分析方法

比较分析方法强调横向比较研究，就是通过对不同历史时期或不同国家的法律进行比较，揭示各自本质、特征及其发展规律的学习和研究方法。恩格斯说，“只有当自然和历史的材料搜集到一定程度以后，才能进行批判的整理和比较，或者说进行纲、目和种的划分”①，只有积累了大量的材料，才“使得运用比较的方法成为可能，同时也成为必要”②。我们党和国家在监督制度方面积累了大量独具特色的科学经验，形成了管用的权力监督的制度成果，但也要看到我国监督制度还存在周延完善的空间。正所谓“它山之石，可以攻玉”，党和国家制度学不仅要比较不同社会制度的国家在监督制度、法律等方面的差异，也要比较研究同一社会制度的不同国家采取的监督路径和监督方法，还要比较研究同一社会制度但属不同法系的国家在监督立法模式、监督

① 恩格斯.《反杜林论》的准备材料（1876—1877年）[M] // 中共中央马克思恩格斯列宁斯大林著作编译局. 马克思恩格斯全集：第20卷. 北京：人民出版社，1971：699.

② 中共中央马克思恩格斯列宁斯大林著作编译局. 马克思恩格斯选集：第4卷 [M]. 北京：人民出版社，1995：269.

组织设置等方面的差异，从而为我国监督制度的不断发展与进步提供宝贵的域外资源。

4. 历史分析方法

历史分析方法侧重纵向比较研究，强调历史文化轨迹。列宁指出："在分析任何一个社会问题时，马克思主义理论的绝对要求，就是要把问题提到一定的历史范围之内。"[①]研究党和国家监督制度同样要运用历史分析法。党和国家监督制度要弘扬中华优秀传统文化。党和国家监督体系运用历史分析法正是以我国监督制度的悠久制度文明为研究对象，研究我国监督制度"彰善瘅恶，激浊扬清"的价值理念和可取之处。中国历史上监督制度的完整性、系统性和持久性在世界法制史上是少见的，其孕育的系统的监督制度体系、完备的监督制度规范无不鲜明地彰显了中华民族在以法律约束权力的法治传统。因此，党和国家监督制度历史研究要立足中华文化，深入挖掘我国不同历史阶段各监督制度的鲜明特色、内在机理和法治意蕴，提炼出巩固完善中国特色社会主义国家监督制度的历史借鉴，从历史发展脉络中获得有益于现实发展的重要启示。

5. 实证分析方法

实证分析方法是指研究者亲自收集观察资料，为提出理论假设或检验理论假设而展开的研究方法。实证研究具有鲜明的直接经验特征，是一种通过对经验事实的观察分析来建立和检验各种理论命题的科学研究方法，其目的是发现事实、提供证据，为制度构建和改革决策提供切合实际的参考。健全党和国家监督体系正是在全面研判反腐败斗争形势、科学总结反腐败斗争经验的基础上提出的重大政治命题。因此，要对我国现行监督制度合理性和科学性作出立场正确与合乎逻辑的评价，就要在中国特色社会主义政治法律制度框架下，以反腐败斗争实践对素材来源进行甄别，通过实地调研、问卷调查、深度访谈、案例分析等实证方式对监察制度实施情况进行调查研究，从而得出符合实际情况的结论，以客观真实的研究成果促进党和国家监督制度的发展和完善。

---

① 中共中央马克思恩格斯列宁斯大林著作编译局．列宁全集［M］．列宁．北京：人民出版社，1989：401.

6. 综合研究方法

法学研究日益呈现出与社会学、政治学、管理学、统计学、历史学等学科交叉研究的特点，监督制度学的研究也应以法学为本，兼容并蓄其他学科的研究方法。综合研究法就是强调综合运用各相关学科研究视角和研究工具的研究方法。党和国家监督制度研究对象的复杂性决定了监督制度学学科的综合性。总的来说，监督制度是监督权力运行的制度之笼，综合研究法就是采用多种研究方法解决如何提升制度之笼的硬度和密度，将党和国家监督制度效能转化为腐败治理效能。如通过大数据对腐败治理成效进行评价，就是对法学、管理学、统计学研究方法的综合运用。党和国家监督制度学综合研究法有助于研究工作在历史与现实、他国与我国、一般与特殊、宏观与微观、理论与实践、动态与静态等方面实现有机结合，得出更有说服力的研究结论。

五、党和国家监督体系研究的意义

健全党和国家监督体系，是党领导人民治国理政的必然举措。党的十九大报告站在历史的高度，从党的初心使命和历史方位出发，将“健全党和国家监督体系”纳入中国特色社会主义新时代“坚定不移全面从严治党，不断提高党的执政能力和领导水平”① 全面部署的重要一条，明确“构建党统一指挥、全面覆盖、权威高效的监督体系，把党内监督同国家机关监督、民主监督、司法监督、群众监督、舆论监督贯通起来，增强监督合力”② 的目标。这是新时代健全党和国家监督体系的顶层设计和战略规划，对于破解党在长期执政条件下实现自我监督的历史性课题、推动全面从严治党向纵深发展、推进国家治理体系和治理能力现代化意义重大。

（一）政治意义：有利于清醒坚定解决大党独有难题

“大党独有难题”是习近平总书记在党的二十大报告中首次提到的重大理论命题。在二十届中纪委二次全会上，习近平总书记深刻分析了“大党独有

① 习近平．决胜全面建成小康社会　夺取新时代中国特色社会主义伟大胜利［N］．人民日报，2017-10-19（2）．

② 习近平．决胜全面建成小康社会　夺取新时代中国特色社会主义伟大胜利［N］．人民日报，2017-10-19（2）．

难题”的形成原因、表现形式和破解之道。在第十四届全国人大一次会议闭幕会上，习近平总书记再次指出：治国必先治党，党兴才能国强。要时刻保持解决大党独有难题的清醒和坚定，勇于自我革命，一刻不停全面从严治党，坚定不移反对腐败，始终保持党的团结统一，确保党永远不变质、不变色、不变味，为强国建设、民族复兴提供坚强保证。

在中国特色社会主义伟大事业中，中国共产党既是领导者，又是执政者。我们党全面领导、长期执政，面临的最大挑战是对权力的监督。加强权力监督，事关政治体制改革与政权运行的有序开展，事关国家治理体系和治理能力现代化的高效有序推进。我国宪法的序言，反映了中国共产党带领中国人民进行革命、建设、改革所取得的伟大成就，并确立了在历史和人民的选择中形成的中国共产党的领导地位。党的领导成为我国宪法的基本原则。当今世界，反腐败已然成为保障人类社会持续健康发展的一项复杂而又艰巨的社会工程。任何国家要想在现代化进程中稳健发展，都必须加强反腐败的实际措施及理论研究。在政治、经济的基础上，建立完整完善而又有效的反腐败体系，同时动员全社会的力量加强对公共权力运行的监督，人类才能像战胜瘟疫一样有效地控制公权力的腐败。构建党统一指挥、全面覆盖、权威高效的监督体系，是中国特色社会主义根本制度下，确保人民赋予的权力永不蒙尘的必然选择。

深化国家监察体制改革，构建出了中国特色社会主义监督体系。该体系一体贯穿了党内监督、国家机关监督、民主监督、司法监督、群众监督、舆论监督。这既突出了我党在反腐败斗争中的核心领导地位，又强调了纪检监察机关的监督主责和司法机关的衔接配合职责。此外，也充分发挥了权力机关、人民政协、民主党派、社会舆论的作用。从而为巩固党在中国特色社会主义事业中的核心领导地位提供了坚强而有力的民主与法治保障。反腐败关乎党心、民心，关乎党运、国运，是全党大事中的大事，因而，必须全党上下齐抓。未实行国家监察体制改革之前，我国具有反腐败功能的部门和组织分属于不同系统或场域，纪律检查属于党的纪委部门、行政监察属于行政机关、机关监督属于人大、民主监督属于人民政协和民主党派、司法监督属于检察机关和审判机关、群众监督属于社会场域、舆论监督属于新闻媒体，而各负有监督职责的部门基本上自成体系。在改革试点之前，在体制上缺乏有效的纽带和分工协调机制，易造成相关职能部门各自为政，对充分发挥反腐败监督体系的整体功效重视不够。在党的统一领导下，实行国家监察体制改革，构建中国特色社会主义监督体系，能够逾越不同系统和场域的壁垒，实现反腐败监督体系的整合与优化，最终会形成监督合力，使具有互补功能的监督手段和监督资源能够得以合理有效利用，使反腐败监督体系的整体功能能够得以充分发挥出来，实现人民监督与党的自我革命两个如何跳出历史周期率的答案的高度统一，为时刻保持解决大党独有难题的清醒和坚定提供制度保障。

（二）宪制意义：确保权力属于人民、人民监督权力

党的十九大报告提出："健全人民当家作主制度体系，发展社会主义民主政治。"健全的中国特色社会主义监督体系，是发展社会主义民主政治的制度保障，是人民当家作主制度体系的重要组成部分。"我国社会主义民主是维护人民根本利益的最广泛、最真实、最管用的民主。发展社会主义民主政治就是要体现人民意志、保障人民权益、激发人民创造活力，用制度体系保证人民当家作主。"公权力姓"公"，也必须为公。只要公权力存在，就必须有制约和监督。不关进笼子，公权力就会被滥用。马克思强调："社会主义国家的一切权力属于人民，一切公职人员必须'在公众监督之下进行工作'"。

中国特色社会主义监督体系的构建，是我党探索符合中国国情的社会主义民主政治的重大创举，是列宁关于"建立起包括党内监督、人民监督、法律监督在内的监督体系，以防止公职人员成为'脱离群众、站在群众之上、享有特权的人物'"论述的具体体现。该监督体系通过最大限度地整合监督资源，充分实现了"权力属于人民、人民监督权力"的宪法原则，充分体现了人民的意志。该监督体系通过最大限度地防止权力寻租与滥用、非法利益输送和利益集团等腐败行为，保障了人民权益。该监督体系通过维护和促进公共权力机关依法规范行使权力，实现了社会的公平正义，激发了人民群众的创造活力。该监督体系通过支持并监督执法、司法机关依法履行职能，维护了宪法和法律的正确实施，保障了人民当家作主。换而言之，中国特色社会主义监督体系，是马克思主义人民主权理论中国化的重要成果及其充分运用。在新的历史起点上，坚持并不断发展完善中国特色社会主义监督体系，就要

坚定不移地坚持中国特色社会主义民主政治发展道路，毫不动摇地坚持党的领导、人民当家作主及依法治国的有机统一。坚持并不断发展完善中国特色社会主义监督体系，就要牢牢地把握权力监督的根本属性，着力推动中国特色社会主义民主法治体系建设。坚持并不断发展完善中国特色社会主义监督体系，就要以深化国家监察体制改革为契机，大力推进监督体系运行机制的健全完善，不断地增强中国特色社会主义监督体系的生机活力。坚持并不断发展完善中国特色社会主义监督体系，就要勇于持续推进理论创新，坚持和丰富中国特色社会主义理论体系。坚持并不断发展完善中国特色社会主义监督体系，就要从中国实际出发，立足国情，不断地丰富和发展我国民主法治建设的特色优势，恪守一切权力来自人民、一切权力属于人民、一切权力为了人民的宪法精神，切实坚持并保证人民至上的主体地位。大力加强监督体系建设，持续推进国家政权建设，有利于形成党内监督和党外监督相结合、纪检监督和国家监察相结合、专门监督和群众监督相结合、党纪监督和法律监督相结合的“四位一体”① 监督格局，能够始终确保公权力的人民性和廉洁性，始终确保人民赋予的权力永远为人民谋利益、谋福祉。

（三）实践意义：推进治理体系和治理能力现代化

国家治理体系和治理能力两者相辅相成，是一个国家的制度及制度执行能力的集中体现。习近平指出：“我们的国家治理体系和治理能力总体上是好的，是有独特优势的，是适应我国国情和发展要求的。”② 世界各国治国理政的实践证明，国家治理能力的现代化，离不开腐败治理的民主化、科学化和法治化。实践表明，反腐败是一项维护公共权力廉洁高效运转的复杂而又艰巨的国家治理工程。同时，反腐败也是中国共产党作为执政党不断进行自我净化、自我完善、自我革新、自我提高的过程。腐败是国家治理中的一种病变，具体表现为对公共管理活动中的权力滥用。只有真正遏制住国家治理中的这种病变、有效防止公共权力的滥用，才能够保障国家治理的有效性。

---

① 吴建雄．国家监察体制改革与新时代中国特色社会主义监督体系构建［J］．统一战线学研究，2018（1）：23-26.

② 习近平强调 完善和发展中国特色社会主义制度推进国家治理体系和治理能力现代化［J］．党建，2014（3）：5-6.

推进国家治理体系和治理能力现代化，必须实现反腐败治理体系和治理能力的现代化。

按照这一逻辑，中国共产党领导的反腐败治理有两大基本点：一是党和国家的自我监督，二是人民群众的民主监督。二者相辅相成、相互保障，有机结合、共同发力。构建中国特色社会主义监督体系，实现反腐败治理体系和治理能力现代化，要求党委在承担反腐败主体责任的同时，既要强化党内监督，又要加强国家监察。党内监督按照执纪、监督、问责的职权配置要求，负责党内纪律检查，围绕全体党员是否遵守党的纪律行为来进行监督。而国家监察则按照执法、监督、问责的职权配置要求，负责廉政法规监察，围绕公共权力运行中国家工作人员是否遵守法律法规而进行监督，并且依法对不构成犯罪的腐败行为实施非刑事处罚，还负有对触犯刑法的腐败行为移送司法机关使其起诉审判的职责。而人大、政协和民主党派、群众舆论的监督，则承担着为纪检监察机关提供信息资源、监督其职能工作的双重职责或义务。中国特色反腐败监察体系的整合与优化，为反腐败治理体系和治理能力的现代化创造了条件，有利于推进国家反腐败治理体系规范化、程序化、制度化和科学化。从而，形成了与社会治理体系相对应的公共权力治理体系社会治理体系与公共权力治理体系，成为国家治理体系中并存的两大治理体系。促进国家治理体系中两大治理体系的各治理主体彼此之间相互协调、共同发挥作用，从而把中国特色社会主义制度体系的整体优势，转化成为推进国家治理体系和治理能力现代化的整体效能。

第一章　党和国家监督体系概论

党的十九届四中全会通过了《中共中央关于坚持和完善中国特色社会主义制度推进国家治理体系和治理能力现代化若干重大问题的决定》（以下简称《决定》），把“坚持和完善党和国家监督体系，强化对权力运行的制约和监督”作为坚持和完善中国特色社会主义制度、推动国家治理体系和治理能力现代化的一个重要方面作出制度安排，这在此前党的重要文献中尚属首次，标志着我们党对在长期执政条件下实现自我监督、自我净化的认识达到一个新境界。《决定》首次系统阐述了党和国家监督的一系列重大理论和制度问题，是对马克思主义政党执政规律和监督规律认识的进一步深化，是新时代充分发挥中国特色社会主义制度优势、健全完善反腐败体制机制的方向性指引，开创了党和国家监督体系现代化的新境界。

第一节　党和国家监督体系的历史发展

从历史发展的逻辑来看，在不同的历史时期，我们党和国家的监督体系会有着不同的结构模式，这与我们党在特定时期的时代背景、所处环境、历史方位以及基本任务是紧密相连的。革命战争时期，腐败问题主要发生在党的领导活动中，因而只能是单一的党内监督。新中国成立后，中国共产党成为执政党，腐败问题主要发生在执政活动中，党的监督开始扩展到对国家政权监督，随着经济社会的发展，腐败问题成为一种社会现象，反腐败监督模式也经历了从一元监督、二元监督、多元监督、体系监督到体系监督现代化的发展过程。

一、新中国成立初期的“一元监督”

新中国成立至“文化大革命”时期，是社会主义改造和全面建设社会主义时期。党和国家实行“一元化廉政监督模式”，这一模式可以追溯到1927年中国共产党五大，当时，党的中央监察委员会选举产生。在《中国共产党第三次修正章程决案》中，进一步明确“在全国代表大会及省代表大会选举中央及省监察委员会”①。1949年新中国成立仅一个月后，中共中央发出《关于成立中央及各级党的纪律检查委员会的决定》。新中国成立初期（1949—1955年）阶段，根据中共中央《关于成立中央及各级党的纪律检查委员会的决定》，全国县级及以上党委都成立了纪律检查委员会。全面建设时期（1955—1966年）阶段，根据中国共产党全国代表会议《关于成立党的中央和地方监察委员会的决议》，“成立党的中央和地方各级的监察委员会，代替中央的和地方各级的党的纪律检查委员会”②，赋予了监察委员会更大的职权，除了查办案件之外，还承担起了对党组织、党员干部遵纪守法情况进行监督的职责。

在“一元监督”的体制下，为确保党员干部廉洁从政，主要采取群众运动方式惩治和预防腐败。1950年下半年开始和1951年春季展开的“整风运动”和“整党运动”，是新中国成立后党在执政过程中监督和教育共产党员始终保持自身先进性的重要举措。1951年末，中央将“三反”运动和整党运动有机联系起来，对一些出现贪污、腐败等行为的党员干部进行批评和处理，揭发贪污分子共计122万人之多。所有涉案人员均按照中央下达的“轻者批评教

---

① 《中国共产党第三次修正章程决案》第八章第六十一条规定：为巩固党的一致及权威起见，在全国代表大会及省代表大会选举中央及省监察委员会。

② 中国共产党全国代表会议《关于成立党的中央和地方监察委员会的决议》第二条规定：目前党的各级纪律检查委员会的组织和职权已不能适应在阶级斗争的新时期加强党的纪律的任务，因此中国共产党全国代表会议决定成立党的中央和地方各级的监察委员会，代替中央的和地方各级的党的纪律检查委员会，借以加强党的纪律，加强反对党员中各种违法乱纪现象的斗争。

育、重者撤职惩办”的工作原则处理。为了更好地达到惩治效果，以儆效尤，人民政府分别选择了具有典型教育意义的案件进行公审，其中最具典型性的当属“刘青山、张子善腐败案”。通过对那些具有重大社会影响的贪腐案件的宣传以挽救、警醒更多的党员干部，开启了从严治党、清廉治国的良好风气，这是我们党在执政开始后刀刃向内、自我革命的鲜明体现。

二、改革开放初期的“二元监督”

党的十一届三中全会总结“文化大革命”的历史教训，把党和国家的重心转移到经济建设上来。党的十一届三中全会决定恢复重建党的纪律检查委员会，由此，党的中央纪律检查委员会得以恢复重建，随后，各级地方党委也都分别设立了纪律检查委员会。中央和国务院发出通知，要求各部、委、局可以根据各自情况，分别成立纪委或纪检组。为了弥补党内“一元监督”体制的缺陷，1987年经国务院提议，在提请全国人大批准后重新设立了中华人民共和国监察部，恢复行使行政监察权。自此，党的纪检和行政监察“一元”监督体制正式形成，我国的“党政二元监督体制”正式确立。

在党的“二元监督”体制下，针对来势汹汹的腐败高发新领域的现实状况，全国人大常委会作出《关于严惩严重破坏经济罪犯的决定》，中共中央、国务院颁布《关于打击经济领域中严重犯罪活动的决定》，广东省海丰县委原书记王仲、原副书记叶妈坎利用职权侵吞缉私物资、受贿索贿、走私等经济犯罪案件产生了重大社会影响。1983年下半年开始的三年半整党，先后有33896人被开除党籍，90069人不予登记。在一段时间内，境内外敌对势力借机否定党的领导、妄图推翻社会主义制度。党中央鲜明提出，做好群众关心的“七件事”，昭示我们党坚定不移惩治腐败的鲜明态度和坚定决心。最高人民法院、最高人民检察院发布敦促经济犯罪分子投案自首的“两高”通告，两个月内有36171人投案自首，涉及犯罪金额3亿5千万元。通过最高权力机关和领导意志的强力推动，形成惩治腐败的高压态势，彰显党的政策和国家法律的权威。

三、深化改革时期的“多元监督”

1992年，党的十四大把建立社会主义市场经济体制作为深化经济体制改革的新目标。在党风廉政建设方面，实行将党的纪律检查机关和国家行政监察机关合署办公，“两块牌子，一套人马”，同时履行党的纪律检查与政府行政监察两种职能。合署办公之后，进行了人员、机构、职能上的整合。在领导体制上，实行上级纪检监察机关和同级党委政府的双重领导。

完善国家审计制度。根据1982年12月4日五届全国人民代表大会第四次会议通过的《中华人民共和国宪法》第九十一条的规定，1983年9月15日正式成立中华人民共和国审计署。该署作为国务院25个组成部门之一，主管全国审计工作。此后，审计职责不断发展和完善，审计机关依法对国务院各部门、地方各级人民政府及其各部门的财政收支、国有金融机构和国有企业事业单位的财务收支等进行审计监督。① 此外，还建立了经济责任审计制度，对国家机关和依法属于审计对象的其他单位的主要负责人，依法进行审计监督。

建立国家预防腐败机构。2007年9月，中央为统筹预防腐败工作并与《国际反腐败公约》对接，成立了国家预防腐败机构。该机构的主要职责是：负责全国预防腐败工作的组织协调、综合规划、政策制定、检查指导，协调指导企业、事业单位、社会团体、中介机构和其他社会组织的防治腐败工作，负责预防腐败的国际合作和技术援助。② 公安、金融等其他有关部门和机构，也在自身职责范围内依法承担反腐败和廉政建设的相关工作。③

强化司法监督职能。反腐败必然涉及对腐败违法犯罪的法律评价和处置，这就决定了党和国家监督的机关不仅只是党内执纪和行政执法机构，而且必须包括刑事司法机构。依据宪法，设立检察机关和审判机关为司法机关，其中检察机关依法独立行使检察权，依法对贪污贿赂渎职等职务犯罪案件审查

---

① 1994年《中华人民共和国审计法》第一章第二条规定：国家实行审计监督制度。国务院和县级以上的地方人民政府设立审计机关。国务院各部门和地方各级人民政府及其各部门的财政收支，以及其他依照本法规定应当接受审计的财政收支、财务收支，依照本法规定接受审计监督。审计机关对前款所列财政收支或者财务收支的真实、合法和效益，依法进行审计监督。

② 陈志强．新中国反腐倡廉历史进程的回顾［J］．湖南社会科学，2011（1）：196-203.

③ 万纪耀．十一届三中全会以来的反腐法制建设及其特点［J］．广东省社会主义学院学报，2013（3）：71-75.

起诉和提起公诉，审判机关依法独立行使审判权，对检察机关提起公诉的职务犯罪依法审判，实现罪刑法定，彰显反腐败斗争的法治权威。1989年广东省人民检察院率先整合内部职能，成立反贪污贿赂局，标志着检察机关反腐败职能的凸显。随后，最高人民检察院和地方各级人民检察院反贪污、反渎职和职务犯罪预防机构相继成立。至此，党和国家监督形成了党内监督、行政监督、司法监督的多元监督格局。

四、改革开放新阶段的“体制监督”

党的十六大将邓小平提出的“建设小康社会”构想纳入发展规划，开启了全面建设小康社会的新征程，改革开放进入新的发展阶段。在这一发展过程中，党和国家的监督体制也探索完善。1997年9月，党的十五大报告对反腐败领导体制和工作机制作了基本论述：“党委统一领导，党政齐抓共管，纪委组织协调，部门各负其责，依靠群众的支持和参与，坚决遏制腐败现象。”①这一论述揭示了中国反腐败权力结构和运行模式的基本特色，标志着我们党和国家监督体系的架构的形成，奠定了21世纪我国党风廉政建设和反腐败斗争深入推进的组织基础。

“党委统一领导，党政齐抓共管，纪委组织协调，部门各负其责，依靠群众的支持和参与”领导体制和工作机制的构建，较好体现了党在反腐败斗争中的核心地位和政府在经济社会发展中的主导作用，呈现出鲜明的政治体制和工作机制特征，基本符合中国特色反腐倡廉建设实践的要求。坚持党的领导，体现了党在整个监督体系中的组织领导职能；党政齐抓共管，明确了党委政府的监督职责；纪委组织协调，强调了纪检机关的监督纽带功能；部门各负其责，是对相关职能部门提出的履职要求；依靠群众的支持和参与，则贯彻了党的群众路线。但从中国特色社会主义的体制优势和反腐败斗争的严峻形势看，还存在党中央的领导核心和党委领导的主体责任不够清晰，党内监督、监察监督力量分散，人大监督、民主党派监督、司法机关监督在体系中的定位不明，职能表述不详等历史局限。

① 江泽民．在中国共产党第十五次全国代表大会上的报告［R/OL］．人民网，1997-09-24.

五、新时代“健全党和国家监督体系”

党的十九大标志着中国特色社会主义进入新时代。以习近平同志为核心的党中央着眼于推进国家治理体系和治理能力现代化，将反腐败纳入“四个全面”战略布局，提出“不敢腐、不能腐、不想腐”一体推进的反腐败战略，强化党中央的统一指挥，落实各级党委的主体责任、纪检监察的专责职能，注意发挥民主党派监督、司法监督、舆论监督和社会监督的作用，竖起了党内监督“信号塔”与“标杆尺”，形成了巨大的示范效应。2013年至2017年5年间，党内监督方式方法不断改革创新，不断向着全面覆盖、不留死角迈进。中央巡视共开展12轮，对277个地方、单位党组织进行了“政治体检”，对16个省区市开展“回头看”，对4个单位进行“机动式”巡视，实现党的历史上首次一届任期内中央巡视全覆盖。各省区市党委也完成8326个地方、部门、企事业单位党组织全面巡视任务。中央纪委立案审查的中管干部案件中，超过60%的问题线索来自巡视。根据巡视移交的问题线索，各地纪检监察机关立案厅局级干部1225人，县处级干部8684人。派驻监督的“探头”作用得到充分发挥。中央纪委设立47家派驻纪检组，实现对139家中央一级党和国家机关派驻监督全覆盖。实现全面派驻后的2016年，中央纪委派驻纪检组共谈话函询2600件次，立案780件，给予纪律处分730人，分别增长130%、38%、56%。党内监督开创了“顶层推动”与“全民行动”的崭新格局，反腐败斗争从量的积累迈入了质的转变，推进了党和国家监督体系和监督能力现代化。①

在党的十九大报告中，习近平总书记指出:“构建党统一指挥、全面覆盖、权威高效的监督体系，把党内监督同国家机关监督、民主监督、司法监督、群众监督、舆论监督贯通起来，增强监督合力。”② 在中央政治局第十一次集体学习时，习近平又提出在新的起点上“推动党内监督同国家机关监督、民主监督、司法监督、群众监督、舆论监督有效贯通，把权力置于严密监督

---

① 温红彦，盛若蔚，姜洁，等．坚决打赢反腐败这场正义之战［N］．人民日报，2017-09-18（1）.

② 习近平．决胜全面建成小康社会夺取新时代中国特色社会伟大胜利——在中国共产党第十九次全国代表大会上的报告［N］．人民日报，2017-10-19（2）.

之下”[①]。党的十九届四中全会，通过了《中共中央关于坚持和完善中国特色社会主义制度推进国家治理体系和治理能力现代化若干重大问题的决定》，阐明了党和国家机关监督体系的科学内涵：“完善党内监督体系，落实各级党组织监督责任，保障党员监督权利”“推进纪律监督、监察监督、派驻监督、巡视监督统筹衔接，健全人大监督、民主监督、行政监督、司法监督、群众监督、舆论监督制度，发挥审计监督、统计监督职能作用。”[②]从而全面描绘了坚持和完善党和国家监督体系的路线图谱，也标志着党和国家监督体系现代化的基本格局已经形成。

第二节 党和国家监督体系的时代特征[③]

一、社会革命与自我革命有机统一

党和国家监督体系，是在党的集中统一领导下的党内监督、国家监督和社会监督相互贯通、融为一体的监督体系。马克思、恩格斯深刻论证了开展监督的必要性，“随着时间的推移，这些机关——为首的是国家政权——为了追求自己的特殊利益，从社会的公仆变成了社会的主人。这样的例子不但在世袭君主国内可以看到，而且在民主共和国内也同样可以看到”[④]。我们党长期执政，实现自我净化是一个很大的挑战，能否对公权力进行有效监督，直接关乎党的执政能力和治理水平。

党的十八大以来，以习近平同志为核心的党中央把强化自我监督作为完善中国特色社会主义制度、保证党长期执政的重大命题进行了艰辛探索。关

① 习近平主持中共中央政治局第十一次集体学习并讲话［R/OL］. 中华人民共和国中央人民政府网，2018-12-14.

② 中共中央关于坚持和完善中国特色社会主义制度推进国家治理体系和治理能力现代化若干重大问题的决定［N］. 人民日报，2019-11-06（1）.

③ 王希鹏. 坚持和完善党和国家监督体系：基本经验与推进路径［J］. 中国特色社会主义研究，2019（6）：99-104.

④ 中共中央马克思恩格斯列宁斯大林著作编译局. 马克思恩格斯全集：第29卷［M］. 北京：人民出版社，2021：237.

于自我监督的重大意义，习近平总书记指出，“自我监督是世界性难题，是国家治理的哥德巴赫猜想，我们要通过行动回答‘窑洞之问’，练就中国共产党人自我净化的‘绝世武功’。”[①]关于监督的方式，习近平总书记指出，“解决这个问题，不能靠西方所谓的政党轮替和三权分立，根本上要靠党自我革命、自我净化”[②]。党的十八大以来，我们以前所未有的勇气和定力推进全面从严治党，极大增强党自我净化、自我完善、自我革新、自我提高能力，探索出一条长期执政条件下解决自身问题、跳出历史周期率的成功道路，构建起一套行之有效的权力监督制度和执纪执法体系。这条道路、这套制度必须长期坚持并不断巩固发展。[③]习近平总书记在庆祝中国共产党成立一百周年大会上指出，勇于自我革命是中国共产党区别于其他政党的显著标志。因此，如何在进行伟大的社会革命的同时，进行自我革命，这是共产党人必须解决的重大命题。“两大革命”根本上是统一的整体，社会革命是共产党人的终身使命，自我革命为社会革命的不断推进发挥着基础性、先导性、决定性作用。而自我革命的有效推进必须依靠成熟的体制机制保障，这个体制机制就是党和国家监督体系。从这个意义上讲，党和国家监督体系既是我们党自我革命的制度载体，更是我们党实现伟大社会革命的制度保证。把健全党和国家监督体系作为统一推动“两大革命”的重要支撑点，标志着我们党对执政规律的认识达到新高度。“我们党历经百年、成就辉煌，党内党外、国内国外赞扬声很多。越是这样越要发扬自我革命精神，千万不能在一片喝彩声中迷失自我。正所谓“不诱于誉，不恐于诽”。全党同志要永葆自我革命精神，增强全面从严治党永远在路上的政治自觉，决不能滋生已经严到位、严到底的情绪！从最近连续查处的大案要案看，党风廉政建设和反腐败斗争必须一刻也不放松抓、持之以恒抓！中央委员会的同志们、党的各级领导干部要保持头脑清醒，对全党的思想、组织、作风、廉洁等情况要有客观正确的认识和把握，以正

① 中共中央党史和文献研究院. 十九大以来重要文献选编：上［M］. 北京：中央文献出版社，2019：198.

② 本书编写组.《中共中央关于坚持和完善中国特色社会主义制度推进国家治理体系和治理能力现代化若干重大问题决定》辅导读本［M］. 北京：人民出版社，2019：60.

③ 习近平. 在第十九届中央纪律检查委员会第四次全体会议上的讲话［R/OL］. 新华网，2020-01-13.

视问题的勇气和刀刃向内的自觉推进党的自我革命。”①

二、顶层设计与分层对接有机统一

健全党和国家监督体系是一项复杂的系统工程，零敲碎打、修修补补都是不行的，必须加强顶层设计，进行全面系统的设计谋划。党的十八大以来，党中央对健全党和国家监督体系作出全面部署：党的十八届三中全会对“强化权力运行制约和监督体系”作出专门部署；党的十八届六中全会及修订的《中国共产党党内监督条例》对健全党内监督体系作出全面部署；党的十九大将“健全党和国家监督体系”正式写入报告；党的十九届三中全会通过的《中共中央关于深化党和国家机构改革的决定》强调“健全党和国家监督体系”，要求推进党的纪律检查体制和国家监察体制改革；党的十九届四中全会将“坚持和完善党和国家监督体系”专列一章，为推动各方面制度更加成熟、更加定型明确了时间表和路线图，这是对改革作出的最新顶层设计。

在优化顶层设计的同时，党中央高度重视统筹顶层设计和分层对接，通过各项制度的有机衔接、各项改革措施的协同跟进、各领域具体制度的配套完善，改革形成一个有机整体。一是推动纪检改革、监察改革、派驻改革、巡视改革统筹联动，包括推进纪律检查工作双重领导体制具体化、程序化、制度化，加强上级纪委对下级纪委的领导；推动国家监察体制改革，组建国家监察委员会，国家监察机关与党的纪律检查机关合署办公；推动巡视体制改革，制定《中国共产党巡视工作条例》，实现巡视巡察全覆盖；推动派驻机构改革，改革派驻机构领导体制，实现派驻监督全覆盖。二是推动党内监督主体统筹联动，建立健全了党中央统一领导、党委（党组）全面监督、纪律检查机关专责监督、党的工作部门职能监督、党的基层组织日常监督、党员民主监督的党内监督体系。三是推动党内监督和其他监督主体统筹联动，进一步明确了人大监督、行政监督、司法监督、群众监督以及审计监督和统计监督的职责定位，推动各类监督相互协调。

---

① 习近平．以史为鉴、开创未来　埋头苦干、勇毅前行［J］．求是，2022（1）．

三、监督体系和监督能力有机统一

治理是“一种治国理政的新趋势、新理念、新范式”①。全球治理委员会认为，“治理是个人、公共或私人机构用来管理他们共同事务的诸多方式的总称”，监督体系和监督能力是治理体系和治理能力在党和国家监督体系中的具体化。

党的十八大以来，党中央坚持监督体系和监督能力一体推进。在监督体系建设方面，党中央通过设计谋划改革方案，完善党和国家监督的工作体制、决策机制和实施举措，加强全方位、全过程领导，实现党统一领导；通过构建纪律监督、监察监督、派驻监督、巡视监督“四个全覆盖”格局，对党组织、党员和所有行使公权力的公职人员监督全覆盖，对监督对象违纪、违法、犯罪行为审查调查全覆盖，党和国家监督工作实现全面覆盖；通过加强监督检查、审查调查工作力度，保持惩治腐败的高压态势，持之以恒纠正“四风”，整治群众身边腐败和作风问题等，实现权威高效。与此同时，党中央突出监督能力建设。从组织形式、职能定位、决策程序等方面优化党和国家监督体系的治理能力，提高纪检监察工作的权威性和专业化水平，提高制度执行力，有效解决了一些党组织存在的党的观念淡薄、组织涣散、纪律松弛等问题，推动一些领域深化体制机制改革，监督能力显著提高。

四、依规治党与依法治国有机统一

中国共产党作为执政党，依规治党和依法治国一体两面，具有高度统一性。“党和国家的治理体系包括两个方面：依规治党，依据党章党规党纪管党治党建设党；依法治国，依据宪法法律法规治国理政。”②运用党内法规和国家法律两种制度形态、结构和功能，把管党治党和治国理政贯通起来，推动党的制度优势和国家制度优势相互促进，形成治国理政强大合力，是中国特色社会主义制度的显著优势。

---

① 胡振良．论习近平“两个治理”重要思想［J］．中国特色社会主义研究，2016（2）：16–21．

② 十八届中央纪律检查委员会向中国共产党第十九次全国代表大会的工作报告［R/OL］．人民网，2017–10–30．

党的十八大以来，党中央对依规治党和依法治国、党内监督和国家监察整体谋划、一体推进。一是推动纪检与监察合署办公。通过合署办公，“统筹设置党政机构，减少多头管理，减少职责交叉”，“发挥好党的职能部门统一归口协调管理职能，统筹本领域重大工作”。合署办公后，纪检监察机关既是执纪机关，又是执法机关，既审查违纪问题，又调查违法犯罪问题。通过建立统一决策、一体运行的执纪执法工作机制，共同守好纪法两条防线，有效提升了党的执政、治国科学化水平。二是规范党内法规与国家法律的边界。提出“坚持纪严于法、纪在法前，实现纪法分开”的理念，凡是国家法律已有的内容，党内法规就不再重复规定，党内法规重点突出对党员更高更严的要求。比如，党的十八大后修订的《中国共产党纪律处分条例》删除了与《刑法》《治安管理处罚法》等法律法规重复的内容，真正使党内法规和国家法律各安其位、各守其道，共同发挥作用。三是推动党内法规与国家法律的良性互动。注重党内法规对社会主义法治建设的引领作用，有些规范、要求在全社会还不具备实施条件时，先在党内实行，待条件成熟时再通过立法在国家层面施行，通过法定程序转化为国家法律法规。

五、“关键少数”与“绝大多数”有机统一

习近平总书记指出，坚持抓“关键少数”和管“绝大多数”相统一。领导干部是党的执政骨干，只有管住“关键少数”特别是高级干部和各级主要领导干部，全面从严治党才有震慑力和说服力；广大党员是党的队伍的主体，管住这个“绝大多数”，全面从严治党才能保持良好氛围和环境。[①] 因此，健全党和国家监督体系，必须抓住主要矛盾和矛盾主要方面，既要保证监督对象全覆盖，管住“绝大多数”，又要抓住党员领导干部这个“关键少数”，使其发挥“头雁效应”，带动整个监督体系良性运行。

党的十八大以来，一方面，党中央首先从党内监督全覆盖破题，提出“把党的纪律挺在前面”和监督执纪“四种形态”，用纪律管住所有党员干部。同时，深化国家监察体制改革，实现对所有行使公权力的公职人员监督的全覆

① 习近平．深刻把握党的十八大以来全面从严治党的重要经验［M］// 中共中央党史和文献研究院．十九大以来重要文献选编：上．北京：中央文献出版社，2019：189-190.

盖。改革后，监督对象从党员、干部拓展到所有行使公权力的公职人员，监督范围从违纪拓展到违纪、违法、犯罪行为全覆盖，真正管住了“绝大多数”。另一方面，党中央狠抓“关键少数”。中央政治局制定中央八项规定，以上率下、层层示范。落实管党治党主体责任和监督责任，明确党委（党组）承担主体责任，党委（党组）书记为第一责任人。《中国共产党党内监督条例》规定：“党内监督的重点对象是党的领导机关和领导干部特别是主要领导干部。”《中国共产党问责条例》规定：“问责对象是党组织、党的领导干部，重点是党委（党组）、党的工作机关及其领导成员，纪委、纪委派驻（派出）机构及其领导成员。”纪检监察机关在执纪执法中紧盯“关键少数”。党的十八大到党的十九大期间，纪检监察机关给予处分153.7万人，县处级以上干部7.2余万人，占处分人数的4.8%，其中立案审查的省军级以上党员干部及其他中管干部440人。2018年，中央纪委国家监委立案审查调查中管干部68人。①

第三节　党和国家监督体系的基本要求②

一、加强改革的系统集成、协同高效

习近平总书记强调：“现在要把着力点放到加强系统集成、协同高效上来，巩固和深化这些年来我们在解决体制性障碍、机制性梗阻、政策性创新方面取得的改革成果。”③系统集成是实现复杂系统整体增效的重要机制，是全面深化改革新阶段的重要方法论。它强调通过科学有效的方式将处于分散状态的孤立事物或元素集中在一起，产生联系，相互促进，构成一个有机整体的过程。

① 赵乐际.在中国共产党第十九届中央纪律检查委员会第三次全体会议上的工作报告[N].人民日报，2019-02-21（2）.

② 王希鹏．坚持和完善党和国家监督体系：基本经验与推进路径［J］．中国特色社会主义研究，2019（6）：99-104.

③ 习近平．加强改革系统集成协同高效推动各方面制度更加成熟更加定型［N］．人民日报，2019-09-10（1）.

随着全面深化改革纵深推进，健全党和国家监督系统进入了系统集成、协同高效的新阶段，必须实现系统功能的整体涌现和系统形态的良性运行。一是推动总体布局的系统集成。加强顶层设计，使各项改革举措在政策取向上目标一致、在实施过程中相互配合、在改革成效上相得益彰。要更加注重顶层设计和分层对接，完善党和国家监督各项制度和各领域具体制度的配套，使制度的顶层设计精准落地，真正把制度优势转化为治理效能。二是推动目标方向的系统集成。围绕“监督体系建设”和“监督能力建设”总体要求，不同领域的各项改革举措向“监督目标”靠拢，目标一致、步伐统一。三是推动监督主体的系统集成。进一步明确党内监督主体、国家监督主体、社会监督主体的职责定位、监督权限和配合机制，完善信息互通、线索移送、措施配合、成果共享等工作机制。四是推动制度体系的系统集成。健全党内监督制度、国家监察制度、人大监督制度、行政监督制度、司法监督制度、群众监督制度、舆论监督制度等，各项制度相互作用、环环相扣；在政策安排上，宏观政策与具体政策、长期性政策与阶段性政策、政策链条与政策环节前后呼应、相互配合。五是推动制度执行的系统集成。坚持制度面前人人平等、执行制度没有例外，把制度执行和监督贯穿党和国家治理体系的全过程，形成党的中央组织、地方组织、基层组织上下贯通、执行有力的严密体系，确保制度时时生威、处处有效。

二、明确职责定位，强化政治监督

政治属性是党和国家监督制度的第一属性、根本属性。党和国家监督体系作为党在长期执政条件下实现自我净化、自我完善、自我革新、自我提高的重要制度保障，决定了它具有比其他任何制度更强烈的政治要求。“不论党和国家权力如何配置运行，都必须有利于维护习近平总书记党中央的核心、全党的核心地位，有利于维护党中央权威和集中统一领导，保证全党自觉在思想上政治上行动上同党中央保持高度一致。”①

党和国家监督体系必须始终坚守政治监督定位，把政治监督放在突出位

① 肖培. 强化对权力运行的制约和监督［N］. 人民日报，2019-12-16（9）.

置。一是从政治纪律查起。突出政治责任，把习近平总书记重要指示批示精神贯彻落实情况、党的路线方针政策和党中央重大决策部署贯彻执行情况作为监督的首要任务，深挖对中央的决策部署虚以应付、不敬畏不在乎、喊口号装样子，对事关人民群众生命财产安全的重大民生问题敷衍塞责、冷硬横推等突出问题。党中央重大决策部署到哪里，监督就跟进到哪里。二是具有斗争精神。敢于碰硬、敢于监督，把红脸出汗、猛击一掌的思想引导和战斗精神贯彻始终，及时甄别发现政治上离心离德、思想上蜕化变质、组织上拉帮结派、行动上阳奉阴违等问题。三是重点监督“关键少数”。“监督全覆盖不等于平均用力，在兼顾全面的同时依然要盯住重点，突出‘关键少数’、聚焦班子成员特别是一把手。”[①]开展监督必须落实到具体的人和事上，突出党的领导机关和领导干部特别是主要领导干部这个“关键少数”。四是坚持“一案双查”。政治问题与经济问题相互交织，是当前腐败的重要表现形式。开展政治监督，既要发现党员干部违反政治纪律、破坏政治生态的问题，同时也要查处隐藏在背后的腐败问题。五是实现政治监督与业务推进有机统一。开展监督与保障地方经济社会发展，两者是相互促进的。要通过严肃、协同、有效的监督工作，推动形成决策科学、执行坚决、监督有力的权力运行机制，为地方经济社会发展保驾护航。

三、党内监督主导，各类监督贯通

健全党和国家监督体系必须发挥党内监督的主导作用。党内监督具有其他监督所无法替代的作用和优势。一是党内监督具有重要的示范引领作用。中国共产党是执政党，党内监督失效，其他监督形式必然失灵，内部监督不到位，外部监督再用劲，作用也有限。二是党内监督具有重要的纠偏作用。党内监督重点解决党的领导弱化、党的建设缺失、全面从严治党不力，党的观念淡漠、组织涣散、纪律松弛、管党治党宽松软等根本性问题，保证党的组织充分履行职能、发挥核心作用。三是党内监督具有重要的统领作用。在中国共产党强有力的领导下，党内监督能够凝聚党和国家各个监督力量，确

① 贺夏蓉. 政治监督的内涵及要求［N］. 中国纪检监察报，2018-09-27（B11）.

保各个监督力量统一意志、统一行动、步调一致，形成党内监督、国家监督、社会监督的强大合力。

以党内监督为主导，实现各个监督主体的有机贯通、相互协调。一是推进党内监督主体间的有机贯通。坚决落实党委（党组）在党内监督中承担的主体责任，党委（党组）书记作为第一责任人，加强对党内监督的领导和统筹，强化自上而下的组织监督，改进自下而上的民主监督，发挥同级相互监督作用。把主体责任和监督责任贯通起来，加强配合、相互促进。把日常监督、信访举报、巡视巡查、列席民主生活会、提出纪律检查建议等日常监督方式结合起来，形成监督合力。二是推进党内监督与国家监督的有机贯通。完善党的纪律检查与国家监察合署办公体制，健全统一决策、一体运行的工作机制，推动执纪执法贯通、有效衔接司法，实现纪法双施双守。建立纪检监察机关与其他监督主体的联席会议制度，理顺执法机关、司法机关向纪检监察机关移送问题线索机制、协助调查核实机制。加强对审计结果、统计结果的运用，把审计监督、统计监督与纪检监察、巡视巡察贯通起来。三是推进党内监督与社会监督的有机贯通。各级党组织支持民主党派履行监督职能，多方收集民主党派和无党派人士提出的意见和建议，完善反馈与落实机制。发挥群众监督作用，畅通党员群众反映情况、开展监督的渠道，完善来信、来访、电话、网络四位一体的信访受理平台。建设覆盖纪检监察系统的检举举报平台，通过共享和最大限度利用各种相关信息，精准发现问题，提高监督有效性。

四、深化纪检监察改革，强化专责监督

纪检监察机关是党和国家监督的专责机关。纪检机关与监察机关合署办公，形成纪律监督、监察监督、派驻监督、巡视监督“四个全覆盖”格局，保证实现党和国家监督工作全覆盖。聚焦推进国家治理体系和治理能力现代化，一体推进党的纪律检查机制改革、国家监察体制改革、纪检监察机构改革，提高治理能力和治理水平。一是以完善双重领导体制为重点，深化纪律检查体制改革。坚持党中央对反腐败工作的集中统一领导，加强各级党委对反腐败工作的全过程领导。严格落实“纪委书记、副书记的提名和考察以上

级纪委会同组织部门为主”“查办腐败案件以上级纪委领导为主”；落实派驻机构“日常履职考核以上级纪委为主”，放大纪检监察双重领导体制效应。二是以纪法贯通、法法衔接为重点，深化国家监察体制改革。把握纪律处分条例、监察法、刑法、刑事诉讼法之间的关系，贯通使用纪法两把尺子，对违纪、违法和职务犯罪问题一体进行审查调查，根据违纪、违法和职务犯罪事实来决定措施运用、证据标准，准确适用纪律和法律，既防止以纪律处分代替法律制裁，也防止以刑事处罚代替党纪处分。三是以推进派驻机构改革为重点，深化纪检监察机构改革。加强对派驻机构的直接领导和统一管理，深化中管企业纪检监察体制改革、中管金融企业派驻机构改革，完善党委书记和校长列入中央管理的高校纪委接受高校党委和党组织关系所在地地方纪委双重领导机制。规范中管企业、中管金融企业、党委书记和校长列入中央管理的高校纪检监察机构开展监督检查、审查调查的措施手段、审批权限及工作程序。

五、“三不”一体推进，增强监督效能

一体推进不敢腐、不能腐、不想腐与健全党和国家监督体系具有内在统一性。一方面，健全党和国家监督体系，整合反腐败资源与力量，扩大监督覆盖面，增强监督有效性，为一体推进“三不”创造体制机制保障；另一方面，通过一体推进“三不”，提高惩治腐败的能力和水平，加强对权力运行的监督和制约，提高全党全社会健全监督体系的共识和信心，推动党和国家监督体系的健全和完善。一体推进“三不”，应突出以下四方面。

一是持续强化不敢腐的震慑。保持惩治腐败高压态势，是一体推进“三不”的前提，是不可松动的“后墙”。着力减存量、遏增量，对腐败增量问题要立马处置，发现一个查一个，严肃查处不知敬畏者、胆大妄为者。坚决查处政治问题和经济问题交织的腐败案件，把经济上贪腐、政治上蜕变的“两面人”及时辨别出来、清除出去。加大重点领域和关键环节的反腐力度，紧盯事关发展全局和国家安全的重大工程、金融和国企等重点领域、管人管钱管物等关键岗位。着力解决群众身边腐败和作风问题，围绕教育、医疗、环境保护、食品药品安全等民生领域开展专项治理。

二是切实扎牢不能腐的笼子。围绕授权、用权、制权等环节，科学配置党政机关及内设机构权力和职能职责，划清权力边界，厘清权力清单，强化流程控制，压缩自由裁量权。立“名规矩”，破“潜规则”，以容易滋生腐败的重点领域和关键环节为突破口，通过改革和制度创新切断利益输送链条，铲除领导干部被“围猎”的“污染源”。推进反腐败国家立法，按照“严织法网、宽严相济”理念，完善刑法体系；探索建立对“裸官”的监督管理机制，建立公职人员财产申报制度，建立金融实名制度。

三是不断增强不想腐的自觉。教育党员干部筑牢信仰之基、补足精神之钙，强化思想淬炼、传承红色基因，加强忠诚教育、政德教育、纪法教育。发展积极健康的党内政治文化，突出正确的选人用人导向，遏制“劣币驱逐良币”的逆淘汰。继承和发扬中华民族优秀传统文化，注重家庭家教家风，积极营造风清气正的从政环境和向善向上的社会氛围。

四是强化一体推进“三不”的协同性。不敢腐、不能腐、不想腐不是阶段的划分，更不是环节的割裂，关键是打通三者的内在联系，实现“你中有我，我中有你”。在推进“不敢腐”时，同步发挥“不能腐”和“不想腐”的治本作用；在推进“不能腐”时，同步发挥“不敢腐”的震慑和“不想腐”的引导；在推进“不想腐”时，同步发挥“不敢腐”的威慑和“不能腐”的约束，通过同向发力，实现反腐败效应叠加。

第四节　党和国家监督体系的实践路径

按照党的十九届四中全会提出的关于“必须健全党统一领导、全面覆盖、权威高效的监督体系，增强监督严肃性、协同性、有效性，形成决策科学、执行坚决、监督有力的权力运行机制”的要求，坚持和完善党和国家监督体系，必须以党总揽全局、协调各方和党内监督主导为基本原则，充分发挥党员在同级各种组织中的领导核心作用，统一于人民当家作主与依法治国的实践需要，把各级党委与人大、政府、政协、司法机关及人民团体的关系理顺并加以规范，支持和保证它们依照法律规范有效地履行职能。开创新时代党和国家监督体系现代化新境界应当体现以下实践逻辑。

一、以党的领导为核心，强化各级党委主体责任

党和国家监督体系最为突出的特点是“党统一指挥”①，这既是党领导的中国特色社会主义最本质的特征，又是中国特色社会主义制度的最大优势。习近平总书记指出：“完善党和国家监督体系，总要求是党统一领导、全面覆盖、权威高效，着力点是增强监督严肃性、协调性、有效性。”②历史和现实都已证明并将继续证明，西方多党制从来不是也不可能是有效防治腐败的灵丹妙药，多党制本身并非能够、也难以解决腐败问题。只有全心全意为人民服务的中国共产党，才能以强烈的历史担当精神、高度的责任感使命感以及顽强的意志品质，直面党内存在的各种问题与弊端，严字当头、刀刃向内，坚定不移推进全面从严治党，加强党和国家的自我监督，成为中国特色社会主义权力监督体系的坚强领导核心。

坚持党对权力监督的集中统一领导，最根本的是坚持以习近平同志为核心的党中央的统一领导和指挥。从历史经验来看，我们党自成立以来，由党统一领导的党风廉政建设和反腐败斗争在不同的时代被赋予新的不同要求。党的执政能力，对监督工作的运行情况起着决定性作用。只有坚持在党的统一领导下，监督工作才能有效运行；相反，一旦弱化党在权力监督中的领导作用，就会使整个监督体系陷入困境。只有充分发挥党内监督的带头作用，带动其他监督，完善监督体系，才能为全面从严治党提供强有力的制度保障。

加强党对监督体系的统一领导，关键在于压紧压实党委领导责任，解决反腐败斗争中一些地方党委领导不力、职责不明的问题。必须在强化党内监督和反腐败监督体系时明确各级党委的主体责任，充分释放党内监督、国家监察和党外监督的制度优势。坚持发挥党内监督的引领作用，带动其他监督，完善监督体系，不断整合、优化反腐败领导体制和工作机制的合作力量。认

① 习近平．决胜全面建成小康社会　夺取新时代中国特色社会主义伟大胜利——在中国共产党第十九次全国代表大会上的报告［N］．人民日报，2017-10-19（2）．

② 习近平．以全面从严治党新成效推进国家治理体系和治理能力现代化［M］// 中共中央党史和文献研究院．十九大以来重要文献选编：中．北京：中央文献出版社，2021：389．

真制定反腐败规划与实施方案，并在本地经济社会发展规划全局中予以确认；对涉及人大监督、民主监督、审检司法监督、群众舆论监督的有效机制和工作规范力促健全完善；对反腐败执纪执法工作予以大力支持，营造良好执法环境；依照干部管理权限的规定，对本级党委管理的领导干部涉嫌违纪违法案件作出处理决定；不断加强建设本地反腐败协调领导小组，使协调小组的基本作用在各级党委领导下得以充分发挥。在反腐败斗争中立场坚定、旗帜鲜明，服从于党中央的集中统一领导，牢牢把握政治意识、大局意识、核心意识、看齐意识，不断地积极探索党在长期执政条件下自我监督的有效途径。

二、以党内监督为主导，推进纪检监察法治化规范化

以党内监督为主导，首要的是坚持和完善党内监督体系。在党中央统一领导下，强化党委（党组）全面监督、纪律监察机关专责监督，党的工作部门职能监督、党的基层组织日常监督和党员民主监督。落实各级党组织监督责任，保障党员监督权利。重点加强对高级干部、各级主要领导干部的监督，进一步完善领导班子内部监督制度，破解对"一把手"监督和同级监督的难题。强化政治监督，加强对党的理论和路线方针政策以及重大决策部署贯彻落实情况的监督检查，完善巡视巡查，督查落实巡视报告制度。以加强党内监督，带动其他监督，充分发挥党内监督在整个监督体系中的导向引领作用。在各级党委的领导下，纪检监察机关组织制定、实施关于党风廉政建设和反腐败工作的计划方针、具体措施、各项制度等，并对方针、措施与制度的实施进行检查监督，保证计划和措施得以顺利实施，保证各项制度得以贯彻落实；分解、细化党风廉政建设和反腐败工作的各项任务，落实工作责任制，使有关部门互相配合、协同动作。同时，应通过健全完善相关机制平台发挥的组织协调作用，使党内执纪监督问责与其他各种监督方式实现信息畅通、机制衔接。比如，党内监督和司法监督之间，在制度上不能有冲突，不能相互抵消，民主监督、群众监督和舆论监督实质上是人民群众对党和政府的监督，实现党的自我监督和群众监督的贯通，需要建立相对独立的举报平台。纪委在监督体系中的协调作用就是上下贯通、形成合力，助力党统一指挥、全面覆盖、权威高效的监督体系的形成。

在党的纪检和国家监察合署办公的体制下，发挥党内监督的主导作用，就要深化纪检监察体制改革，完善纪检监察制度，全面承担起党章规定的“维护党的章程和其他党内法规，检查党的路线、方针、政策和决议的执行情况，协助党的委员会推进全面从严治党、加强党风建设和组织协调反腐败工作”①任务。忠实履行《监察法》赋予的“对所有行使公权力的公职人员进行监察，调查职务违法和职务犯罪，开展廉政建设和反腐败工作”②职责。加强上级纪委监委对下级纪委监委的领导，使监察监督在实施中同党内监督结合起来。做到对公职人员是否依法履行公共职责、行使公共权力、廉政从业以及道德操守等情况依照法律规范进行监督检查；对涉嫌贪污贿赂、滥用职权、玩忽职守、权力寻租、利益输送、徇私舞弊以及浪费国家资财等的职务违法和职务犯罪行为进行调查；对履行职责不力、失职失责的领导人员进行问责等。以实现对所有行使公权力的公职人员是否勤于政事、公正廉洁监督的全覆盖，推进纪检监察工作规范化、法治化。

以党内监督为主导，就要完善派驻监督体制机制，推进纪律监督、监察监督、派驻监督、巡视监督统筹衔接。推行单独派驻和综合派驻相结合，实现对党和国家机关的全面派驻；各派驻机构强化监督执纪问责，全面落实“派”的权威，充分发挥“驻”的优势；以“六个坚持”③，不断推动派驻监督工作高质量发展。要坚持巡视监督政治，重塑巡视监督格局，重构巡视监督体系，做到政治巡视高度深化，巡视定位准确把握，巡视问题分类处置，巡视成果落到实处，实现巡视巡察上下联动，巡视覆盖更加全面。要推进完善上下联动、上下贯通的巡视巡察格局，大力推动巡察向纵深方向发展，向基层不断延伸，充分发挥巡视巡察的“探照灯”与“显微镜”功能。发挥问题意识为导向的牵引作用，把发现问题作为巡视工作的生命线，把推动解决问

① 《中国共产党章程》第四十六条。

② 《中华人民共和国监察法》第一章第三条规定：各级监察委员会是行使国家监察职能的专责机关，依照本法对所有行使公权力的公职人员（以下称公职人员）进行监察，调查职务违法和职务犯罪，开展廉政建设和反腐败工作，维护宪法和法律的尊严。

③ “六个坚持”：一是坚持对人的监督与对事的监督相结合；二是坚持做实做细和持续发力相结合；三是坚持严厉惩治与标本兼治相结合；四是坚持严管和厚爱相结合；五是坚持压实责任和协作互动相结合；六是坚持“过程论”与“结果论”相结合。曾一春．“六个坚持”推动派驻监督工作高质量发展［J］．中国纪检监察，2019（18）：13-15.

题作为巡察工作的落脚点，把优化整合资源作为有力支撑，构建由多部门、多层次、全方位配合的协作机制。

三、以人大、行政监督为关键，发挥审计、统计监督作用

以人大监督和行政监督为关键，是中国特色社会主义基本政治制度决定的。人民行使国家权力的机关是全国人民代表大会和地方各级人民代表大会，人大监督的实质是人民监督。西方国家实行三权分立的政治制度，人民主权已被分割为立法权、行政权和司法权，无论是议会还是政府或者是司法机关都没有资格代表人民进行监督，因而在法律效力上，西方政治体制下的议会监督与我国的人大监督是不可比拟的。人大及其常委会的监督是宪法授予人大的职权，就是通过对国家行政机关、监察机关、审判机关和检察机关的监督，保证宪法和法律在制度上得到准确施行，尊重并维护公民、法人和其他组织的合法权益。人大及其常委会行使监督权的方式，就是依照宪法和法律所赋予的职权，对各专项工作报告予以审议，对法律实施情况进行执法检查，对有关负责人询问或者质询，实现对行政、监察、审判、检察机关的权力运行情况进行有效的监督和制约，以防止权力被滥用，保证国家机器按照人民的意志依法有效运行。加强对法律实施的监督，保证行政权、监察权、审判权、检察权得到依法正确行使，保证公民、法人和其他组织合法权益得到切实保障，坚决排除对执法司法活动的干预。拓展公益诉讼案件范围，加大对严重违法行为处罚力度，实行惩罚性赔偿制度，严格刑事责任追究。

国家行政机关承担着按照党和国家决策部署推动经济社会发展、管理社会事务、服务人民群众的重大职责。在“坚持一切行政机关为人民服务、对人民负责、受人民监督，创新行政方式，提高行政效能”[①] 的过程中，加强行政管理监督是“建设人民满意的服务型政府”的第一要义。要明确各级政府领导班子行政管理及监督的主体责任。在本地经济社会发展全局的计划中纳入反腐败工作，在行政工作的各个方面、各个环节将反腐败工作落到实处。加强各级政府的行政管理职能，畅通上下政令的传递，维护严格的行政纪律，

① 中共中央关于坚持和完善中国特色社会主义制度 推进国家治理体系和治理能力现代化若干重大问题的决定［N］. 人民日报，2019-11-06（1）.

提高行政效能。对政府所辖的下属部门，各领导班子成员要做到对于作风建设的敢抓严抓，对于组织建设和纪律建设要敢管严管。切实加强对干部的日常教育管理，落实行政监督的主体责任意识，通过党委政府的齐抓共管强化党内监督和行政管理监督。对自身反腐的同时，行政执法与管理等部门还要充分发挥其独特的职能优势，增强“一岗双责”的责任意识和制度刚性，在执法管理活动中落实反腐败工作的各项要求。

完善审计制度，充分发挥审计监督作用。规范重点领域、重点部门、重点资金和领导干部经济责任审计、统计的程序；设立审计公告制度，对拒不执行审计、统计监督决定的有关机关和人员，依法追究其责任。确保国务院各部门和地方各级政府及其各部门财政收支，国有金融机构和国有企业、事业组织财务收支的真实、合法和效益，依法独立开展审计监督活动，维护国家财政经济秩序，促进党和国家机关推进廉政建设。

完善统计制度，充分发挥统计监督作用。健全各级统计机构，配齐统计专业人员，完善统计配套法规，细化统计法律责任。政府履行统计监督职能时，“有关单位和个人应当如实反映情况，提供相关证明和资料，不得拒绝、阻碍检查，不得转移、隐匿、篡改、毁弃原始记录和凭证、统计台账、统计调查表、会计资料及其他相关证明和资料”[①]，确保统计人员依法独立行使统计调查、统计报告等统计监督职权。严肃查处公职人员特别是领导干部履职中擅自修改、编造虚假统计数据、对统计违法失察等行为，促进国家机器和公共权力依法规范运行。

四、以民主监督为常态，完善人民政协民主党派监督

民主监督是我国社会主义民主政治的独特创造和重要制度安排，是在我党与各民主党派、无党派人士团结合作、互相监督的理论与实践中孕育而来的。我国的基本政治制度决定了人民政协和民主党派监督的常态化。我国的

① 《中华人民共和国统计法》第五章第三十六条规定：县级以上人民政府统计机构履行监督检察职责时，有关单位和个人应当如实反映情况，提供相关证明和资料，不得拒绝、阻碍检查，不得转移、隐匿、篡改、毁弃原始记录和凭证、统计台账、统计调查表、会计资料及其他相关证明和资料。

民主党派监督与西方政党之间的相互监督，特别是对执政党的监督有着本质区别。西方政党监督虽然在客观上起着监督制约和遏制腐败的积极作用，但这种监督主要是党派之间争权夺利的政治斗争，对社会治理的消极影响是不言而喻的。我国实行中国共产党领导下的多党合作的基本政治制度，民主党派的监督在价值目标和机制运行上与党和国家的治理方略具有高度的一致性。因此，必须贯彻“长期共存、互相监督、肝胆相照、荣辱与共”的方针，加强中国特色社会主义政党制度建设，健全相互监督特别是中国共产党自觉接受监督、对重大决策部署贯彻落实情况实施专项监督等机制，完善民主党派直接向中共中央提建议制度，完善支持民主党派和无党派人士履行职能方法，展现我国新型政党制度的优势。发挥人民政协作为政治组织和民主形式的效能，提高政治协商、民主监督、参政议政水平，更好凝聚共识。完善人民政协专门协商机构制度，丰富协商形式，健全协商规则，优化界别设置，健全发扬民主和增进团结相互贯通、建言资政和凝聚共识双向发力的程序机制。①

构建中国特色社会主义监督体系，实现民主监督常态化，关键在于建立健全与相关部门的协调配合制度。包括：建立信息交换、资源共享制度。为了使各党派人士及时全面地了解信息，需要加强政协与党委、政府、人大和社会各界的交互；为了便于政协了解与监督各机关的工作进度，建立各级政协与各级党委、政府、人大固定的对口连接和工作制度不失为一种明智之举，并允许通过列席对方的工作会议的方式实现监督；为了保证重大决策形成过程的规范性和结果的合理性，需要收集征集意见稿，中共各级党组织、政府、人大、政协应主动邀请社会各界知名专家、学者为有关经济建设、社会发展和人民群众关心的重大问题的决策提供咨询、帮助论证服务，充分听取各方面意见；建立健全民主监督员和监督小组制度，民主监督员和监督小组定期深入各部门各单位，在主席会议和常委会的领导下开展民主监督工作。

积极探索建立多种监督形式的互动机制，是推进民主监督常态化的另一个途径。互动机制包括宏观问题监督与微观问题监督结合、重点监督问题和日常监督工作结合、民主监督的已有形式与新形式结合、被动监督与主动监

① 中共中央关于坚持和完善中国特色社会主义制度推进国家治理体系和治理能力现代化若干重大问题的决定［N］. 人民日报，2019-11-06（1）.

督结合、常规化程序化监督与临时性随机性监督结合等[①]。我们今后还需要进一步探讨如何使各种监督方式产生互动效果的问题。民主监督的内容涉及方方面面，既有宏观层面的，也有微观层面的，因此，民主监督应将对国家社会发展有重大影响的问题与百姓最关心的日常生活问题相结合，从而使人民政协和各民主党派既参与国家重大政治问题的讨论，又面向基层、走进群众解决人民最关心的日常生活问题。在履行监督职责时，人民政协和各民主党派既要监督有关部门查办的关系到社会民生或突发性的大案要案，又要保证民主监督在规范、程序与制度的轨道上运行。过去已经施行的提案、视察工作、民主评议等监督形式在实践中是行之有效的，在坚持与完善旧有监督形式的同时，人民政协和各民主党派还需要在监督实践中积极探索新的监督形式。民主监督过去存在被动性，意见、提案大多是在发现问题后才提出的，今后应积极推进视察回访工作，主动帮助职能部门改进工作方式。此外，政协委员和民主党派成员根据具体情况适当增加暗访式的随机性监督，可以有效确保监督的真实性和及时性。

五、以司法监督为保障，完善检察审判和律师制度

司法是解决社会矛盾冲突的终结机制和维护社会公平正义的最后一道防线。中国特色社会主义司法制度与西方三权分立格局下的司法制度有着明显不同。西方国家的司法机关与政党是一种隐秘型的关系，而我国司法机关与中国共产党是被领导与领导的关系。司法机关在党的领导下依法独立行使审判权和检察权，这就决定了我国的司法监督是党和国家监督体系的刚性支撑。必须"坚持有法必依、执法必严、违法必究，严格规范公正文明执法，规范执法自由裁量权，加大关系群众切身利益的重点领域执法力度。深化司法体制综合配套改革，完善审判制度、检察制度，全面落实司法责任制，完善律师制度"[②]，依法保障律师执业权利，确保其依法维护当事人合法权益，维护法

① 吴建雄. 国家监察体制改革与新时代中国特色社会主义监督体系构建［J］. 统一战线学研究，2018，2（1）：48-58.

② 中共中央关于坚持和完善中国特色社会主义制度推进国家治理体系和治理能力现代化若干重大问题的决定［N］. 人民日报，2019-11-06（1）.

律的正确实施，依法监督司法活动，努力让人民群众在每一个司法案件中感受到公平正义。

作为一种理性化的运用法律规范解决纠纷的方式，司法以国家的强制力为后盾惩治违法犯罪，律师依法辩护，维护当事人的合法权益。从根本上说，都是为了让权利的正当行使得到法律保护，义务的准确及时履行有法律保障，避免矛盾再度发生，使制度体系更加完善，社会管理更加有序。也就是说，通过法律的准确适用，一方面，能够对违法犯罪行为予以惩治，被破坏的法律秩序得到恢复，另一方面，能够发现导致犯罪产生的主客观原因，特别是存在漏洞与缺陷的相关管理监督制度，有利于良好的机制体制和权力运行秩序的形成与维护，达到防止同类案件再度发生的目的。

《监察法》的颁布实施，对司法机关和律师执业提出了新的要求。监察机关对职务犯罪的调查追究，需要与司法机关紧密衔接、在配合制约中彰显法治权威。在司法实践中，不仅要遵循刑事诉讼法，而且要贯彻监察法精神。从法理上讲，职务犯罪和普通犯罪虽然都是犯罪，但其本质特征不同，前者侵害的是国家政权的人民性，后者侵害的是社会管理秩序的安定性。因而，职务犯罪刑事诉讼与普通刑事诉讼“打击犯罪，保障人权”的价值目标不尽相同。职务犯罪刑事诉讼有着“打击犯罪、反腐倡廉、维护人民主权”三重价值目标。有鉴于此，职务犯罪的调查、追诉、辩护和审判，与普通刑事犯罪的侦查、追诉、辩护和审判，在查证主体、程序规范、律师介入等方面的差异性不言而喻。在惩治职务犯罪的问题上，监察机关的依法调查，检察机关的审查起诉，律师刑事诉讼阶段介入，人民法院的依法审判，都是腐败治理的重要内容，通过监察环节和诉讼环节的运行，使公职人员犯罪得到查处，人权和正当权益得到保障，以高质量的反腐败成果维护国家公权力的廉洁性、公正性和人民性。

纪检监察体制机制的改革创新，对司法机关的工作机制、办案模式提出了新要求。为了提高职务犯罪监察调查、审查逮捕、审查起诉和刑事审判的整体效能，需要在推进司法体制改革过程中，建立符合客观规律和司法规律的反腐败司法的机制模式；为了提高共同打击腐败犯罪的能力，需要构建有效的机制，实现行政执法与司法的衔接，保证执法司法信息交流的畅通，在司法机关提前介入与联席会议等机制制度设计上加以完善；司法是反腐败的最后一道防线，应充分发挥其防线作用，营造和维护良好的司法环境，确保司法机关职权能够依法独立公正行使。在司法机关职权向个体决策型倾斜的司法体制改革背景下，必须加强司法机关业务流程监督，同时强化多种形式的监督，用科学的制度设计和程序安排，最大限度地降低执法不严、司法不公和监督不力等问题发生的可能，有效预防司法腐败。

六、以群众监督为基础，完善舆论监督机制

毛泽东同志指出："只有让人民起来监督政府，政府才不敢松懈。只有人人起来负责，才不会人亡政息。"① 以群众监督为基础，是坚持和完善人民当家作主制度体系、发展社会主义民主政治的必然要求。国家的一切权力属于人民，必须坚持人民主体地位，"依法实行民主选举、民主协商、民主决策、民主管理、民主监督，使各方面制度和国家治理更好体现人民意志、保障人民权益、激发人民创造，确保人民依法通过各种途径和形式管理国家事务，管理经济文化事业，管理社会事务。"② 群众监督和舆论监督对建设良好廉洁的党风、同腐败行为作坚决斗争等方面，发挥着不可或缺的作用。从本质上讲，舆论监督是公民行使监督权的一种直接方式，国家机关及其工作人员都应当自觉接受群众监督和舆论监督，并为切实保障公民的知情权、参与权、表达权和监督权创造条件、拓宽渠道。现代法治国家的重要监督方式之一就是群众参与下的群众监督与舆论监督。长期以来，新闻在西方被称为立法权、行政权、司法权之外的"第四种权力"。新闻之所以被举至如此地位，其重要原因之一就是它能随时从不同角度监督政府的活动。借鉴各国舆论监督经验，就要重视其广泛性、群众性、及时性、经常性等特点，克服其客观存在的无序和不规范的状态，坚持以有序的群众监督和舆论监督为基础。

加快群众舆论监督的法治进程。当前，互联网尤其是移动网络得到快速发展，微博、微信等通信手段在实践中得到广泛应用，网络舆论监督在社会

① 毛泽东文集：第八卷［M］. 北京：人民出版社，1999：291.

② 中共中央关于坚持和完善中国特色社会主义制度 推进国家治理体系和治理能力现代化若干重大问题的决定［N］. 人民日报，2019-11-06（1）.

生活中的重要性越来越显著，成为群众获取信息的重要来源和参与社会事务的重要渠道。互联网这一新兴监督手段的兴起，引起了各部门的高度重视，需要对网络舆情的收集、研判、处置、引导、反馈与应对的机制体制予以建立健全，及时调查处理反馈的领导干部违纪违法问题，及时澄清反映失实的问题，依法追究诬告陷害行为人的责任。同时，法治建设进程中要建立互联网监督的新形式，依法打击制造和传播网络谣言的违法行为，推动网络监督在不偏离法治化、规范化的轨道上合理合法运行，不断发挥网络监督的正能量。因此，要完善和明确相关法规中的舆论监督、网络管理等方面内容，以更好地规范舆论监督主体的权利与义务。做好新闻舆论工作，以法治方式保障和规范舆论监督。

建立舆论监督的配合机制。作为监督机制重要组成部分的舆论监督，同其他监督形式一样，都有自身难以超越的局限性。以社会监督形态存在的舆论监督是由下而上运行的，公民权利成为舆论监督的基础，舆论监督对具体问题的解决和公共权力运行的效力不同于法律的强制性。因此，形成内外结合、纵横交错的严密的网络化监督格局，需要与具有其他优势的监督形式相结合。舆论监督在构建和谐社会进程中的作用不容忽视，需要同宪法监督、人大监督、行政监督和立法监督有机统一起来。同时，还要建立舆论监督的良性互动机制。舆论监督在发挥自身作用的同时，与群众监督、民主党派监督等监督形式互通，建立全方位、立体化的监督网络体系，以保证权力运行的合法性、有效性和权威性。

第二章　党和国家监督体系的理论基础

作为习近平新时代中国特色社会主义思想的重要组成部分，中国共产党关于权力监督制约理论的创新成果，是健全党和国家监督体系的理论基础。同任何一个领域的体制构建一样，党和国家监督制度有着深厚的理论和实践渊源，包括西方权力制约监督思想与政治发展中的政治分工与混合政体理论、权力分立与均衡政治理论、制约平衡与权力制约理论等，以及中国古代源远流长的监察思想文化和监察体制理论等。中国共产党关于权力监督制约理论的创新成果，既吸收中外权力制约监督思想的精华，又是对马克思主义权力制约监督思想的传承与发展。

第一节　党和国家监督的立场、观点和方法

党的二十大报告指出，只有把马克思主义基本原理同中国具体实际相结合、同中华优秀传统文化相结合，坚持运用辩证唯物主义和历史唯物主义，才能正确回答时代和实践提出的重大问题，才能始终保持马克思主义的蓬勃生机和旺盛活力。坚持和完善党和国家监督体系，既是党自我革命的重要机制，又是党引领社会革命的政治保障。新时代党和国家监督体系的坚持和完善，必须以中国化马克思主义立场观点和方法为指导，解放思想、实事求是，着眼于解决新时代党和国家监督中的实际问题，形成与时俱进的理论成果，

更好地指导实践。

一、坚持人民至上：党和国家监督的价值坐标[①]

坚持人民至上是“六个坚持”中的第一个。习近平总书记强调：“人民性是马克思主义的本质属性”[②]。马克思主义博大精深，归根到底就是一句话：为人类求解放。《共产党宣言》庄严宣告：“过去的一切运动都是少数人的，或者为少数人谋利益的运动。无产阶级的运动是绝大多数人的、为绝大多数人谋利益的独立的运动。”坚持人民至上，是马克思主义唯物史观的集中体现，是中国共产党性质宗旨的集中体现。

作为马克思主义政党，中国共产党来自人民、植根人民、造福人民，从诞生之日起就把为中国人民谋幸福、为中华民族谋复兴确立为自己的初心使命，始终代表最广大人民的根本利益，与人民休戚与共、生死相依，没有任何自己特殊的利益，从来不代表任何利益集团、任何权势团体、任何特权阶层的利益。江山就是人民，人民就是江山。中国共产党领导人民打江山、守江山，守的是人民的心。人民对美好生活的向往，就是我们党的奋斗目标。

人民立场是我们党的根本政治立场，党的理论是来自人民、为了人民、造福人民的理论，人民的创造性实践是理论创新的不竭源泉。党的十八大以来，在习近平新时代中国特色社会主义思想的指引下，我们深入贯彻以人民为中心的发展思想，在幼有所育、学有所教、劳有所得、病有所医、老有所养、住有所居、弱有所扶方面持续用力，人民生活全方位改善：人均预期寿命提高到78.2岁；居民人均可支配收入从16500元增加到35100元；城镇新增就业年均1300万人以上；建成世界上规模最大的教育体系、社会保障体系、医疗卫生体系，教育普及水平实现历史性跨越；人民群众获得感、幸福感、安全感更加充实、更有保障、更可持续，共同富裕取得新成效。我们党始终把人民放在第一位，坚持尊重社会发展规律和尊重人民历史主体地位的一致

① 高举中国特色社会主义伟大旗帜为全面建设社会主义现代化国家而团结奋斗——在中国共产党第二十次全国代表大会上的报告［N］. 人民日报，2022-10-17（1）.

② 张彦. 坚持人民至上（思想纵横）——深刻学习领会“六个坚持”之一［N］. 人民日报，2022-11-16（9）.

性，坚持为崇高理想奋斗和为最广大人民谋利益的一致性，坚持完成党的各项工作和实现人民利益的一致性，不断把为人民造福事业推向前进。

坚持健全党和国家监督体系的人民立场，就要在权力监督和反腐败斗争中回应人民期待，依靠群众力量。人民群众最痛恨各种消极腐败现象和特权现象，这些现象在党同人民群众的血肉联系中最具杀伤力。习近平总书记指出：相对于"'远在天边'的'老虎'，群众对'近在眼前'嗡嗡乱飞的'蝇贪'感受更为真切。'微腐败'也可能成为'大祸害'，它损害的是老百姓切身利益，啃食的是群众获得感，挥霍的是基层群众对党的信任。"[①]坚持权力监督和反腐败的人民立场，要推动反腐败斗争向基层延伸，聚焦党中央惠民富民、促进共同富裕政策落实，聚焦巩固拓展脱贫攻坚成果同乡村振兴有效衔接，持续深入整治群众身边的不正之风和腐败问题，维护群众切身利益，让群众更多感受到正风肃纪反腐的实际成果。要把人民群众的监督意识有效激发起来，建立健全人民群众信访举报制度，形成人民监督与权力监督的良性互动，发挥人民群众的聪明才智和无穷力量，使腐败分子无处遁形。

二、坚持自信自立：党和国家监督的根本立场[②]

习近平总书记在党的二十大报告中指出："中国的问题必须从中国基本国情出发，由中国人自己来解答。"深刻指明我们党全部理论和实践的立足点，揭示了党和人民事业不断从胜利走向胜利的根本所在。人类历史上，没有一个民族、没有一个国家可以通过依赖外部力量、跟在他人后面亦步亦趋实现强大和振兴。进入新时代，坚持自信自立已成为中国人民和中华民族的内在气质和精神风貌。坚定道路自信，既不走封闭僵化的老路，也不走改旗易帜的邪路，我们党将团结带领人民坚定不移走中国特色社会主义道路。

坚持自信自立首先要坚定理论自信，我们党把马克思主义作为立党立国、兴党兴国的根本指导思想，把马克思主义基本原理同中国具体实际相结合、同

① 习近平在第十八届中央纪律检查委员会第六次全体会议上的讲话［N］. 人民日报，2016-05-03（2）.

② 欧阳锡龙. 坚持自信自立（思想纵横）——深刻学习领会"六个坚持"之二［N］. 人民日报，2022-11-17（9）.

中华优秀传统文化相结合，不断推进马克思主义中国化时代化。其次是坚定制度自信，我国不搞西方的政党轮替和“三权分立”，我们党坚持和完善中国特色社会主义制度、推进国家治理体系和治理能力现代化。最后是坚定文化自信，我们党以社会主义核心价值观为引领，发展社会主义先进文化，弘扬革命文化，传承中华优秀传统文化，国家文化软实力和中华文化影响力不断提升。

对于一个政党和国家来说，只有独立自主、自力更生，才能将前途命运掌握在自己手中。一百多年来，我们党领导人民自立自强、不懈探索，从根本上改变了中国人民的前途命运。党的十八大以来，在以习近平同志为核心的党中央坚强领导下、在习近平新时代中国特色社会主义思想指引下，我们不信邪、不怕鬼、不怕压，知难而进、迎难而上，经受住来自政治、经济、意识形态、自然界等方面的风险挑战考验，党和国家事业实现一系列突破性进展，取得一系列标志性成果，如期打赢脱贫攻坚战，完成全面建成小康社会的历史任务，实现第一个百年奋斗目标，顺利开启全面建设社会主义现代化国家新征程。新时代中国特色社会主义伟大成就，极大增强了中华民族的自信心和自豪感，中国人民的历史自信更加坚定，历史主动进一步增强。

在权力监督中坚持自信自立，就是要发展全过程人民民主。全过程人民民主是党和国家确保人民当家做主不被异化的制度设计。随着国家监察体制改革的深入推进，党和国家的监督触角在纵向上已延伸到基层，在横向上已覆盖到所有公共领域，在过程上已贯穿于公权力行使的各个环节，成为全过程人民民主的重要内容。全过程人民民主是全链条、全方位、全覆盖的民主，人民民主运行的每一个环节都离不开权力监督的保障，权力监督日益融入人民民主的运行链条，对违反人民民主要求、损害人民民主权利、破坏人民民主原则的行为及时纠正。全过程人民民主要求坚持以人民为中心，探索坚持党的领导、人民当家作主和依法治国有机统一的民主新路。党和国家监督体制具有鲜明的时代特色和中国特色，体现了中国独特的文化基因、治理传统和实践基础，与此相适应，权力监督具有全过程性价值，事实上“嵌入”全过程人民民主内部，其本身既是人民民主的重要体现，也是人民民主的保障力量。全过程人民民主是权力监督的实践要求，要求权力监督以实现人民民主为重要目标，权力监督丰富了全过程人民民主的内涵，让人民民主具有鲜活的实践形式，借助权力监督形式落地，把人民当家作主具体体现到国家政治生活和社会生活的方方面面，体现到人民对自身利益的实现和发展上来。全过程人民民主赋予党和国家监督新的要求，应当把权力监督纳入全过程人民民主的政治实践。坚持和完善党和国家监督体系不能仅仅满足于实现党风廉政建设和反腐败工作，要拓展监督范围和提升监督质效，推动国家治理现代化和人民民主制度化。

三、坚持守正创新：党和国家监督的必然选择①

坚持守正创新是我们党坚持和发展马克思主义，不断推进理论创新、进行理论创造的必然要求，是新时代推进中国特色社会主义理论和实践发展的必然选择，也是坚持和完善党和国家监督体系的路径选择。守正创新，体现了马克思主义唯物辩证法的要求。我们从事的是前无古人的伟大事业，守正才能不迷失方向、不犯颠覆性错误，创新才能把握时代、引领时代。守正与创新相辅相成，体现了“变”与“不变”、继承与发展、原则性与创造性的辩证统一。

新时代，我国社会主要矛盾发生新变化，我国发展面临着一系列亟待解决的突出矛盾和问题。我们要在新的历史条件下继续夺取中国特色社会主义伟大胜利，既要坚守根本、培根固本，又要勇于创新、积极创造。以习近平同志为主要代表的中国共产党人，坚持把马克思主义基本原理同中国具体实际相结合、同中华优秀传统文化相结合，创立了习近平新时代中国特色社会主义思想。这一科学思想，以全新的视野深化了对共产党执政规律、社会主义建设规律、人类社会发展规律的认识，指导党和国家事业经受住了来自政治、经济、意识形态、自然界等方面的风险挑战考验，取得历史性成就、发生历史性变革，彰显出守正创新的理论品格和鲜明特质。

党的十八大以来，我们党在立场、方向、原则、道路等根本性问题上旗帜鲜明、毫不含糊，着力正本清源、固本培元。习近平新时代中国特色社会主义思想强调，我们依然处在马克思主义所指明的历史时代，在坚持以马克

① 景兰杰. 坚持守正创新（思想纵横）——深刻学习领会“六个坚持”之三［N］. 人民日报，2022-11-21（9）.

思主义为指导这一根本问题上，我们必须坚定不移，任何时候任何情况下都不能动摇。这一科学思想明确了中国特色社会主义最本质的特征是中国共产党领导，中国特色社会主义制度的最大优势是中国共产党领导，大大深化了我们对党领导地位和作用的认识。这一科学思想强调把走自己的路作为党的全部理论和实践立足点，使我们对走中国特色社会主义道路的认识更清醒、行动更自觉。正是因为有习近平新时代中国特色社会主义思想的科学指引，我们才能在错综复杂的形势环境中不被乱花迷眼、不被浮云遮眼，保持强大战略定力，坚定朝着既定目标前行。

当今世界正处于百年未有之大变局，当代中国正在经历人类历史上最为宏大而独特的实践创新。面对快速变化着的世界和中国，我们党全面审视国际国内新的形势，以巨大的理论创新勇气，科学回答了时代和实践提出的重大问题。推进中国式现代化，立足新发展阶段、贯彻新发展理念、构建新发展格局，推动高质量发展，健全党和国家监督体系，发展全过程人民民主，构建人类命运共同体等一系列原创性新理念新思想新战略，都是党从当代中国和当今世界发展变化出发，经过审时度势、科学判断、深入思考提出来的，指引各领域各方面工作改革创新、展现新貌，指引我们顺应时代发展推进事业前进。

在守正创新中加强权力监督，党的十九大以来，以权力监督为特征的反腐败斗争已经取得压倒性胜利，纪检监察工作已经从“刮骨疗毒”迈入“守正创新”的新时代，站在了历史的新起点。在巩固发展压倒性胜利的同时，应该清醒地看到反腐败斗争形势依然严峻复杂，全面从严治党任务艰巨、任重道远。实现巩固与发展、努力去存量遏增量、取得更大战略性成果的目标，党和国家监督必须在守正创新中有更大作为。守正与创新是辩证关系，体现了新时代党和国家监督的逻辑规律。守正，就是要坚持底线思维，坚守纪律的底线与高线，旗帜鲜明做到“两个维护”，通过严肃的监督执纪问责，推动中央和市委的重大决策落实落细。创新，就是要在实践中，深化党内法规和国家法律的运用，并针对新情况新问题，不断总结探索规律性的成果，实践、认识、再实践、再认识，丰富和完善制度建设，更好地指导实践。守正是基础，是保障；创新是手段，是方法。坚持守正创新，以守正促进创新，以创新巩固守正，才能在严峻复杂的形势下，经得起磨砺、顶得住压力、打得了硬仗，巩固发展反腐败斗争压倒性胜利，高质量监督保障高质量发展。

四、坚持问题导向：党和国家监督的实践逻辑[①]

问题是时代的声音。习近平总书记在党的二十大报告中强调："我们要增强问题意识，聚焦实践遇到的新问题、改革发展稳定存在的深层次问题、人民群众急难愁盼问题、国际变局中的重大问题、党的建设面临的突出问题，不断提出真正解决问题的新理念新思路新办法。"习近平总书记的重要论述，为我们坚持问题导向，科学认识、准确把握、正确解决我们所面临的重大问题提供了根本遵循。

坚持问题导向是马克思主义的鲜明特点。马克思指出："问题就是时代的口号，是它表现自己精神状态的最实际的呼声。"1848年，席卷欧洲的资产阶级民主革命爆发，马克思积极投入并指导这场革命斗争。革命失败后，马克思深刻总结革命教训，深入剖析其中存在的问题，力求揭示资本主义的本质和规律。晚年的马克思，依然密切关注世界发展新趋势和工人运动新情况，努力从更宏大的视野思考人类社会发展问题。基于对重大问题的深入考察研究，马克思主义揭示了人类社会发展的一般规律，为人类指明了从必然王国向自由王国飞跃的途径。

毛泽东同志指出："什么叫问题？问题就是事物的矛盾。哪里有没有解决的矛盾，哪里就有问题。"中国共产党人干革命、搞建设、抓改革，从来都是为了解决中国的现实问题。坚持问题导向，是我们党重要的思想方法和工作方法。一百多年来，我们党之所以能够不断从胜利走向胜利，始终走在时代前列，一个重要原因就在于能够准确把握各个时期中国社会的主要矛盾，在理论和实践相结合中不断解决前进道路上面临的重大时代课题。

习近平总书记强调："每个时代总有属于它自己的问题，只要科学地认识、准确地把握、正确地解决这些问题，就能够把我们的社会不断推向前进。"进入新时代，以习近平同志为核心的党中央聚焦我国发展和我们党执政

① 郑水泉. 坚持问题导向（思想纵横）——深刻学习领会"六个坚持"之四［N］. 人民日报，2022-11-22（9）.

面临的重大理论和实践问题，把问题作为研究制定政策的起点，把工作的着力点放在最突出的矛盾和问题上，把化解矛盾、破解难题作为打开局面的突破口。在“啃硬骨头”“涉险滩”中全面深化改革，持之以恒纠治“四风”、以零容忍态度惩治腐败，持续深入打好蓝天、碧水、净土保卫战，着力防范和化解重大风险，等等，都彰显了鲜明的问题意识、问题导向，展现了强烈的担当精神、斗争精神。

正是基于对新时代坚持和发展什么样的中国特色社会主义、怎样坚持和发展中国特色社会主义，建设什么样的社会主义现代化强国、怎样建设社会主义现代化强国，建设什么样的长期执政的马克思主义政党、怎样建设长期执政的马克思主义政党等重大时代课题的准确把握和科学回答，习近平新时代中国特色社会主义思想实现了马克思主义中国化时代化新的飞跃。

牢牢树立问题意识。党和国家监督要把监督执纪与查找问题有机结合起来，围绕推动党的二十大精神落地见效，聚焦“国之大者”，在推进政治监督具体化、精准化、常态化中发现问题、解决问题，以有力有效监督助力发展、服务发展，护航经济社会高质量发展。要善于从纪检监察业务工作中深挖新型腐败和隐形变异腐败问题，要有为什么会发生此类问题、如何解决问题的意识，深刻认识腐败问题的根源、危害性、影响性，依规依纪依法妥善解决处理。要辩证地看待问题，坚持一分为二，坚持实事求是，理论联系实际，发现什么性质的问题就按什么性质对待解决，查证什么问题就处理什么问题，一个问题一个问题解决，一项工作一项工作抓落实。要抓住关键重点问题强化监督。紧紧抓住人民群众最关心最直接最现实的利益问题，持续整治群众身边的不正之风和腐败问题，推动解决好群众急难愁盼问题，以执纪执法为民、纠风治乱为民、反腐惩恶为民的新成效，助推提高人民群众生活品质。坚决查处政治问题和经济问题交织的腐败，坚决防止领导干部成为利益集团和权势团体的代言人、代理人，坚决治理政商勾连破坏政治生态和经济发展环境问题，坚决惩治群众身边的“蝇贪”，进一步铲除腐败滋生土壤。深入整治权力集中、资金密集、资源富集领域的腐败，严肃查处领导干部配偶、子女及其配偶等亲属和身边工作人员利用其影响力谋私贪腐问题。坚持风腐一体、风腐同查同治，既纠治“四风”，又要彻查其背后的腐败问题，坚决清除侵害党健康肌体的病毒，确保党不变质、不变色、不变味。

五、坚持系统观念：党和国家监督的思想方法①

系统观念是马克思主义哲学重要的认识论和方法论，是贯穿习近平新时代中国特色社会主义思想的立场观点方法之一。党的二十大报告提出："必须坚持系统观念""不断提高战略思维、历史思维、辩证思维、系统思维、创新思维、法治思维、底线思维能力，为前瞻性思考、全局性谋划、整体性推进党和国家各项事业提供科学思想方法"。

唯物辩证法认为，万事万物是相互联系、相互依存的。恩格斯指出："当我们通过思维来考察自然界或人类历史或我们自己的精神活动的时候，首先呈现在我们眼前的，是一幅由种种联系和相互作用无穷无尽地交织起来的画面"。坚持系统观念，要求我们客观地而不是主观地、发展地而不是静止地、全面地而不是片面地、系统地而不是零散地、普遍联系地而不是孤立地观察事物、分析问题、解决问题，在矛盾双方对立统一的过程中把握事物发展规律。

中国共产党始终坚持唯物辩证法，善于从系统观念出发来认识和改造世界。在《矛盾论》中，毛泽东同志强调，中国共产党人"不但要研究每一个大系统的物质运动形式的特殊的矛盾性及其所规定的本质，而且要研究每一个物质运动形式在其发展长途中的每一个过程的特殊的矛盾及其本质"。邓小平同志强调："要提倡顾全大局。有些事从局部看可行，从大局看不可行；有些事从局部看不可行，从大局看可行。归根到底要顾全大局。"习近平总书记指出："系统观念是具有基础性的思想和工作方法。"

党的十八大以来，以习近平同志为核心的党中央统筹中华民族伟大复兴战略全局和世界百年未有之大变局，统筹推进"五位一体"总体布局、协调推进"四个全面"战略布局，采取一系列战略性举措，推进一系列变革性实践，实现一系列突破性进展，取得一系列标志性成果，经受住了来自政治、经济、意识形态、自然界等方面的风险挑战考验，党和国家事业取得历史性成就、发生历史性变革。

① 杨莘. 坚持系统观念（思想纵横）——深刻学习领会"六个坚持"之五［N］. 人民日报，2022-11-23（9）.

新时代中国特色社会主义之所以取得伟大成就，很重要的一个原因就在于我们坚持用系统观念处理好改革发展稳定的关系，整体推进中国特色社会主义各项事业。比如，在全面深化改革方面，加强顶层设计，更加注重改革的系统性、整体性、协同性，许多领域实现历史性变革、系统性重塑、整体性重构。又如，坚持以系统观念沉着有力应对各种风险挑战，坚持底线思维，增强忧患意识，提高防控能力，着力防范化解重大风险，保持经济持续健康发展和社会大局稳定。在全面建设社会主义现代化国家新征程上，我们还面临不少困难和问题，发展不平衡不充分问题仍然突出，必须从系统观念出发加以谋划和解决，全面协调推动各领域工作。

坚持系统观念推进工作，需要不断提高战略思维、历史思维、辩证思维、系统思维、创新思维、法治思维、底线思维能力。这一系列重要思维能力，既各有侧重，又相互联系，是我们需要掌握的科学思维方法。比如，战略思维强调高瞻远瞩、统揽全局，善于把握事物发展总体趋势和方向；辩证思维强调承认矛盾、分析矛盾、解决矛盾，善于抓住关键、找准重点、洞察事物发展规律；系统思维强调统筹兼顾、综合平衡，突出重点、带动全局；等等。学好用好这些科学思维方法，我们就能用普遍联系的、全面系统的、发展变化的观点观察事物，把握事物发展规律，在全面建设社会主义现代化国家新征程上不断书写新篇章。

党和国家监督是艰巨复杂的系统工程，涉及多方面、多要素，不同工作之间往往相互交织，必须从系统观、整体观出发，既要全局谋划、整体布局，又要具备前瞻性、战略性眼光，着力把体制性障碍、结构性矛盾、政策性问题分门别类集中起来，实现全面推进和各个击破相统一。[①]在斗争策略上准确把握腐败阶段性特征和变化趋势，深化风腐同查同治，把握“四风”与腐败风腐同源、风腐一体特征，对风腐问题统筹来抓、一体纠治。聚焦重点领域和关键环节，坚定不移“打虎”“拍蝇”“猎狐”，坚决清理风险隐患大的行业

① 如何坚持系统施治标本兼治发挥纪检监察机关组织作用和系统优势［N］. 中国纪检监察报，2021-04-01（6）.

性、系统性腐败，有效防范化解腐败风险及关联性经济社会风险。[①]在落实职能责任上，要推动主体责任和监督责任贯通协同，加强纪律监督、监察监督、派驻监督、巡视监督的统筹衔接，构建“五位一体”[②]的党内监督体系。坚持以党内监督为主导，推动人大监督、民主监督、行政监督、司法监督等各项监督贯通协调，从而形成中央、地方、基层上下联动，机关、派驻、巡视左右衔接的新型格局，发挥党和国家监督体系的协同互补作用。[③]紧紧围绕监督检查、审查调查等关键环节，探索健全“室组”联动监督、“室组地”联合办案制度机制，激活内设专责机构、监管机构等的内生动力，形成内外并举、互为补缺、资源共享的监督合力，逐步形成上下贯通、左右联动、齐抓共管的工作格局，不断增强工作系统性、整体性和协同性。使各项政策、各项制度在深入推进党风廉政建设和反腐败斗争中统筹配套、相得益彰、合力协同。

一体推进“三不腐”，从某种意义上说是系统观念在反腐败权力监督领域的科学运用。党的十八大以来，习近平总书记不断总结反腐败斗争实践经验，从提出构建“不敢腐、不能腐、不想腐”的有效机制，到将一体推进“三不腐”作为反腐败斗争和全面从严治党的方针方略，为我们在新的历史起点上推进反腐败斗争指明了前进方向。一体推进“三不腐”要把握“三不”之间的内在联系，即不敢腐是不能腐、不想腐的前提，重在惩治和震慑。不敢腐，其实质就是保持惩治腐败高压态势，提高腐败案件查处概率，降低腐败收益和违法成本之间的比率。要使教育、监督和制度“带电”“长牙”，成为“真老虎”“真猎人”，就必须让惩治这个必要手段发挥作用。科学有效的制度是不能腐的关键所在，是不敢腐、不想腐的有力支撑，可以为权力套上制度笼子，对不敢腐划出制度红线，为不想腐提供制度导引。教育和自律是不想腐的内生动力，不想腐是不敢腐、不能腐的最“廉价”防线，换言之，无论制度多么完善，执法多么严厉，抗拒腐败的最后防线，都取决于思想防线、精神意志和道德操守。它为不敢腐、不能腐构筑起坚固的思想堤坝和精神长城。一

① 习近平在中共中央政治局第四十次集体学习时强调提高一体推进“三不腐”能力和水平 全面打赢反腐败斗争攻坚战持久战［J］. 旗帜，2022（7）：6-7.

② “五位一体”即党委（党组）全面监督、纪委监委专责监督、党的工作部门职能监督、党的基层组织日常监督、党员民主监督相结合的党内监督体系。

③ 赵振宇. 以系统施治标本兼治理念正风肃纪反腐［J］. 中国纪检监察，2021（5）：64.

体推进“三不腐”关键在内外贯通，协同推进、同向发力，做到三者相互作用、相辅相成、相得益彰，形成辩证统一的有机整体。在当前反腐败斗争形势依然严峻复杂的情况下，要把握好不敢腐、不能腐、不想腐的整体性以及相互之间的内在关系和外在联系。既要注重整体质量和效能的发挥，又要发挥出各自的职责功能，做到贯通思想、道德、纪律、法律、制度、规矩等各方面的要求，着力抓重点、补短板、强弱项，从而从根本上推动实现“三不腐”的战略目标。

六、坚持胸怀天下：党和国家监督的使命担当①

中国共产党建党一百年来，始终以世界眼光关注人类前途命运，从人类发展大潮流、世界变化大格局、中国发展大历史正确认识和处理同外部世界的关系，站在历史正确的一边，站在人类进步的一边，以自强不息的奋斗深刻改变了世界发展的趋势和格局，成为推动人类文明进步的重要力量。作为马克思主义政党，我们党始终坚持共产主义远大理想，坚持在宏阔的时空维度中思考民族复兴和人类进步的深刻命题，始终把为人类作出新的更大贡献作为使命，矢志为人类进步事业而奋斗。比如，我们党团结带领全国各族人民取得新民主主义革命的伟大成就，极大改变了世界政治格局，鼓舞了全世界被压迫民族和被压迫人民争取解放的斗争。从提出和平共处五项原则到弘扬万隆精神，从“三个世界”的划分到提出和平与发展是当今时代的主题，从倡导建立新型大国关系到推动构建人类命运共同体，无论处于怎样的发展阶段，我们党始终在坚持在办好自己事情的同时，积极为人类进步事业作贡献。

中国特色社会主义进入新时代，我们党团结带领中国人民向着实现中华民族伟大复兴的目标奋进，也为世界和平与发展不断贡献中国智慧、中国方案、中国力量。比如，中国式现代化道路越走越宽广，拓展了发展中国家走向现代化的途径，给世界上那些既希望加快发展又希望保持自身独立性的国家和民族提供了全新选择。又如，作为安理会常任理事国维和行动第一大出兵国，新时代的中国已成为联合国维和行动的关键因素和关键力量。历史和

① 高祖贵．坚持胸怀天下（思想纵横）——深刻学习领会“六个坚持”之六［N］．人民日报，2022-11-24（9）．

现实都充分表明，中国共产党始终把为人类作出新的更大贡献作为自己的使命，始终是世界和平的建设者、全球发展的贡献者、国际秩序的维护者、公共产品的提供者。

坚持胸怀天下就要在党和国家监督中放眼全球，深化反腐败国际合作。我国自2005年加入《联合国反腐败公约》后，反腐败国际合作和追逃追赃工作取得明显成效。进入新时代，党中央进一步加强反腐败国际合作的谋篇布局，反腐败涉外法律法规建设和法治实践深度开展。反腐败涉外法规建设稳步推进。在国际方面，“我国与28个国家新缔结引渡条约、司法协助条约、资产返还与分享协定等43项，国家监委与10个国家反腐败执法机构和国际组织签订合作协议11项，初步构建起覆盖各大洲和重点国家的反腐败执法合作网络。”① 特别是2014年，在中国政府的努力推动下，通过《北京反腐败宣言》，初步建立 APEC 各经济体司法部门共享信息机制，在推动亚太各国追逃追赃、打击跨国（境）腐败行为发挥了积极作用。在国内方面，已构建起《刑事诉讼法》《监察法》为主体，《国际刑事司法协助法》《反洗钱法》《引渡法》等为配套的法律法规体系②。

以胸怀天下为使命，党和国家监督的涉外法治职能更加明确。中央纪委国家监委牵头成立“国际追逃追赃和跨境腐败治理工作办公室”，整合各职能部门力量，规范工作程序，明确职责分工。由国家监察委员会统筹协调与其他国家、地区、国际组织开展反腐败国际交流合作的具体职责。包括承担《联合国反腐败公约》司法协助中的有关工作，组织协调有关单位建立集中统一、高效顺畅的反腐败国际追逃追赃和防逃协调机制，统筹协调、督促指导各级监察机关反腐败国际追逃追赃等涉外案件办理工作等职责，以及反腐败国际条约履约审议等工作。此外，其他各职能部门做好衔接配合并依据相关法律

① 杨晓渡．在第十三届全国人民代表大会常务委员会第二十一次会议上“国家监察委员会关于开展反腐败国际追逃追赃工作情况”的报告［R/OL］．人民网，2020-08-10．

② 比如《监察法》在“反腐败国际合作”章节中，明确了国家监察委员会在组织反腐败条约实施以及追逃追赃防逃中的组织协调等职责。在《监察法实施条例》“对外合作”章节中，分别对外逃人员的留置、需要延期、暂停、撤销红色通报的外逃人员，地方各级监察机关的引渡方式、刑事司法协助方式、刑事司法协助请求、在执行过程中采取的查询、调取、查封、扣押、冻结等措施或者需要返还涉案的财物，执法合作方式、境外追诉方式、境外违法所得及其他涉案财产的追缴等问题进行了细化规定等，我国反腐败国际追逃追赃法律规范体系渐趋完备。

授权履行专项职责。[①] 这一新的跨境反腐败工作格局，无疑为加大跨境腐败治理力度，一体推进不敢腐、不能腐、不想腐战略目标提供了组织机制保障。

以胸怀天下为使命，追逃防逃追赃一体化效能凸显。随着国家监察体制改革的不断深化，纪检监察机关成为职务犯罪追逃追赃案件的主办机关，资源力量得以有效整合，上下一体、多部门联动的工作机制更加明确。在追逃追赃对外协作中，为查控境外资产，先后向所在国递交刑事司法协助请求书，对相关资产进行冻结或异议登记。通过登记备案，在信息比对中，及时发现违规办理因私出国（境）证照、“一人多证”情况，以及利用其他身份证件开设银行或股票账户、购买房产、隐匿财产等情况。[②] 在防逃预警国内监控工作中，制定出台《关于进一步加强防逃工作机制建设的意见》，建立协作配合、防逃预警、快速报告、应急联动、督导约谈、责任追究等六项工作机制。通过紧盯“人、钱、证”这三个关键要素，不断查漏补缺、实现追逃追赃防逃一体化。[③] 新的征程上，只要我们坚持和平发展道路，既通过维护世界和平发展自己，又通过自身发展维护世界和平，同世界上一切进步力量携手前进，就一定能够不断为人类文明进步贡献智慧和力量，同世界各国人民一道，推动历史车轮向着光明的前途前进。

---

① 如公安部开展“猎狐”“打击离岸公司和地下钱庄”专项行动，最高法开展“追赃”“特殊审判”专项行动，最高检开展“走出去”企业刑事合规试点专项工作，国资委强化“央企境外财务资金内控管理”专项整治等。

② 据报告显示：“国家监委成立以来，共追回外逃人员3848人，包括党员和国家工作人员1306人、“红通人员”116人、“百名红通人员”8人，追回赃款99. 11亿元，追回人数、追赃金额同比均大幅增长；而“天网2021”行动追回外逃人员1273人，其中“红通人员”22人、监察对象318人，追回赃款167. 4亿元。”杨晓渡. 在第十三届全国人民代表大会常务委员会第二十一次会议上“国家监察委员会关于开展反腐败国际追逃追赃工作情况”的报告［R/OL］. 人民网，2020-08-10.

③ 以湖南省为例，2015年以来，通过建立金融情报交换机制，多部门开展对90多起贪腐、渎职、地下钱庄案件，开展反洗钱调查1300多次，合计调查对象1000多人，涉及账户近7000个。仅2018年度，发现并处置疑似地下钱庄线索19条，对24起涉嫌职务犯罪的案件开展反洗钱调查327次，涉及188个主体2000多个账户。王欢. 揭秘外逃人员郑泉官、秦湘衡、祁文举回国归案之路［N］. 潇湘晨报，2019-08-21.

第二节 马克思主义权力制约监督思想

马克思主义权力制约监督思想经历了从权力的社会本源性、权利的社会本源性、权利的法治化保障的系统论证，到国家、党、个人等由于过度集权而导致负面影响的实践认知，再到制度不完善作为权力腐败根源的明确提出，最后到以制度化分权和制度化整合为手段、以提升制度执行力为内核的权力制约监督制度体系的构建。马克思主义权力制约监督思想对中国权力制约监督体制建设产生了重大影响。

一、马克思、恩格斯的权力制约监督思想[①]

马克思恩格斯的权力制约监督思想从国家和社会内在关系入手，深入探究了权力的本源，在此基础上回答了国家权力的异化倾向以及如何制约监督等一系列问题，为后人研究权力制约监督提供了丰富的理论资源。

（一）国家权力对社会权利侵蚀必然要求制约国家权力

对于国家和社会的内在关系，恩格斯在《家庭、私有制和国家的起源》中作出了明确的论述，他指出，“国家是社会在一定发展阶段上的产物；国家是承认：这个社会陷入了不可解决的自我矛盾，分裂为不可调和的对立面而又无力摆脱这些对立面。而为了使这些对立面，这些经济利益互相冲突的阶级，不致在无谓的斗争中把自己和社会消灭，就需要有一种表面上凌驾于社会之上的力量，这种力量应当缓和冲突，把冲突保持在‘秩序’的范围以内，这种从社会中产生但又自居于社会之上并且日益同社会相异化的力量，就是国家”[②]。这正说明了国家其实是从社会中产生出来的，是附属于社会的，国

① 毛益民．马克思主义权力制约监督思想研究［J］．中共浙江省委党校学报，2011，27（1）：91–99．

② 中共中央马克思恩格斯列宁斯大林著作编译局．马克思恩格斯选集：第4卷［M］．第2版．北京：人民出版社，1995：170．

家的存在是为了缓和阶级矛盾，实质上就是保障各个阶级的权利。但是，为了便于控制社会，实现自身利益要求，国家权力逐渐集权化，最终成为社会权利的侵蚀者。“社会起初用简单分工的办法为自己建立了一些特殊的机关来保护自己共同的利益……但是，后来，这些机关，而其中主要的是国家权力，为了追求自己特殊的利益，从社会的公仆变成了社会的主宰。”[①] 恩格斯1842年9月18日在《莱茵报》发表一篇题为《集权与自由》的文章，就是对法国基佐内阁政府的集权统治的批判和反思。需要指出的是，在马克思看来，自由是“一个种的全部特性、种的类特性就在于生命活动的性质，而人的类特性就是自由的自觉的活动”[②]。因而，“自由是人的本质”[③]，是人最基本的权利所在。这一点，恩格斯也是深表赞同的。在《集权与自由》中，恩格斯尖锐地指出，在基佐内阁统治下，事实上，“人民主权的原则、自由出版的原则、有陪审员参加的独立的司法权的原则、议会政体的原则，在法国实际上已被废除”[④]。随后，恩格斯又指出“造成这一事实的原因有两个：第一个原因，自由的原则在宪法里从未作过严格的规定，也未实行过；第二个原因就是集权”[⑤]。在下文对科尔梅南集权言论的批判中，恩格斯又特别指出“集权始终是法国的立法中出现倒退的主要原因”[⑥]。恩格斯认为“目前统治着法国的这种极端形式的集权，乃是国家超越了自己的范围，超越了自己的本质。但是，国家的范围，一方面是个人，另一方面是世界历史。集权则使双方都遭受到损害。如果国家把本来只归历史享有的权利攫为己有，它就消灭了个人的自由”[⑦]。所

① 中共中央马克思恩格斯列宁斯大林著作编译局．马克思恩格斯全集：第22卷［M］．第1版．北京：人民出版社，1965：227.

② 马克思．1844年经济学哲学手稿［M］．北京：人民出版社，2000：57.

③ 中共中央马克思恩格斯列宁斯大林著作编译局．马克思恩格斯全集：第1卷［M］．第2版．北京：人民出版社，1965：167.

④ 中共中央马克思恩格斯列宁斯大林著作编译局．马克思恩格斯全集：第41卷［M］．第1版．北京：人民出版社，1982：392.

⑤ 中共中央马克思恩格斯列宁斯大林著作编译局．马克思恩格斯全集：第41卷［M］．第1版．北京：人民出版社，1982：393.

⑥ 中共中央马克思恩格斯列宁斯大林著作编译局．马克思恩格斯全集：第41卷［M］．第1版．北京：人民出版社，1982：393.

⑦ 中共中央马克思恩格斯列宁斯大林著作编译局．马克思恩格斯全集：第41卷［M］．第1版．北京：人民出版社，1982：397.

谓超越本质，其实就是说国家违背了其保障社会权利的原初属性，异化为“靠社会供养而又阻碍社会自由发展的‘国家’这个寄生赘瘤”①。马克思、恩格斯在批判国家过度集权的同时，更进一步开始探索保障人民权利的新途径。

（二）权利的法治化保障要求制约监督国家权力

恩格斯在《集权与自由》最后总结道：“集权是国家的一条原则，但也正因为集权，才不可避免地使国家超越自己的范围，使国家把自己这个特殊的东西规定为普遍物、至高无上者，并希图取得只有历史才具有的权限和地位。国家并不像人们所认为的那样，是什么绝对自由的实现，而仅仅是客观自由的实现。要实现与绝对自由相等的真正的主观自由，需要的是其他的实现形式，而不是国家。”②那么，自由作为人民最基本最重要的权利，靠什么来予以保障呢？

我们有必要再梳理一下马克思、恩格斯关于社会权利与国家权力的思想。回顾上文，我们发现国家力图“将冲突保持在‘秩序’的范围以内”，这种“秩序”又是什么呢？恩格斯在《论住宅问题》中指出：“在社会发展某个很早的阶段，产生了这样一种需要：把每天重复着的生产、分配和交换产品的行为用一个共同规则概括起来，设法使个人服从生产和交换的一般条件。这个规则首先表现为习惯，后来便成了法律。随着法律的产生，就必然产生出以维护法律为职责的机关——公共权力，即国家。”③至此可以看出，这种所谓的“秩序”其实就是一种从社会经济生活中产生出来的法权关系。而且，国家作为一种公共权力，产生后于法律，是以维护法律为职责的。所以，社会权利的保障是通过法律来实现，而不是直接通过国家权力对社会的强制干预。这个结论可以在马克思、恩格斯后来的论述中找到印证。马克思在论出版自由时就强调：“法典就是人民自由的圣经。”④恩格斯认为基

① 中共中央马克思恩格斯列宁斯大林著作编译局．马克思恩格斯选集：第3卷［M］．第2版．北京：人民出版社，1995：58.

② 中共中央马克思恩格斯列宁斯大林著作编译局．马克思恩格斯全集：第41卷［M］．第1版．北京：人民出版社，1982：397.

③ 中共中央马克思恩格斯列宁斯大林著作编译局．马克思恩格斯全集：第18卷［M］．第1版．北京：人民出版社，1964：309.

④ 中共中央马克思恩格斯列宁斯大林著作编译局．马克思恩格斯全集：第1卷［M］．第2版．北京：人民出版社，1965：176.

佐内阁统治下人民自由权利遭到践踏的第一个原因就是“自由的原则在宪法里从未作过严格的规定，也未实行过”。恩格斯在1875年给奥·倍倍尔的信中也指出：“一切自由的首要条件：一切公务人员在自己的一切职务活动方面都应当在普通法庭上按照一般法律向每一个公民负责。”[①] 从上文的论述可以看出，马克思、恩格斯主张的是权利的法治化。对于“法治”的概念，亚里士多德曾做过这样的定义：“法治应包括两重意义：已成立的法律获得普遍的服从，而大家所服从的法律又应该是本身制定得良好的法律。”[②] 简单地说，法治即良好的法律获得普遍的服从。这里“良好的法律”与马克思、恩格斯曾提出的“真正的法律”有着异曲同工之处。在马克思看来，真正的法律是人民意志的自觉表现，应该同人民的意志一起产生并由人民的意志所创立[③]。马克思主张“在人民主权的基础上制定德国的宪法，消除德国现存制度中一切和人民主权的原则相抵触的东西”[④]，其实质就是要保证法律体现的是人民的普遍意志，实现权利的法治化。

权利的法治化必然要求制约监督国家权力，因为国家不断集权，公共性逐渐丧失，退化为某一狭隘阶级或集团的利益代表，最终必将背离其维护法律的职责，成为阶级或集团侵吞法律的操控工具。正如上文所述，恩格斯直截了当地指出：“集权始终是法国的立法中出现倒退的主要原因。”[⑤] 马克思则对资产阶级统治下的法律进行了辛辣的讽刺：“你们的法不过是被奉为法律的你们这个阶级的意志。”[⑥] 在马克思、恩格斯看来，法治的精髓实质上在于体现广大人民意志的良法成为社会生活的统治者，而不是某个阶级或阶层凭借

---

① 中共中央马克思恩格斯列宁斯大林著作编译局. 马克思恩格斯全集：第19卷［M］. 第1版. 北京：人民出版社，1963：7.

② 亚里士多德. 政治学［M］. 北京：商务印书馆，1965：199.

③ 中共中央马克思恩格斯列宁斯大林著作编译局. 马克思恩格斯全集：第1卷［M］. 第2版. 北京：人民出版社，1965：349.

④ 中共中央马克思恩格斯列宁斯大林著作编译局. 马克思恩格斯全集：第5卷［M］. 第1版. 北京：人民出版社，1958：14.

⑤ 中共中央马克思恩格斯列宁斯大林著作编译局. 马克思恩格斯全集：第41卷［M］. 第1版. 北京：人民出版社，1982：393.

⑥ 中共中央马克思恩格斯列宁斯大林著作编译局. 马克思恩格斯选集：第1卷［M］. 第1版. 北京：人民出版社，1972：268.

国家权力而成为社会的统治者。良法可以建立起社会和国家之间的合理关系，即授权与受权的关系。社会可以通过良法实现对国家权力的制衡，从而防止其权力的过度集中，保证其权力始终遵从于社会（人民）的普遍利益，从而保障自身的应有权利。正如博登海默指出的，"法律的基本作用之一乃是约束和限制权力，而不论这种权力是私人权力还是政府权力。在法律统治的地方，权力的自由行使受到了规则的阻碍，这些规则迫使掌权者按一定的行为方式行事"①。所以，权利的法治化恰是马克思"社会决定国家"基本观点的逻辑延伸，是权力的一种复归。

人民如何制约监督国家权力？在马克思、恩格斯看来，首先就是要人民普遍参与立法，人民普遍参与立法，不仅是使法律反映人民共同意志的手段，还是人民行使政治权利、实现政治权利的有效途径。因而，马克思对1931年《黑森州宪法》给予了高度评价："没有哪一部宪法对执行机关的权限做过这样严格的限制，在更大程度上使政府从属于立法机关，并且给司法机关以如此广泛的监督权。"② 其次，普选制、撤换制、低薪制是人民制约监督国家权力的有效方式。普选制"把一切政治权力集中于人民代议机关之手"③。人民"应当以宣布它自己所有的代表和官吏毫不例外地可以随时撤换，来保证自己有可能防范他们"④。恩格斯在1891年为《法兰西内战》单行本写导言时，总结了公社的两个根本措施："为了防止国家和国家机关由社会公仆变为社会主人——这种现象在至今所有的国家中都是不可避免的——公社采取了两个可靠的办法。第一，它把行政、司法和国民教育方面的一切职位交给由普选选出的人担任，而且规定选举者可以随时撤换被选举者。第二，它对所有公职人员，不论职位高低，都只付给跟其他工人同样的工资。这样，即使公社没有另外给代表机构的代表签发限权委托书，也能可靠地防止

① 埃德加·博登海默．法理学：法律哲学和法律方法［M］．北京：中国政法大学出版社，2004：358.

② 中共中央马克思恩格斯列宁斯大林著作编译局．马克思恩格斯全集：第13卷［M］．第1版．北京：人民出版社，2004：596-600.

③ 中共中央马克思恩格斯列宁斯大林著作编译局．马克思恩格斯全集：第22卷［M］．第1版．北京：人民出版社，1965：274.

④ 中共中央马克思恩格斯列宁斯大林著作编译局．马克思恩格斯全集：第22卷［M］．第1版．北京：人民出版社，1965：227.

人们去追求升官发财了。”①

综上所述，马克思、恩格斯对权力制约监督的论述并没有停留在权力运行的表面，而是深入到对权力本源的追究上。马克思、恩格斯立足其唯物主义和辩证思维，从国家和社会的内在关系入手，论证了权力的本源在于社会。社会由于权利保障的需要产生了法律，国家是为维护法律而由社会授权产生。但是，国家权力不断的集权化，最终会侵吞法律，进而侵蚀社会权利。权利的法治化要求良法的统治。良法会恢复社会与国家正当的授受关系，实现权力的复归。因而，只有确立法治，通过良法制约监督国家权力，社会权利才能得到真正的保障。马克思、恩格斯在理论上建构了国家权力的产生、发展、异化与制约的基本框架，其良法制衡国家权力的思想引领着后人进一步开拓法治建设的道路。

二、列宁的权力制约监督思想②

列宁亲自领导了俄国的社会主义革命和建设，对如何将马克思主义的权力制约监督思想融入政治实践当中，对社会主义国家如何制约监督权力、保障人民的基本权利进行了深入的探索。

早在1905年，列宁在《我们的任务和工人代表苏维埃》中就已经表明了“如何划分苏维埃的任务和俄国社会民主工党的任务，以及如何把二者结合起来”的党政观。在领导布尔什维克取得十月革命胜利后，为了巩固布尔什维克初期国家政权，列宁不得不采取了党政一体化和集中制的原则，从而将权力集中到了布尔什维克的手中。不久，由于内战爆发，苏俄便不得不进入了战时共产主义时期。在这个时期，为了应对来自各方面的压力确保俄国在极其艰难复杂的环境中向社会主义过渡，党政一体化和集中制不断被强化。1919年3月，俄共（布）第八次代表大会确立了党领导苏维埃政权的原则：“共产党给自己提出的任务是，在劳动者的一切组织（工会、合作社、农业社等）

① 中共中央马克思恩格斯列宁斯大林著作编译局．马克思恩格斯选集：第3卷［M］．第2版．北京：人民出版社，1995：12-13．

② 毛益民．马克思主义权力制约监督思想研究［J］．中共浙江省委党校学报，2011，27（1）：91-99．

中起决定性的影响和掌握全部领导。”[①]苏维埃政权得到巩固后，高度集权的政治体制弊端逐渐暴露。党的权力过分集中，严重阻碍了新经济政策的推行、民主法制的设立以及政府机构的运作，还造成了官僚主义的盛行。列宁清楚地认识到集权已经成为国家发展的桎梏。他指出，“在我们党同苏维埃机构之间形成了一种不正常的关系，这一点是我们一致承认的”[②]，“党有可能和必要摆脱一些过去不得不亲自处理的纯属苏维埃方面的问题”[③]，“对任何寡头政治，无论是新的还是旧的，都是不能容忍的”[④]。这其中，列宁明确表明了党政必须分开的思想，其实质就是破除权力的过分集中，保证权力受到制约和监督。

列宁的权力制约监督思想主要包括以下两个方面：第一，实行党政分开，建立监督制度，加强对党的权力的监督。党政一体化和集中制原则的深化使党的权力过分集中。1922年3月列宁在给莫洛托夫的信中就明确地表示“党政分开”的思想。他在信中写道：“必须十分明确地划分党（及其中央）和苏维埃政权的职责，提高苏维埃工作人员和苏维埃机关的责任心和独立负责精神，党的任务则是对所有国家机关的工作进行总的领导，不是像目前那样进行过分频繁的、不正常的、往往是琐碎的干预。”[⑤]如何制约监督党的权力？列宁认为，首先要建立健全民主集中制。“无论是工人，无论是士兵、农民、铁路员工以及一切劳动者都可以自由地选举自己的代表，自由地罢免那些不能满足人民的要求和愿望的代表。”[⑥]其次，要建立健全党内监察制度。列宁主张建立党的中央监察委员会，用以制约监督党的权力。他认为“当选者也像一般中央委员一样，应该经过党的资格审查，因为他们也应享有中央委员的一

① 中共中央马克思恩格斯列宁斯大林著作编译局．苏联共产党代表大会、代表会议和中央全会决议汇编：第一分册［M］．北京：人民出版社，1964：70-571．

② 中共中央马克思恩格斯列宁斯大林著作编译局．列宁全集：第43卷［M］．北京：人民出版社，1987：110．

③ 中共中央马克思恩格斯列宁斯大林著作编译局．苏联共产党代表大会、代表会议和中央全会决议汇编：第二分册［M］．北京：人民出版社，1964：151．

④ 中共中央马克思恩格斯列宁斯大林著作编译局．列宁全集：第20卷［M］．北京：人民出版社，2017：157．

⑤ 中共中央马克思恩格斯列宁斯大林著作编译局．列宁全集：第43卷［M］．北京：人民出版社，1987：64．

⑥ 中共中央马克思恩格斯列宁斯大林著作编译局．列宁全集：第26卷［M］．北京：人民出版社，1959：461．

切权利"[①]。中央监察委员会要"形成一个紧密的集体，这个集体应该'不顾情面'，应该注意不让任何人的威信，不管是总书记，还是某个其他中央委员的威信，来妨碍他们提出质询，检查文件，以至做到绝对了解情况，并使各项事务严格按照规定办事"[②]。

第二，完善法律法规，全力抵制官僚主义。权力的过度集中，促使官僚主义在党政机关中复生，并成为普遍现象。列宁极度憎恶官僚主义，认为其是"内部最可恶的敌人"[③]。列宁主张完善法制，健全法权机构，对官僚主义实行强有力的监控。他强调，要建立"多种多样的自下而上的监督形式和方法，以便消除苏维埃政权的一切可能发生的弊病，反复地不倦地铲除官僚主义的莠草"[④]。

通过以上简要论述可以发现，党政一体化和集中制只是列宁在特殊环境下的权宜之策，而将党政合理分工、有效结合才是列宁一贯的思想。合理分工、有效结合作为外在形态，其内在意蕴其实就是权力的合理分配以及相互制约监督。列宁权力制约监督思想是马克思权力制约监督思想与俄国实践相结合的产物，其存在和发展恰好说明了不仅国家权力不能过分集中，党的权力亦不能过分集中，权力必须受到制约监督。相比马克思恩格斯，列宁不仅从法制上对权力制约监督进行了实践和创新，更突出强调了各项监督制度建设的必要性。民主集中制、党内监察制度等创新和发展，极大地丰富了马克思、恩格斯的权力制约监督思想，更为新中国党政权力体系的建设提供了重要的借鉴。

---

① 中共中央马克思恩格斯列宁斯大林著作编译局. 列宁选集：第4卷［M］. 北京：人民出版社，1995：780.

② 中共中央马克思恩格斯列宁斯大林著作编译局. 列宁选集：第4卷［M］. 北京：人民出版社，1995：782–783.

③ 中共中央马克思恩格斯列宁斯大林著作编译局. 列宁全集：第43卷［M］. 北京：人民出版社，1987：14.

④ 中共中央马克思恩格斯列宁斯大林著作编译局. 列宁全集：第34卷［M］. 北京：人民出版社，1985：186.

第三节　马克思主义权力制约监督思想的中国化[①]

马克思、恩格斯和列宁构建起了马克思主义权力制约监督理论的基本框架，为后来的马克思主义者开创了探讨权力制约监督的新视野。毛泽东、邓小平等在继承马列权力制约监督思想的同时，结合本国的实际情况，不断进行完善和发展，初步形成了比较完整的社会主义权力制约监督思想体系。

一、毛泽东权力制约监督思想

毛泽东对如何制约监督党的权力方面有非常多的论述，主要包括：第一，人民群众制约监督党的权力。毛泽东指出："我们这个队伍完全是为着解放人民的，是彻底地为人民的利益工作的。"[②]人民是真正的主人，共产党人是其公仆。人民对党的权力有着天然的制约监督关系。1945年民主人士黄炎培曾向毛泽东问及如何摆脱历史周期率，毛泽东回答："共产党人已经找到能跳出这周期率的新路，这条新路就是民主。只有让人民来监督政府，政府才不敢松懈；只有人人起来负责，才不会人亡政息。"基于此，毛泽东强调民主集中制的建设。在毛泽东看来，民主就是"让群众讲话，哪怕是骂自己的话，也要让人家讲"[③]。所谓集中则是指集中领导和讨论。民主集中就是要先民主后集中，先听取各方的意见，再集中讨论和决策，根本上就是要防止权力过度集中。第二，理想信念制约监督党的权力。毛泽东十分注重党风建设，通过整风提高全党马克思主义的理论水平，坚定全党为人民服务的信念。他曾多次指出："共产党的唯一任务，就在团结全体人民，奋不顾身地向前战斗，推翻

① 毛益民．马克思主义权力制约监督思想研究［J］．中共浙江省委党校学报，2011，27（1）：91–99.

② 毛泽东．毛泽东选集：第三卷［M］．北京：人民出版社，1991：1004.

③ 中共中央文献研究室．毛泽东文集：第八卷［M］．北京：人民出版社，1999：291.

民族敌人，为民族与人民谋利益，绝无任何私利可言。”[①]毛泽东通过在全党树立正确的理想信念，从广大党员自身入手，制约监督党的权力。第三，民主党派制约监督党的权力。毛泽东认为：“究竟是一个党好，还是几个党好？现在看来，恐怕是几个党好。不但过去如此，而且将来也可以如此”[②]，“在一切有愿意和我们合作的民主党派和民主人士存在的地方，共产党员必须采取他们一道商量问题和一道工作的态度。那种独断专行，把同盟者置之不理的态度，是不对的。”[③]

总的来说，毛泽东的权力制约监督思想是马克思主义权力理论与新中国革命建设相结合的产物，并且在理论上和实践上都取得了一些重要的突破，是我党的宝贵精神财富。理论上，毛泽东深化了人民当家做主的历史要求，特别突出了民主监督的重要意义；实践上，通过整风和严厉的处罚等整肃了党员队伍，确保了党的持续战斗力。但是，由于党和国家的建设显然还处于起步阶段，法律制度尚未健全，造成了权力的制约监督途径选择上的失误。

二、邓小平权力制约监督思想

邓小平在继承毛泽东权力制约监督思想的基础上，深刻反思了新中国成立以来权力制约监督的实践，对毛泽东权力制约监督思想作了进一步完善。邓小平更加注重权力制约监督的法制化、制度化建设，并初步构建了符合中国国情的权力制约监督制度体系。

新中国的发展历程足以说明权力过分集中、缺少制约监督的严重后果，邓小平对此进行了深刻反思。早在中共十一届三中全会召开前夕，邓小平就说过：“党内确实存在权力过分集中的官僚主义。这种官僚主义常常以‘党的领导’、‘党的指示’、‘党的利益’、‘党的纪律’的面貌出现”，“许多重大问题往往是一两个人说了算，别人只能奉命行事。”[④]1980年在《党和国家领导体制的改革》一文中，邓小平就指出，“从党和国家的领导制度、干部制度方

① 中共中央文献研究室．毛泽东文集：第二卷［M］．北京：人民出版社，1993：394.

② 中共中央文献研究室．毛泽东文集：第七卷［M］．北京：人民出版社，1999：34.

③ 毛泽东．毛泽东选集：第二卷［M］．北京：人民出版社，1991：526.

④ 邓小平．邓小平文选：第二卷［M］．北京：人民出版社，1994：141.

面来说，主要的弊端就是官僚主义现象、权力过分集中的现象。”①“权力过分集中，妨碍社会主义民主制度和党的民主集中制的实行，妨碍社会主义建设的发展，妨碍集体智慧的发挥，容易造成个人专断。”②对于权力过分集中现象为什么会出现，邓小平指出：“权力过分集中的现象，就是在加强党的一元化领导的口号下，不适当地、不加分析地把一切权力集中于党委，党委的权力又往往集中于几个书记，特别是集中于第一书记，什么事都要第一书记挂帅、拍板。党的一元化领导，往往因此而变成了个人领导。”③针对党和国家领导干部权力过分集中的现状，邓小平强调：“宪法上规定了党的领导，党要领导得好，就要不断地克服主观主义、官僚主义、宗派主义，就要受监督。”④

邓小平结合中国改革开放与现代化建设的基本国情，开拓进取，大胆创新，初步构建了符合中国国情的权力制约监督体系。第一，通过法律制度制约监督权力。邓小平通过对“文革”的反思，深刻认识到法律对制约权力的重要性。1978年12月，邓小平在十一届三中全会的主题报告中精辟地指出：“为了保障人民民主，必须加强法制。”⑤他强调“全党同志和全体干部都要按照宪法、法律、法令办事”⑥，“关于不允许权力过分集中的原则，也将在宪法上表现出来。”⑦1980年8月，邓小平同志又指出：“领导制度、组织制度问题更带有根本性、全局性、稳定性和长期性。这种制度问题，关系到党和国家是否改变颜色，必须引起全党的高度重视。”⑧上述言论的基本要义就在于权力必须受到法律制度的制约监督，要充分重视权力制约监督的法律化、制度化建设。第二，通过人民群众制约监督权力。早在1956年，邓小平就明确指出：“我们需要实行党的内部的监督，也需要来自人民群众和党外人士对于我们党

① 邓小平．邓小平文选：第二卷［M］．北京：人民出版社，1994：327.
② 邓小平．邓小平文选：第二卷［M］．北京：人民出版社，1994：321.
③ 邓小平．邓小平文选：第二卷［M］．北京：人民出版社，1994：328.
④ 邓小平．邓小平文选：第一卷［M］．北京：人民出版社，1994：270.
⑤ 新华周报．十六大以来党和国家重要文献选编：上［M］．北京：人民出版社，2005：326.
⑥ 邓小平．邓小平文选：第二卷［M］．北京：人民出版社，1994：371.
⑦ 邓小平．邓小平文选：第二卷［M］．北京：人民出版社，1994：339.
⑧ 邓小平．邓小平文选：第二卷［M］．北京：人民出版社，1994：333.

的组织和党员的监督。”[①]1957年他在《共产党要接受监督》一文中，明确提出了“党领导下的群众监督制”这个新的概念。邓小平表示：“要有群众监督制度，让群众和党员监督干部，特别是领导干部。凡是搞特权、特殊化，经过批评教育而又不改的，人民就有权依法进行检举、控告、弹劾、撤换、罢免，要求他们在经济上退赔，并使他们受到法律、纪律处分”[②]。总而言之，必须尊重人民群众的权利，建立“人民利益至上”的原则，规范党和国家权力的运行。第三，通过党内民主制约监督权力。共产党实质上掌握着指导国家和社会的核心权力，因而，对党政干部权力的制约与监督显得尤为重要。如果党内民主制约和监督缺失，那么一些领导就很可能会滥用权力导致腐败。邓小平深化了对民主集中制的认识，指出：“民主集中制执行得不好，党是可以变质的，国家也是可以变质的，社会主义也是可以变质的。”[③]第四，通过民主党派制约监督权力。邓小平指出：“由于我们党的执政党的地位，我们的一些同志很容易沾染上主观主义、官僚主义和宗派主义的习气。因此，对于我们党来说，更加需要听取来自各个方面包括各民主党派的不同意见，需要接受各个方面的批评和监督，以利于集思广益，取长补短，克服缺点，减少错误。”[④]历史已经证明，民主党派的监督，对于加强和改善中国共产党的领导、健全社会主义监督体系，有着重要而独特的作用。第五，通过道德信念制约监督权力。思想指导行为，只有提升广大领导干部的思想道德素质，才能让他们自觉地严格要求自己，规范使用手中的权力。邓小平指出：“我们一定要把思想政治工作放在非常重要的地位，切实认真做好，不能放松。”[⑤]“党和政府愈是实行各项经济改革和对外开放的政策，党员尤其是党的高级负责干部，就愈要高度重视、愈要身体力行共产主义思想和共产主义道德。”[⑥]

邓小平亲身经历了新中国建设的曲折之路，深刻理解权力过分集中、不受制约的严重后果，其权力制约监督思想是对毛泽东权力制约监督思想的重

---

① 邓小平．邓小平文选：第一卷［M］．北京：人民出版社，1994：215.
② 邓小平．邓小平文选：第二卷［M］．北京：人民出版社，1994：332.
③ 邓小平．邓小平文选：第一卷［M］．北京：人民出版社，1994：303.
④ 邓小平．邓小平文选：第二卷［M］．北京：人民出版社，1994：205.
⑤ 邓小平．邓小平文选：第二卷［M］．北京：人民出版社，1994：342.
⑥ 邓小平．邓小平文选：第二卷［M］．北京：人民出版社，1994：367.

要完善。重视民主，充分挖掘人民群众的力量，但同时也不能忽视了法制。邓小平认为“没有广泛的民主是不行的，没有健全的法制也是不行的”[①]，结合现实国情，邓小平从法律制度、人民群众、党内民主、民主党派和道德信念五大方面初步构建了我国权力制约监督体系，其中突出了法律制度的重要意义。在邓小平看来，法律制度对于其他监督措施的落实具有基础性的价值，没有法制，各种监督都是低效的。邓小平对权力制约监督的法制化、制度化构建的初步探索拉开了新时期党全力构建权力制约监督制度体系的序幕。

三、新时期中国共产党的权力制约监督思想

邓小平跨出了权力制约监督的法制化、制度化构建历程的第一步。以江泽民同志为核心的党的第三代中央领导集体，对权力制约监督制度体系建设有了进一步认识，在理论上和实践上都有实质性的推进。胡锦涛在江泽民的基础上对各项权力制约监督制度进行了深化，通过制度化分权、制度化整合的途径优化制度体系，着力提高制度执行力。

（一）江泽民对权力制约监督制度体系建设的推进

江泽民在继承了第一代、第二代中央领导集体关于权力制约监督思想的基础上，更加重视权力制约监督问题，并将其提到了党的政治任务的层面，在党的十六大报告中指出：“坚决反对和防止腐败，是全党一项重大的政治任务。不坚决惩治腐败，党同人民群众的血肉联系就会受到严重损害，党的执政地位就有丧失的危险，党就有可能走向自我毁灭。”[②]在江泽民看来，权力能否有效制约已经关乎党执政的成败，关乎党的存亡。立足于这样的高度，江泽民对如何制约监督权力作出了开拓性的探索，并取得了一系列的理论创新。

江泽民认为权力腐败的根源在于制度不够完善。江泽民在总结吸收邓小平权力制约监督思想的基础上，展开了深入的探索和研究。邓小平在探究权力腐败的原因时曾提出“领导制度、组织制度问题更带有根本性、全局性、稳定性和长期性”的论断。这个论断成为邓小平加强法律制度建设的指导思想，也深刻地影响着江泽民推进权力制约监督的实践与思考。2000年1月，

① 邓小平. 邓小平文选：第二卷［M］. 北京：人民出版社，1994：189.

② 江泽民. 江泽民文选：第三卷［M］. 北京：人民出版社，2006：573.

在中纪委第四次全体会议上，江泽民指出，当前部分领导干部权力腐败，“这里面突出的问题，就是还没有完全形成有效的监督管理制度和机制，越是高级干部越缺少有力的监督和管理”①。通过新时期权力腐败现象的研究和反思，江泽民明确指出，“从本质上说，腐败现象是剥削阶级和剥削制度的产物”②。江泽民深刻阐明了我国权力腐败产生的根源在于我国目前制度不够完善，“由于制度和机制的不健全、不完善，工作中存在一些漏洞和薄弱环节，也会给腐败现象以可乘之机”③。因而，要从根本上制约监督权力、杜绝腐败现象，必须从制度着手，完善各项制度，提高制度实效，也就是说要通过建立健全制度来制约监督权力。

为此，江泽民高度重视制度建设。20世纪90年代，江泽民提出：“我们的各项民主制度和法律制度，都需要继续完善和发展，以保证党和国家的政策和工作能够充分体现人民的利益，保证各级干部置于人民群众的有效监督之下。”④在党的十五大上，江泽民明确提出：“进一步扩大社会民主，健全社会主义法制，依法治国，建设社会主义法治国家。”⑤“依法治国”理念的提出，为权力制约监督的制度建设起到了巨大的推进作用。在党成立80周年大会上，江泽民再次强调制度建设的重要性：“制度建设更带有根本性、全局性、稳定性和长期性”。⑥江泽民认为，我们党执政以后，特别是在新的历史条件下，“党内监督特别是对高中级干部的监督，仍然是一个薄弱环节”⑦，因而必须“要进一步发扬党内民主，加强制度建设”⑧。党的十六大在论述我国政治建设和政治体制改革问题时，明确提出：“加强对权力的制约和监督。建立结构合理、配置科学、程序严密、制约有效的权力运行机制，从决策和执行等环

① 江泽民．江泽民文选：第二卷［M］．北京：人民出版社，2006：503.
② 江泽民．江泽民文选：第三卷［M］．北京：人民出版社，2006：573.
③ 江泽民．江泽民文选：第一卷［M］．北京：人民出版社，2006：324.
④ 江泽民．江泽民文选：第一卷［M］．北京：人民出版社，2006：62.
⑤ 江泽民．江泽民文选：第二卷［M］．北京：人民出版社，2006：503.
⑥ 江泽民．江泽民文选：第一卷［M］．北京：人民出版社，2006：410.
⑦ 十四大以来重要文献选编（中）［M］．北京：人民出版社，1997：1690.
⑧ 江泽民．江泽民文选：第一卷［M］．北京：人民出版社，2006：250.

节加强对权力的监督，保证把人民赋予的权力真正用来为人民谋利益。”①

江泽民对于权力腐败根源在于制度不够完善的论述，发展了邓小平推进法制建设的历史价值，更确立了以制度制约监督权力的总体方向，为后来胡锦涛对权力制约监督制度体系建设的深化提供了重要的理论基础。但是，由于制度体系的构建才刚起步，制度执行力还很欠缺，我国权力过分集中、制约监督实效不足的问题并没有得到有效地解决，不规范使用权力的现象还普遍存在。

（二）胡锦涛对权力制约监督制度体系建设的深化

以胡锦涛同志为总书记的党中央高度重视权力制约监督制度体系建设，将完善制度体系、提高制度执行力作为解决权力制约监督难题的突破口。胡锦涛在中国共产党第十七届中央纪律检查委员会第五次全体会议上强调，切实抓好反腐倡廉制度建设，必须不断提高制度执行力。2010年3月，温家宝在国务院第三次廉政工作会议指出：“一些领域腐败现象仍然易发多发，执法不公、行政不作为乱作为等问题比较突出，形式主义、官僚主义严重。产生这些问题的深层次原因，是权力过于集中又得不到有效约束。关键是有些制度不完善，有些制度落实得不好。加强反腐倡廉建设，健全制度很重要，提高制度执行力和约束力更为重要。”②

胡锦涛重视制度化分权对权力的制约监督作用。他在党的十七大报告中强调：“建立健全决策权、执行权、监督权既相互制约又相互协调的权力结构和运行机制。”2008年5月，中共中央印发的《建立健全惩治和预防腐败体系2008—2012年工作规划》中提出：“建立健全决策权、执行权、监督权既相互制约又相互协调的权力结构和运行机制，切实把防治腐败的要求落实到权力结构和运行机制的各个环节，最大限度地减少权力‘寻租’的机会”③。2009年9月，党的十七届四中全会通过的《中共中央关于加强和改进新形势下党的建设若干重大问题的决定》再次强调：“以加强领导干部特别是主要领导干部监

① 江泽民．江泽民文选：第三卷［M］．北京：人民出版社，2006：557.

② 温家宝．腐败深层原因是权力集中得不到有效约束［R/OL］．新华网，2010-03-23.

③《建立健全惩治和预防腐败体系2008-2012年工作规划编写组》．建立健全惩治和预防腐败体系2008-2012年工作规划［M］．北京：中国方正出版社，2008：22.

督为重点，建立健全决策权、执行权、监督权既相互制约又相互协调的权力结构和运行机制，推进权力运行程序化和公开透明。”①可以看出，我国正试图从权力的结构和运行程序上将权力“分”为决策权、执行权和监督权，并通过构建相互制约又相互协调的制度机制，实现权力运行的制度化，防止权力的过分集中。制度化的分权，有利于通过制度整合各种制约力量，从而更有针对性地对权力运行的环节进行制约与监督，提高制度的执行力和约束力。

胡锦涛还高度重视制度化整合对权力的制约监督作用。2005年12月，在中共中央政治局集体学习时强调积极推进行政管理体制改革，其中就要“完善人大、政协、司法机关、人民群众、舆论依法监督的机制”②。在党的十七大报告中，他再次指出“落实内监督条例，加强民主监督，发挥好舆论监督作用，增强监督合力和实效”③。制度化的分权，为整合各种制约力量提供了契合点，减少了制约力之间存在的冲突或矛盾，从而提高监督的实效。当前，我国正加大力度完善制度，做好“合”，形成合力制约和监督权力运行。中纪委向党的十七大的工作报告也提出，要“把党内监督与人大监督、政府专门机关监督、政协民主监督、司法监督、群众监督和舆论监督等结合起来，拓宽监督渠道，增强监督合力”④。2010年1月，胡锦涛在中国共产党第十七届中央纪律检查委员会第五次全体会议上再次强调要加强权力制约监督制度建设，认真执行和不断完善各项权力制约监督制度，改革和完善内监督体制，健全权力运行监控机制，拓宽监督渠道，增强监督合力，加大监督制度创新力度，建立健全决策权、执行权、监督权既相互制约又相互协调的权力结构和运行机制。通过制度整合各种制约力量，减少局部制约力量重叠或稀缺等不合理现象，理顺关系，协调着力点，进而形成合力，共同制约和监督权力的运行。

从权力的社会本源性、权利的法治化保障的系统论证，到国家、党、个

---

① 关于加强和改进新形势下党的建设若干重大问题的决定［M］. 北京：人民出版社，2009：36.

② 胡锦涛总书记在中共中央政治局集体学习时强调积极稳妥推进行政管理体制改革［R/OL］. 新华网，2015-12-22.

③ 胡锦涛. 高举中国特色社会主义伟大旗帜 为夺取全面建设小康社会新胜利而奋斗——在中国共产党第十七次全国代表大会上的报告［M］. 北京：人民出版社，2007：33，35.

④ 坚持惩防并举更加注重预防深入推进党风廉政建设和反腐败斗争——中共中央纪律检查委员会向党的第十七次全国代表大会的工作报告［N］. 人民日报，2007-10-27（1）.

人等由于过度集权而导致负面影响的实践认知，再到制度不完善作为权力腐败根源的明确提出，最后到以制度化分权和制度化整合为手段、以提升制度执行力为内核的权力制约监督制度体系的构建，马克思主义权力制约监督思想的发展是一个不断探索、不断深化的过程。它是历代马克思主义者在权力制约监督理论方面的智慧结晶，更是对许多国家兴衰的历史总结和反思。新时期，党对权力的制约监督问题高度重视，甚至将其提高到党的生死存亡的程度，在权力制约监督理论与实践也进行了不断探索与创新，取得了非常显著的成就。党和政府全力构建和完善以制度化分权和制度化整合为手段、提升制度执行力为内核的权力制约监督制度体系，努力将“建立健全决策权、执行权、监督权既相互制约又相互协调的权力结构和运行机制”融入整个党和国家的领导制度的设计之中，从而真正让权力得到有效的制约监督。特别是自党的十八大提出“健全权利运动制约与监督体系”以来，各级政府都在积极寻求有效制约与监督权力的制度体系。习近平在中纪委全会上提出，要把权力关进制度的笼子，并提出了三大反腐机制，即不敢腐的惩戒机制、不能腐的防范机制、不易腐的保障机制。随着制度体系的不断完善，党和国家权力运动的不断优化，将有效地提高党的执政能力和政府的工作效率，有效地保障人民群众的切身利益，从而保证我国在新旧体制巨大转型期间实现政治经济社会的和谐、稳定、发展。

第四节　新时代党对权力制约监督的理论创新

党的十八大以来，以习近平同志为核心的党中央，以彻底的自我革命精神，坚定不移推进全面从严治党，持之以恒正风肃纪反腐，把制约监督权力作为永葆党的肌体健康的重要保障，以党内监督带动促进其他监督，健全党和国家监督体系，不断增强党的自我净化、自我完善、自我革新、自我提高能力，党在新时代新征程中焕发出更加强大的生机活力。从党的十八大报告提出“健全权力运行制约和监督体系”到党的十九届四中全会提出“坚持和完善党和国家监督体系，强化对权力运行的制约和监督”，这是以习近平同志为核心的党中央着眼党全面领导、长期执政和国家长治久安作出的重大制度安排，是中国共产党新时代权力制约监督理论的伟大创新。

一、阐明权力制约监督的内在逻辑[①]

（一）权力作用的两面性

没有国家权力，社会将陷于无序的状态之中，弱肉强食的“丛林法则”就会大行其道；而有了权力，权力的负面性或消极作用又不可避免。正是在这个意义上，习近平总书记将权力比喻为“一把‘双刃剑’，在法治轨道上行使可以造福人民，在法律之外行使则必然祸害国家和人民。把权力关进制度的笼子里，就是要依法设定权力、规范权力、制约权力、监督权力”[②]。从负面作用看，权力的运行主要表现在以下几个方面：一是权力具有侵犯性。权力的特点即在于权力主体可以运用国家强制力对权力客体实施指挥、命令、支配，因而权力对于承受者来说，具有潜在的、可能的侵犯性。一般情况下，权力主体权力实现的程度是与权力客体的服从状况成正比的。也就是说，客体越服从主体，主体的权力就实现得越充分。这一特点就会导致权力易于突破自身的合理界限，对客体进行奴役。二是权力具有扩张性。心理学和社会学的研究都已证明，作为支配人的力量总是会不断扩张以至滥用的。权力从本质上说，也具有一种无限膨胀的属性，权力主体总是希望行使权力的范围能扩大到其影响所及的每一个领域。孟德斯鸠在《论法的精神》一书中有言：“有权力的人们使用权力一直到遇有界限的地方才休止。”[③] 即便是行使权力的目的正当而善良，然而，它一旦越过了法律规定的边界，就将与合理的目的相背离。三是权力具有腐蚀性。权力主体享有公共事务的管理权，可以依据法律的一般规定，直接参与分配社会的政治、经济、文化等各方面的资源与利益，实际地决定着人们权利与义务的分配。从某种意义上来说，权力运行的过程实际上就是社会价值的分配过程。由于权力在运行过程中能够给权力主体带来地位、荣誉、利益，因而对于权力行使者来说具有本能的自发腐蚀

① 胡玉鸿．习近平法治思想中权力运行制约和监督理论［J］．江淮论坛，2021（5）：5-11，2．
② 习近平．习近平谈治国理政：第二卷［M］．北京：外文出版社，2017：128．
③ 孟德斯鸠．论法的精神［M］．南京：译林出版社，2016：34．

作用，如果不加以限制，就会诱发各种腐败现象。

当人民深刻地认识到权力对推动社会有进步作用的同时还可能带来巨大灾难时，就必然要求对权力设置界限并加以防范，这也就是权力分工与制约理念的社会渊源。自洛克、孟德斯鸠等人提出分权制衡的学说以来，人们从各个不同的角度来探讨权力的分工与制约问题，并由此形成了一些规律性的总结：第一，国家权力可以并且必须在法律上进行合理的分工，国家机关及其工作人员只能行使法律规定的权力，严禁职权僭越；第二，每一种权力均必须在法律上进行合理的界定，国家公职人员只能在法律规定的限度内活动；第三，对权力主体及权力运行过程必须进行有效的监督，当出现超越职权或滥用权力的情形时，国家和社会可以迅速地动用防范和制裁手段，避免权力运行不规范对社会造成更大的损害。

（二）权力本质的人民性

《宪法》第二条明确规定："中华人民共和国的一切权力属于人民。"这并非简单的法律宣示，而是体现权力本质的法律原理与法治理念。依据人民主权的观念，人民是国家的主人，国家权力本质上是由人民权利集合而成。国家的一切权力属于人民，人民当然也可以直接行使国家权力，但是，人民主权并不意味着人民集体去行使国家权力。"全体人民直接参加政府一般是做不到的，他们的参与通常通过他们自己选举的代表体现出来……因此，人民通过代表间接管理自己。这种政府通常称为代议制民主政府。"也正因如此，我国《宪法》第二条在确立"中华人民共和国的一切权力属于人民"之后，紧接着规定"人民行使国家权力的机关是全国人民代表大会和地方各级人民代表大会"，人民代表大会成为国家权力机关，并由它产生其他国家机构。人民通过各级人民代表大会来行使国家管理权力，这种管理是间接的而非直接的，由此也就可能导致人民与其代表、人民与国家机关工作人员并非天然地就能整合在一起，甚至可能出现代表辜负人民的委托、国家工作人员侵犯人民权益的情形。所以，必须在强调权力本质的人民性的同时，对权力运作加以严格的法律控制，保障权力真正为人民服务。

在这一问题上，习近平总书记明确要求："我们要坚持国家一切权力属于人民的宪法理念，最广泛地动员和组织人民依照宪法和法律规定，通过各级人民代表大会行使国家权力，通过各种途径和形式管理国家和社会事务、管理经济和文化事业，共同建设，共同享有，共同发展，成为国家、社会和自己命运的主人。”[①]社会主义国家是为人民谋幸福的国家，权力本质上的人民性毋庸置疑。人民主权的理念在宪法上的表现就是人民当家作主，“人民当家作主是社会主义民主政治的本质和核心。人民民主是社会主义的生命。没有民主就没有社会主义，就没有社会主义的现代化，就没有中华民族伟大复兴。我们必须坚持国家一切权力属于人民，坚持人民主体地位，支持和保证人民通过人民代表大会行使国家权力。”[②]全国人民代表大会是国家最高权力机关，它意味着既没有在其之上，也没有与之并行的其他国家权力机关。全国人民代表大会受人民委托，对国家行政机关、监察机关、审判机关、检察机关行使监督权。从宪法安排上说，要保证一切国家权力都以人民的利益为依归，就必须建立、健全通过人民群众来约束国家权力运作的法律制度。“中华人民共和国宪法规定，国家的一切权力属于人民，一切国家机关和国家工作人员必须依靠人民的支持，经常保持同人民的密切联系，倾听人民的意见和建议，接受人民的监督，努力为人民服务。无论是中国共产党执政，还是国家机关施政，都必须坚持贯彻群众路线，紧紧依靠人民。”[③]可见，权力本质上的人民性要求人民群众加强对权力非法行使的防范，保障权力按照人民的意志在法治的轨道上运行。法律是人民群众意志的表达与体现，通过法律建立的体制、机制用以确保权力的合法及正当行使，这是现代社会控制权力的必由之路。

（三）权力行使的现实性

我们的政府是人民的政府，国家机关及其工作人员在总体上都能恪尽职守、秉公执法，忠实地维护人民的利益。但是，我们也应当看到，在国家管理活动中，超越职权、滥用权力等违法情形依然存在，侵犯公民、法人或者其他组织合法权益的现象也是屡见不鲜，要真正做到“人民政府为人民”，就

① 习近平．在首都各界纪念现行宪法公布施行30周年大会上的讲话［N］．人民日报，2012-12-05（2）．

② 中共中央文献研究室．习近平关于全面建成小康社会论述摘编［M］．北京：中央文献出版社，2016：83．

③ 习近平．在庆祝中国人民政治协商会议成立六十五周年大会上的讲话［N］．人民日报，2014-09-22（2）．

必须健全法治，加强权力制约与权力监督。

对于权力运作，习近平总书记有着清醒的认识和客观的判断，他强调："在充分肯定成绩的同时，我们也要看到存在的不足，主要表现在：保证宪法实施的监督机制和具体制度还不健全，有法不依、执法不严、违法不究现象在一些地方和部门依然存在；关系人民群众切身利益的执法司法问题还比较突出；一些公职人员滥用职权、失职渎职、执法犯法甚至徇私枉法严重损害国家法制权威；公民包括一些领导干部的宪法意识还有待进一步提高。对这些问题，我们必须高度重视，切实加以解决。"[①]在这其中，既有涉及整体的国家机关的问题，也有公职人员个人的问题；既有违法行使权力的问题，也有不当行使权力的问题；既有"乱作为"的问题，也有"不作为"的问题。种种现象说明，权力一旦失去控制和监督，就会如一匹脱缰的野马，恣意横行，由此成为危害社会的负面力量。特别是权力的越界或者滥用，又往往是以侵犯和限制公民权利和自由为代价的。正因如此，习近平总书记告诫我们："天下之事，不难于立法，而难于法之必行。对执法司法状况，人民群众意见还比较多，社会各界反映还比较大，主要是不作为、乱作为，特别是执法不严、司法不公、司法腐败问题比较突出。有的政法机关和干警执法随意性大，粗放执法、变通执法、越权执法比较突出。要么有案不立、有罪不究，要么违规立案、越权管辖；有的滥用强制措施，侵犯公民合法权益；有的办关系案、人情案、金钱案，甚至徇私舞弊、贪赃枉法，等等。这些问题，不仅严重败坏政法机关形象，而且严重损害党和政府形象。"[②]更为严重的是，不少党政领导干部带头突破法律的约束，法外行权，滥用权力："一些党政领导干部出于个人利益，打招呼、批条子、递材料，或者以其他明示、暗示方式插手干预个案，甚至让执法司法机关做违反法定职责的事。"[③]只有加强对权力行使的控制，从权力的设定、运行、反馈、评价等各方面建立起严密和完备的制度机制，才能杜绝上述各种乱象，真正使权力纳

① 习近平．在首都各界纪念现行宪法公布施行30周年大会上的讲话［N］．人民日报，2012-12-05（02）．

② 中共中央文献研究室．习近平关于全面依法治国论述摘编［M］．北京：中央文献出版社，2015：70．

③ 中共中央文献研究室．习近平关于全面依法治国论述摘编［M］．北京：中央文献出版社，2015：73．

入法治的轨道，服务于人民的利益。

要根除现实生活中权力非法行使、权力腐败等乱象，无疑要借助于法治的力量。习近平总书记明确指出："只有建好制度、立好规矩，把法规制度建设贯穿到反腐倡廉各个领域、落实到制约和监督权力各个方面，发挥法规制度的激励约束作用，才能筑起遏制腐败现象滋生蔓延的'堤坝'，才能推动形成不敢腐、不能腐、不想腐的有效机制。"[①]可见，法治建设是规范权力运作的基本保证，只有通过严密的法治机制，才能确立权力范围的边界，规范权力行使的流程，堵塞权力运行的漏洞，最终保障权力在法治的轨道上运行。

二、揭示权力制约和监督的基本内涵

（一）以法律规范权力

权自法出，权依法行，"法定职责必须为，法无授权不可为"。这是保证法治社会权力正当性与合法性的根本前提。在权力制约和监督的路径上，通过科学、完备的法律规定来设定权力的类型、范围、边界、标准、程序，是权力控制最为基础也是最为优先的内容。在这方面，习近平总书记有诸多重要论述。首先，要维护宪法作为根本大法的权威，确保宪法上权力分工原则的完整实现。习近平总书记指出："我们要以宪法为最高法律规范，继续完善以宪法为统帅的中国特色社会主义法律体系，把国家各项事业和各项工作纳入法制轨道，实行有法可依、有法必依、执法必严、违法必究，维护社会公平正义，实现国家和社会生活制度化、法制化。"[②]众所周知，宪法的核心内容主要有两个方面，即保障个人权利和控制国家权力，并且对权力进行分工与制约监督，这恰是宪法这类规范性法律文件的设计初衷。所有国家权力既需要在宪法中得以规定，以此取得合宪性依据，又必须符合宪法原则和宪法精神，在宪法和法律的轨道上运行。

其次，在法律上加强和落实权力运作的基本要求，杜绝一切法律上的权

① 中共中央文献研究室．习近平关于全面从严治党论述摘编［M］．北京：中央文献出版社，2016：187.

② 中共中央文献研究室．习近平关于全面依法治国论述摘编［M］．北京：中央文献出版社，2016：42.

力真空和权力漏洞。宪法只是规定了权力分工和运行的基本原则，国家权力的正确运作，还有赖于法律特别是各种组织法对权力运行的目的、原则、范围、程序及权力主体之间的相互关系作出更为细致、具体的规定。以行政执法为例，这是国家权力中与人民群众关系最为经常、最为密切的权力运作方式，必须细化行政执法的法律要求，明确法律标准，充实法律机制。习近平总书记指出："执法是行政机关履行政府职能的重要方式。针对当前依然存在的执法不规范、不严格、不透明、不文明以及不作为、乱作为等突出问题，必须加快建立权责统一、权威高效的依法行政体制。各地区各部门要完善权责清单制度，加快推进机构、职能、权限、程序、责任法定化，强化对行政权力的制约和监督，做到依法设定权力、规范权力、制约权力、监督权力。"① 由此我们可以发现法律在权力运行方面所具有的重要作用：一是通过法律建立新的依法行政体制，深化综合执法改革；二是明确执法标准，以严格、规范、公正、文明作为执法合法性、合理性的基本尺度；三是将法律授予的权力通过权责清单而予以公开，以达到依法设定权力、规范权力、制约权力、监督权力的目的。

再次，加强程序控制，防止国家机关及其工作人员在行使权力时的恣意和专断。"结果主义"的评价标准至今仍在国家权力行使的过程中留有余响。然而，现代法治国家所追求的不仅是实体结果正确，同时也要求程序正当、合理，所谓"正义必须是看得见的"就说明了法律程序的重要性和必要性。与我们所言及的制约与监督有关，它也同样需要程序的完备与正当。在国家机关如何具体行使权力方面，习近平总书记一再强调程序的重要性。例如，在宪法和法律实施的监督方面，要求"全国人大及其常委会和国家有关监督机关要担负起宪法和法律监督职责，加强对宪法和法律实施情况的监督检查，健全监督机制和程序，坚决纠正违宪违法行为"②。

（二）以权力制约权力

如前所述，与权力监督不同，权力制约主要是指在对等的国家权力机关之间，实行一种权力对其他权力在行使上的控制、约束和阻止。我国并不实

① 习近平．习近平谈治国理政：第三卷［M］．北京：外文出版社，2020：174.

② 习近平．习近平谈治国理政：第一卷［M］．北京：外文出版社，2014：140.

行三权分立的政治体制，尤其是全国人民代表大会作为最高国家权力机关，拥有对其他国家机关的上对下的单向监督权。但是，权力制约机制在其他国家机关之间却是实实在在地存在，如何发挥其重要作用，对于保障权力的合法、合理运行，有着极为重要的功能和价值。

在我国，行政诉讼是成型化的权力制约制度，《行政诉讼法》自1989年4月4日颁布、1990年10月1日施行，虽曾有修改，但一直沿用至今。根据《行政诉讼法》的规定，公民、法人或者其他组织认为行政机关和行政机关工作人员的行政行为侵犯其合法权益，有权依照行政诉讼法的规定向人民法院提起诉讼，以期通过审判权全方位地介入，来督促行政机关依法行使权力，规范政府行为。为了防止法院在行政诉讼中受到不当干扰，习近平总书记专门指出："随着社会主义市场经济深入发展和行政诉讼出现，跨行政区划乃至跨境案件越来越多，涉案金额越来越大，导致法院所在地有关部门和领导越来越关注案件处理，甚至利用职权和关系插手案件处理，造成相关诉讼出现'主客场'现象，不利于平等保护外地当事人合法权益、保障法院独立审判、监督政府依法行政、维护法律公正实施。"为此，要"探索设立跨行政区划的人民法院和人民检察院"①。目前，我国最高人民法院在巡回法庭建设以及跨行政区划的法院建设方面已有了相当的成绩，有力地保障了行政诉讼制度在全国的推行。除了行政诉讼制度之外，司法机关之间的相互制约也是宪法和法律规定的原则。我国《宪法》第一百二十七条规定："监察机关办理职务违法和职务犯罪案件，应当与审判机关、检察机关、执法部门互相配合，互相制约。"第一百四十条规定："人民法院、人民检察院和公安机关办理刑事案件，应当分工负责，互相配合，互相制约，以保证准确有效地执行法律。"加强司法机关之间的相互制约，是习近平总书记一直关心的问题。他强调："推进公正司法，要以优化司法职权配置为重点，健全司法权力分工负责、相互配合、相互制约的制度安排。"②权力只有受到制约，才能真正以符合人民利益、符合

① 中共中央文献研究室．习近平关于全面依法治国论述摘编［M］．北京：中央文献出版社，2015：79.

② 中共中央文献研究室．习近平关于全面依法治国论述摘编［M］．北京：中央文献出版社，2015：83.

法律规定的方式来运作，并且，权力制约的根本要义即在于对非法运行权力的行为予以阻止与约束，这是将权力控制落到实处的必要而基本的制度举措。

（三）以权利监督权力

在权利与权力的关系上，学界曾有“以权利制约权力”的提法，但是，权利仅为引发权力制约的诱因，而并非权利本身对权力的裁判，因而两者之间难以存在制约关系。社会主义国家是人民当家作主的国家，公民自然拥有权利来监督国家权力是否合法、合理地运作。我国《宪法》第四十一条明确规定：“中华人民共和国公民对于任何国家机关和国家工作人员，有提出批评和建议的权利；对于任何国家机关和国家工作人员的违法失职行为，有向有关国家机关提出申诉、控告或者检举的权利，但是不得捏造或者歪曲事实进行诬告陷害。”批评建议权、申诉控告检举权都是宪法赋予人民的神圣权利，公民可以据此履行法律监督权，防止国家权力的滥用。习近平总书记指出：“我们要坚持国家一切权力属于人民，既保证人民依法实行民主选举，也保证人民依法实行民主决策、民主管理、民主监督。”[①]而要落实人民作为国家主人的地位，除了《宪法》第四十一条提到的上述政治权利外，还要积极拓宽公民权利的范围，使人民在拥有更多权能下更好地监督国家机关及其工作人员。习近平总书记在党的十九大报告中再次强调，要“扩大人民有序政治参与，保证人民依法实行民主选举、民主协商、民主决策、民主管理、民主监督；维护国家法制统一、尊严、权威，加强人权法治保障，保证人民依法享有广泛权利和自由。巩固基层政权，完善基本民主制度，保障人民知情权、参与权、表达权、监督权。健全依法决策机制，构建决策科学、执行坚决、监督有力的权力运行机制。各级领导干部要增强民主意识，发扬民主作风，接受人民监督，当好人民公仆”[②]。在公民行使监督权时，知情权往往成为监督权的前提，因为如果公民对国家机关及其工作人员是否依法履行职责的情况无从知悉，那就无法真正行使好监督权。所以，权力运行的公开是公民行使监督国家权力运作这一权利的前提和基础。为此，习近平总书记强调：“要推进权力运行公开化、规范化，完善党务公开、政务公开、司法公开和各领域办事

① 习近平. 在庆祝全国人民代表大会成立六十周年大会上的讲话［N］. 人民日报，2014-09-06（2）.

② 决胜全面建成小康社会夺取新时代中国特色社会主义伟大胜利［N］. 人民日报，2017-10-19（2）.

公开制度，让人民监督权力，让权力在阳光下运行。”[①]总之，只有将权力的运作置于人民的直接监控之下，才能保证权力为民所有、为民所用。

三、创新权力制约和监督的体制机制

（一）回答跳出“历史周期率”的“窑洞之问”

习近平总书记指出，对我们党来说，外部监督是必要的，但从根本上讲，还在于强化自身监督。历史经验教训告诉我们，要实现长期执政，必须破解兴衰治乱的历史性命题。只有以强烈的自我革命精神，坚持不懈同自身存在的问题和错误作斗争，才能跳出“历史周期率”。如何在长期执政条件下有效监督权力，这是我们党面临的历史性课题。改革开放以来，我们党高举中国特色社会主义伟大旗帜，积极探索长期执政条件下自我监督的有效途径。进入新时代以来，以习近平同志为核心的党中央从所处的新方位、面临的新形势、肩负的新使命出发，以坚定决心、顽强意志和空前力度推进全面从严治党这场伟大的自我革命，坚持不懈加强、改进党的监督，在自我净化、自我完善、自我革新、自我提高上取得历史性突破，有力回答了如何跳出“历史周期率”的“窑洞之问”。

党的十八大以来，以习近平同志为核心的党中央在坚持“发展全过程人民民主”[②]的同时，以前所未有的勇气和定力全面从严治党，打了一套自我革命的“组合拳”：坚持以党的政治建设为统领，坚守自我革命根本政治方向；坚持把思想建设作为党的基础性建设，淬炼自我革命锐利思想武器；坚决落实中央八项规定精神、以严明纪律整饬作风，丰富自我革命有效途径；坚持以雷霆之势反腐惩恶，打好自我革命攻坚战、持久战；坚持增强党组织政治功能和组织力凝聚力，锻造敢于善于斗争、勇于自我革命的干部队伍；坚持构建自我净化、自我完善、自我革新、自我提高的制度规范体系，为推进伟大自我革命提供制度保障。习近平总书记在党的十九届六中全会第二次全体

① 习近平．在庆祝中国人民政治协商会议成立六十五周年大会上的讲话［N］．人民日报，2014-09-22（2）．

② 党的十九届六中全会通过的《中共中央关于党的百年奋斗重大成就和历史经验的决议》，把“发展全过程人民民主”列为习近平新时代中国特色社会主义思想重要内容，并纳入党的十八大以来党和国家事业取得的历史性成就进行总结，从面向未来的战略高度作出部署。

会议上指出：我们党历史这么长、规模这么大、执政这么久，如何跳出治乱兴衰的历史周期率？毛泽东同志在延安的窑洞里给出了第一个答案，这就是“只有让人民来监督政府，政府才不敢松懈”。经过百年奋斗特别是党的十八大以来新的实践，我们党又给出了第二个答案，就是自我革命。这一重要论述深刻揭示了长期执政条件下中国共产党在传承“让人民来监督政府”的同时，依靠自我革命跳出历史周期率的成功路径，也为健全党的自我监督和人民监督相结合的党和国家监督体系，奠定了坚实的理论基础。

（二）完善权力配置和运行制约机制[①]

习近平总书记指出，要强化权力制约，合理分解权力，科学配置权力，不同性质的权力由不同部门、单位、个人行使，形成科学的权力结构和运行机制。党中央深化党和国家机构改革，完善党和国家领导体制，规范党政主要领导干部职责权限，科学配置党政机关及内设机构权力和职能，党总揽全局、协调各方作用充分发挥，权力运行体系更加优化协同高效。强化权力制约监督，必须确立权力运行的规程，确定权力归属，划清权力边界，厘清权力清单，保证党和国家机关依照法定权限和程序行使职权、履行职责。[②]党的十九届四中全会通过的《中共中央关于坚持和完善中国特色社会主义制度推进国家治理体系和治理能力现代化若干重大问题的决定》，着眼于重点领域和关键环节，不仅要求强化权力运行制约监督、完善权力配置和运行制约机制，体现了对权力运行规律认识的深化，是对权力制约监督的创新探索。

完善全面加强党的领导监督的体制机制。加强党的领导是完善权力配置和运行制约机制的首要任务，也是根本目的。办好中国的事情关键在党，党是国家治理的领导力量，党中央是国家治理体系的大脑和中枢。执政就是执掌国家政权，执政过程也是权力运行的过程。我国的权力制约监督机制，是在党中央集中统一领导下的权力分工和协同，是在党的领导和党的监督相统一基础上的制约监督。完善权力配置和运行制约机制，根本依靠加强党对一切工作的领导，建立健全坚持和加强党的全面领导的制度体系，把党的领导

① 肖培．强化对权力运行的制约和监督［N］．人民日报，2019-12-16（3）．

② 《中共中央关于坚持和完善中国特色社会主义制度推进国家治理体系和治理能力现代化若干重大问题的决定》辅导读本［M］．北京：人民出版社，2019：370．

和监督贯彻到党和国家机关所有机构履行职责全过程。不论党和国家权力如何配置运行，都必须有利于维护习近平总书记党中央的核心、全党的核心地位，有利于维护党中央权威和集中统一领导，保证全党自觉在思想上政治上行动上同党中央保持高度一致。

完善决策科学、执行坚决、监督有力的权力运行机制。体系建设是完善权力配置和运行制约机制的基础工作。在党的集中统一领导下，坚持决策权、执行权、监督权既合理分工又协调制约，形成科学的权力结构和运行机制，这是我们党在科学配置权力方面的经验总结，是中国特色社会主义制度优越性向治理效能的实际转化。改革本质上是体制和制度的创新。要推进依法决策，完善决策机制和程序，加强决策的调研、协商，把公众参与、专家论证、风险评估、合法性审查、集体讨论决定作为重大决策的法定程序，健全决策问责和纠错机制，不断提高科学决策、民主决策、依法决策水平。提升制度执行力，健全督促检查、绩效考核等制度，确保党的路线方针政策和各项决策部署贯彻落实到位。

完善权力配置机制，做到权责法定。厉行法治是完善权力配置和运行制约机制的基本前提。权力的设定应当法治化，通过法治的方式完善分事行权、分岗设权、分级授权、定期轮岗制度。党的十九届三中全会决定深化党和国家机构改革，部门"三定"规定首次全部采用党内法规条目式表述，这是党中央对"三定"法定权威的提升，是部门依法履职运行的依据。要依法配置权力和职能，明确职责定位和工作任务，明晰权力边界，严格职责权限。程序就是制约，一步不能省，不能搞简易程序。应当重点强化审批程序上的制约关系，全面梳理各部门权力的法定授权，建立权力清单、负面清单、责任清单，推进机构、职能、权限、责任法定化。自由裁量权应当控制压减在合理区间，防止权力出轨。党员领导干部既有不同岗位的专业个性，又有具备领导组织党的工作、贯彻党的路线方针政策的能力共性，必须健全定期轮岗制度，使党的干部队伍成为一池活水，干部在不同岗位上得到培养、锻炼、考验。

完善用权公开机制，做到权责透明。让权力在阳光下运行是完善权力配置和运行制约机制的必然要求。要实行权力清单制度，就要公开权力运行的过程和结果。向党务公开方面，党的组织要按照《中国共产党党务公开条例（试行）》的规定，将其实施党的领导活动、加强党的建设工作的有关事务，向党内或者党外公开。在政务公开方面，要严格落实《中华人民共和国政府信息公开条例》，重点公开财政预算、公共资源配置、重大建设项目批准和实施、社会公益事业建设等信息，推进决策公开、执行公开、管理公开、服务公开、结果公开，完善政府新闻发布制度和信息公布制度。在司法公开方面，要严格履行宪法法律规定的公开审判职责，推动立案、庭审、裁判标准、裁判理由、司法政务、诉讼服务公开，拓展司法公开的广度和深度。还要依规依法推进厂务公开、村（居）务公开、公用事业单位办事公开，规范运作程序，完善制度保障。要以信息化推动制度化、程序化，推进“互联网＋政务服务”，发展移动电子政务，运用数据分析技术，完善权力运行过程的留痕、查询、追溯机制，善于运用互联网，主动回应群众关切、接受人民监督。对于公开不及时、不到位，甚至弄虚作假的，严格依规依纪依法查处。

完善责任落实机制，做到权责统一。落实责任是完善权力配置和运行制约机制的要害。落实责任要靠觉悟、靠担当、靠监督。科学的权力运行机制，必须以覆盖全过程的责任制度来保证。要盯紧权力运行各个环节，完善发现问题、纠正偏差、精准问责的有效机制。民主集中制是党的根本组织原则，是国家组织形式和活动方式的基本原则，也是党员领导干部的重要领导原则。要认真执行民主集中制，坚持集体领导和个人分工负责相结合，严格执行领导班子议事决策规则，完善“三重一大”决策监督机制，加强对主要领导干部和关键岗位干部的监督，完善领导班子内部监督机制，防止个人专断、搞“一言堂”。要把主体责任和监督责任贯通起来，强化近距离、全天候、常态化监督，把日常监督和信访举报、巡视巡察结合起来，加强对问题整改落实情况的督促检查，失责必问、问责必严，督促各级党政机关和领导干部负责守责尽责。

（三）构建纪法贯通的党内外监督体系①

我们党是当今中国最高的政治领导力量。在我国，95% 以上的领导干部、

① 肖培．强化对权力运行的制约和监督［N］．人民日报，2019-12-16（3）．

80%的公务员是共产党员，构成代表人民行使公权力的中坚。9000多万名党员、460多万个基层党组织，确保了公权力运行的正确方向。党的执政地位决定，在党和国家各项监督制度中，党内监督是第一位的，党内监督失灵，其他监督必然失效。以习近平同志为核心的党中央旗帜鲜明坚持和加强党的全面领导，坚持和加强党中央权威和集中统一领导，把全面从严治党摆上党和国家战略布局，构建党统一领导、全面覆盖、权威高效的监督体系，走出了一条具有中国特色的监督道路。强化权力制约监督，必须把有效的自我监督制度坚持好、发展好，把党的领导和党的监督统一起来，把管党治党和治国理政贯通起来，推动各级领导干部履行管理监督责任，用好管住党和人民赋予的权力。

坚持对所有行使公权力的公职人员监督全覆盖。有权必有责、用权受监督，是权力运行的基本原则。只要公权力存在，就必须受到制约和监督。党的十八届四中全会第一次在党的决定中提出“公权力”概念，要求“必须以规范和约束公权力为重点，加大监督力度”。党中央从党内监督全覆盖破题，坚持党内监督与外部监督相结合，通过深化国家监察体制改革整合机构、完善职能、创新制度，把监督对象从党员、干部拓展到所有行使公权力的公职人员。强化权力制约监督，必须推进公权力运行法治化，消除权力监督的真空地带，压减权力行使的任性空间，保证党立党为公、执政为民，国家机关依法履职、秉公用权，让所有党员、干部和公职人员习惯在受监督和约束的环境中工作生活。

坚持把权力关进制度的笼子。习近平总书记指出，权力是一把“双刃剑”，在法治轨道上行使可以造福人民，在法律之外行使则必然祸害国家和人民。党的十八大以来，党中央坚持思想建党和制度治党同向发力、依规治党和依法治国有机统一，把党内法规纳入中国特色社会主义法治体系，与时俱进完善制度，制定修订《中国共产党章程》《关于新形势下党内政治生活的若干准则》《中国共产党廉洁自律准则》《中国共产党党内监督条例》《中国共产党巡视工作条例》《中国共产党纪律处分条例》《中国共产党问责条例》《中国共产党党务公开条例（试行）》等党内法规，《宪法》《监察法》《刑法》《刑事诉讼法》《行政诉讼法》《监察法实施条例》《公职人员政务处分法》《监察官法》

等国家法律，构建起规、纪、法贯通的制度体系。强化权力制约监督，必须把厉行法治作为治本之策，围绕授权、用权、制权等环节，完善及时发现问题的防范机制、精准纠正偏差的矫正机制、强化责任担当的问责机制，把制度的笼子扎紧扎密。制度要成为硬约束而不是橡皮筋。党员干部要牢固树立纪律意识、制度意识、法治意识，形成尊崇制度、遵守制度的良好氛围。

坚持完善权力配置和运行制约机制。制约和监督有机统一、相互促进。习近平总书记指出，要强化权力制约，合理分解权力，科学配置权力，不同性质的权力由不同部门、单位、个人行使，形成科学的权力结构和运行机制。党中央深化党和国家机构改革，完善党和国家领导体制，规范党政主要领导干部职责权限，科学配置党政机关及内设机构权力和职能，党总揽全局、协调各方作用充分发挥，权力运行体系更加优化协同高效。强化权力制约监督，必须确立权力运行的规程，确定权力归属，划清权力边界，厘清权力清单，保证党和国家机关依照法定权限和程序行使职权、履行职责。

坚持构建党统一领导、全面覆盖、权威高效的监督体系。党和国家监督体系是中国特色社会主义制度的重要组成部分，监督监察是国家治理的重要手段。党的十八大以来，党中央坚持党和国家监督没有禁区、没有例外，强化自上而下的组织监督，改进自下而上的民主监督，发挥同级相互监督作用，让日常管理监督与党员领导干部如影随形、不留空白。深化政治巡视，建立巡视巡察上下联动的监督网，健全派驻机构领导体制和工作体制。深化国家监察体制改革，增强对公权力和公职人员的监督全覆盖、有效性，以全面从严治党的卓著成效证明，我们党自我净化的机制是有效管用的。强化权力制约监督，必须切实加强党的统一领导，推动纪律监督、监察监督、派驻监督、巡视监督统筹衔接，推动党内各项监督协调联动，把党内监督同国家机关监督、民主监督、司法监督、群众监督、舆论监督有机贯通，使各项监督制度形成合力、相得益彰，把制度优势转化为治理效能。

完善监督协调机制，增强监督合力和实效。协同监督是完善权力配置和运行制约机制的重要保障。统筹协同、贯通衔接、一体推进是党中央推进全面深化改革的重要思想方法和工作方法。当前，党和国家监督体系的总体框架已经形成，在这个基础上，要着力实现各项制度的衔接协同，把集中统一的制度优势发挥出来，增强监督严肃性、协同性、有效性，降低工作成本和损耗，提高治理效率和效能。要健全党和国家监督制度，在党中央统一领导下，把党委（党组）全面监督、纪委监委专责监督、党的工作部门职能监督、党的基层组织日常监督、党员民主监督等有机结合，健全人大监督、民主监督、行政监督、司法监督、群众监督、舆论监督制度。宪法规定了审计监督，统计法规定了统计监督，要发挥审计、统计依法监督作用。要以党内监督为主导，推动各类监督有机统一、相互协调，构建科学、严密、有效的监督网，确保人民赋予的权力始终在正确的轨道上运行，永远为人民谋利益。

第三章　加强党对监督体系的统一领导

党的领导是党和国家的根本所在、命脉所在，是全国各族人民的利益所系、命运所系。坚持和完善国家监督体系，推动设立国家监察委员会和地方各级监察委员会，构建巡视巡察上下联动格局，构建以党内监督为主导、各类监督贯通协调的机制，加强对权力的制约和监督，必须加强党的集中统一领导和指挥。

第一节　党对监督体系的统一领导概述[①]

一、强化党和国家监督的本质要求

中国共产党的领导是中国特色社会主义最本质的特征，是中国特色社会主义制度的最大优势，也是强化党和国家监督的本质要求。党是最高政治领导力量。党的全面领导必然要求党对完善党和国家监督体系工作的全覆盖、全方位、全过程领导。因为，只有党才能站在代表人民根本利益的战略高度，总揽全局、协调各方，保证从决策部署指挥、资源力量整合到措施手段运用，都能够始终沿着正确的政治方向，作出科学的决策，制定切实的政策，并确

① 张志明．健全党统一领导全面覆盖权威高效的监督体系［N］．学习时报，2020-07-20（A1）．

保政策的执行和效力。党的十八大之前，我国监督体系长期存在监督主体多元，力量分散，各机构之间职能交叉、标准不一、配合衔接不畅等问题，影响了党对反腐败工作的集中统一领导，降低了监督效能。党的十八大以来，党中央按照优化、协同、高效的原则，对多元的监督资源进行科学配置，把行政监察机构和检察院相关监督职能相整合，组建监察委员会，并与纪委合署办公，实行一套工作机构、两个机关名称，同时履行纪检和监察两项职能，纪委（监委）对中央或地方党委全面负责并报告工作，实现了党和国家监督体系的组织创新，健全了党领导监督工作的制度体系，切实保证了党对监督体系的集中统一领导。就地方和部门监督工作而言，也实现了党的全面领导的原则要求。坚持和完善党和国家监督体系，就要求各级党委（党组）必须切实肩负起对监督工作的全面领导责任，变过去对事后监督的领导为全覆盖、全方位、全过程的领导。

二、完善党和国家监督的根本途径

加强党对监督体系的统一领导，是完善党和国家监督的根本途径。我们围绕构建党统一指挥、全面覆盖、权威高效的监督体系，以党内监督带动其他监督，凝聚监督合力。[①] 习近平总书记指出，自我监督是世界性难题，是国家治理的哥德巴赫猜想，我们要通过行动回答"窑洞之问"，练就中国共产党人自我净化的"绝世武功"。[②] 他还强调，对我们党来说，外部监督是必要的，但从根本上讲，还在于强化自身监督。党内监督在党和国家各种监督形式中是最根本的、第一位的，但如果不同有关国家机关监督、民主党派监督、群众监督、舆论监督等结合起来，就不能形成监督合力。习近平总书记强调的党内监督与党外监督结合的思想，充分揭示了监督全覆盖的内涵，具体包括两个方面。

首先是党内监督的全覆盖。由我国独特的国情决定，在长期执政条件下，党必须敢于自我革命、刀刃向内，善于自己给自己做手术，必须首先有能力

① 杨晓渡．坚持和完善党和国家监督体系［M］．人民日报，2019-11-29（1）．

② 习近平．重整行装再出发，以永远在路上的执着把全年面从严治党到引向深入［M］// 中共中央党史和文献研究院．十九大以来重要文献选编：上［M］．北京：中央文献出版社，2019：198．

监督好自己，才能保证党始终做到坚持真理修正错误。对于我们党而言，党内监督是第一位的监督，党内监督有力有效，其他监督才能发挥作用。因此，党内监督是第一位的监督，坚持和完善党和国家监督体系，首先要完善党内监督体系，要实现党内监督的全面覆盖。《中国共产党党内监督条例》指出："建立健全党中央统一领导，党委（党组）全面监督，纪律检查机关专责监督，党的工作部门职能监督，党的基层组织日常监督，党员民主监督的党内监督体系。"新时代纪检监察工作具有鲜明的政治属性，纪检监察监督最根本的是强化政治监督，因此，坚持和完善党和国家监督体系，必须牢牢把握"两个维护"首要任务，加强对党的理论和路线方针政策以及重大决策部署贯彻落实情况的监督检查，完善巡视巡察整改、督察落实情况报告制度，强化纪委监委专责监督职能，加强上级纪委监委对下级纪委监委的领导，发挥纪委监委合署办公优势，坚持纪在法前、纪严于法，推动执纪执法贯通、有效衔接司法，依规依纪依法开展工作，推进纪检监察工作规范化、法治化。必须要加强日常监督，构建纪律监督、监察监督、派驻监督、巡视（巡察）监督"四个全覆盖"的党内监督格局，推进纪律监督、监察监督、派驻监督、巡视监督统筹衔接，使党内监督不留死角，没有空白。必须要落实各级党组织监督责任，切实解决过去对党委（党组）的监督主体责任强调不够问题，党组织的日常管理监督缺位问题，进一步落实各级党组织监督责任，切实保障广大党员依章依规行使监督权利。

其次是党和国家监督的全面覆盖。办法就是以党内监督为主导，实现党内监督与党外监督的有机结合。中国特色的监督体系，既包括党内的纪律监督、监察监督、派驻监督、巡视监督等，又包括人大监督、民主监督、行政监督、司法监督、群众监督、舆论监督制度，同时要注重发挥审计监督、统计监督的职能作用，要进一步推动党内监督和人大监督、民主监督、司法监督等各类监督有机贯通、相互协调，发挥好党内监督与党外监督结合的整体制度效能，增强监督合力，形成发现问题、纠正偏差的有效机制。只有实现了党内监督和党外监督的结合，才能增强监督的严肃性、协同性、有效性，形成决策科学、执行坚决、监督有力的权力运行机制。

监督没有禁区、没有例外，在监督全面覆盖的基础上，监督的重点是加强对高级干部、各级主要领导干部的监督。习近平总书记指出:“要加强对主要领导干部特别是高级干部的监督。对各级‘一把手’来说，党组织自上而下的监督最有效。党中央要加强对高级领导干部的监督，各级党委（党组）要加强对所管理的领导干部特别是主要领导干部的监督，上级‘一把手’必须抓好下级‘一把手’。群众反映多了的就要及时敲敲警钟，问题反映突出的巡视就要及时跟进。要把制度的笼子扎得更紧更牢，完善任职回避、定期轮岗、离任审计等制度。对腐败多发领域要有针对性地完善制度机制，筑牢制度防火墙。破解同级监督难题，关键在常委会。班子成员间日常接触最多，最了解情况，要用好批评和自我批评武器，增强主动监督、相互监督的自觉。”① 从一些主要领导干部违纪违法的案例中可以看到，其根本原因是监督不力，没有很好破解对“一把手”监督和对同级监督的难题。因此，必须完善对各级主要领导干部的监督制度，推进双重领导体制具体化、程序化、制度化，健全领导班子内部监督制度，尤其是加强纪委对同级党委特别是常委会委员履行职责、行使权力情况的监督，确保主要领导干部身边的监督到位管用。

三、体现党和国家监督的制度优势

党和国家监督的制度优势主要体现在三个层面。其一，有以习近平同志为核心的党中央的亲自指挥和坚强领导，使党和国家监督体系具有了高度的政治权威和制度权威。全党自觉坚定做到“两个维护”的过程，也是维护党和国家监督体系权威的过程。其二，党和国家监督体系构建的过程，是一个充分发扬民主的过程，是一个在充分调查研究基础上科学决策的过程，是一个在改革实践中不断完善的过程，也是一个在制度运行中不断养成制度文化的过程。一个制度体系只有达到内化于心、外化于行的制度文化自觉，做到知行合一，才能够成为权威高效的制度安排。其三，党和国家监督体系的执行力是其权威高效的保证。这种强大执行力来自党中央的坚强统一领导的优势，来自各级党委（党组）监督主体责任的落地落实，特别是来自各级纪检监察机关作为党和国家监督体系执行的专责机关。构建监督全覆盖的制度执行监督机制，进一步强

① 习近平．以全面从严治党新成效推进国家治理体系和治理能力现代化［M］// 中共中央党史和文献研究院．十九大以来重要文献选编：中．北京：中央文献出版社，2021：387.

化监督体系的制度执行力，才能切实把中国特色监督体系的制度优势转化为国家监督治理效能。随着国家治理体系和治理能力现代化建设的推进，党和国家监督体系的权威性和有效性持续增强，有利于保证党始终做到不忘初心、牢记使命，保证党员干部和国家公职人员始终做到依法履职、秉公用权，确保党和人民赋予的权力始终用来为人民谋幸福。

第二节 坚持党中央的集中统一领导①

加强党对监督体系的统一领导，首要的是坚持以习近平同志为核心的党中央的领导和指挥。党的十九届六中全会作出“两个确立”，即确立习近平同志党中央的核心、全党的核心地位，确立习近平新时代中国特色社会主义思想的指导地位，是党的十八大以来最重要的宝贵经验，是历史选择、时代呼唤、民心所向。坚持“两个确立”、做到“两个维护”是新时代共产党人最重要的政治要求，两者精神同源、内核同质、目标同向，是一个相互联系、相互贯通的有机整体，必须一体领悟、一体贯彻。在自我革命中践行“两个维护”，要深刻理解全会以历史决议的形式作出“两个确立”这一论断的重大政治意义、历史意义，坚定不移地把“两个确立”转化为坚决做到“两个维护”的思想自觉、政治自觉、行动自觉。坚持科学理论武装，用习近平新时代中国特色社会主义思想这个当代中国马克思主义、二十一世纪马克思主义武装头脑，在学懂、弄通、做实上下功夫，使科学理论真正成为全党把握运用规律、认识改造世界的思想武器。把做到“两个维护”作为坚持和加强党的全面领导的根本要求，落实到贯彻党中央决策部署的行动上，落实到党和国家监督的各项工作上，落实到党风廉政建设和反腐败工作上，落实到履职尽责、做好本职工作的实效上，落实到每个党员干部的日常言行中。

① 李国喜．坚决拥护“两个确立”始终做到“两个维护”[N]．光明日报，2021-12-28（6）．

一、深刻认识“两个确立”

坚强的领导核心、科学的理论指导是马克思主义政党的本质特征和要求。马克思恩格斯指出，“革命活动只有在集中的条件下才能发挥全部力量”，强调“没有权威就不可能有任何的一致行动”。列宁在建党伊始就提出“任何一个阶级，如果不推举出自己善于组织运动和领导运动的政治领袖和先进代表，就不可能取得统治地位”，强调“没有革命的理论，就不会有革命的运动”。中国共产党在百年奋斗史中，不仅在理论上坚持和完善马克思主义建党原则，而且付诸革命和建设实践，为事业成功提供根本保证、积累了宝贵经验。

遵义会议前，由于党没有形成坚强有力的中央领导集体和成熟稳定的领导核心，未能实现马克思主义基本原理同中国革命实际紧密结合，使中国革命付出鲜血代价。延安时期，党提出“马克思主义中国化”重大命题，开展整风运动、总结经验教训，在党的六届七中全会上通过了《关于若干历史问题的决议》，鲜明提出“两个空前”，即全党“空前一致地认识了毛泽东同志的路线的正确性，空前自觉地团结在毛泽东的旗帜下”。新中国成立后，党取得社会主义革命和建设的伟大成就，但在探索过程中也经历了严重曲折。在历史重要转折关头，党的十一届六中全会深刻总结新中国成立以来正反两方面经验，通过了《关于建国以来党的若干历史问题的决议》，鲜明提出“两个公认”，指出“毛泽东同志被公认为中国共产党和中国各族人民的伟大领袖，在党和人民集体奋斗中产生的毛泽东思想被公认为党的指导思想”。中国特色社会主义进入新时代，以习近平同志为核心的党中央，以伟大的历史主动精神、巨大的政治勇气、强烈的责任担当，统筹国内国际两个大局，贯彻党的基本理论、基本路线、基本方略，统揽伟大斗争、伟大工程、伟大事业、伟大梦想，坚持稳中求进工作总基调，出台一系列重大方针政策，推出一系列重大举措，推进一系列重大工作，战胜一系列重大风险挑战，解决了许多长期以来想解决而没有解决的难题，办成了许多过去想办而没有办成的大事，推动党和国家事业取得历史性成就、发生历史性变革。党的十九届六中全会通过的《中共中央关于党的百年奋斗重大成就和历史经验的决议》，鲜明提出“两个确立”，指出“反映了全党全军全国各族人民共同心愿，对新时代党和国家事业发展、对推进中华民族伟大复兴历史进程具有决定性意义”。

从“两个空前”到“两个公认”再到“两个确立”，一脉相承、相互贯通、交相印证，贯穿着马克思主义政党建设普遍原则，蕴含着历史唯物主义和辩证唯物主义的世界观和方法论，是我们党百年奋斗成功经验的深刻凝练，是颠扑不破的历史规律。回望历史，坚强的领导核心、科学的理论指导为全党思想统一、政治团结、步调一致提供了根本前提、根本遵循和根本保证，为推进党和国家伟大事业发挥了举旗定向、把舵领航、凝心聚力的重大作用。立于“两个一百年”奋斗目标历史交汇点，“两个大局”交织激荡，形势环境变化之快、改革发展稳定任务之重、矛盾风险挑战之多前所未有；面对“四大考验”“四种危险”，进行伟大斗争、建设伟大工程、推进伟大事业、实现伟大梦想的难度之大超乎想象，更加需要坚强领导核心与科学理论指引。习近平总书记党中央的核心、全党的核心地位是在中国特色社会主义事业的伟大实践中形成的，有了习近平总书记带领，全党就有了“主心骨”“掌舵人”。习近平新时代中国特色社会主义思想是被实践证明了的科学真理，有了这一当代中国马克思主义、21世纪马克思主义武装头脑，党和国家事业就有了“定盘星”“指南针”。

二、坚决做到“两个维护”

“两个确立”内涵深刻、思想深邃、要求明确，党员干部在党和国家监督工作中要始终知行合一、以知促行，带头做到“两个维护”，落实到强化理论武装、锤炼党性修养、增强执政本领各方面。

培育忠诚之“心”。“两个确立”贯穿着坚持党的领导的最高原则，在理论上是坚持党的领导的本质特征，在政治上是坚持党的领导的根本原则，在实践上是坚持党的领导的基本规矩。拥护、践行“两个确立”，首先要对党忠诚。要始终忠于党、忠于党的核心、忠于党的组织、忠于党的信仰、忠于党的事业，心怀“国之大者”、心系民族复兴，怀大局、识大体、观大势、谋大事，居其位、担其责、尽其忠、竭其诚，披肝沥胆、鞠躬尽瘁，做到党中央提倡的坚决响应，党中央决定的坚决执行，党中央禁止的坚决不做。

夯实理论之“基”。“两个确立”蕴含着坚持追求真理的内在逻辑，是伟大真理在伟大事业中的展开与体现，是坚持真理、实践真理、捍卫真理的必然要求。拥护、践行“两个确立”，基础在于理论武装。要把深入学习贯彻习近平新时代中国特色社会主义思想作为基本功，努力掌握党的创新理论的重大意义、科学体系、丰富内涵、精髓要义和实践要求，领会其中的立场观点方法、道理学理哲理，做到常学常悟、常悟常新。

淬炼信念之“魂”。“两个确立”体现着坚定理想信念、坚持正确道路的自觉自信，向党中央看齐，坚决维护党中央权威和集中统一领导，自觉在思想上政治上行动上同党中央保持高度一致，按照党中央指引的道路毅然前行。拥护、践行“两个确立”，根本在于信仰信念。要始终坚持革命理想高于天，坚守马克思主义信仰、共产主义远大理想、中国特色社会主义共同理想，坚定道路自信、理论自信、制度自信、文化自信，深刻领会科学社会主义与中国特色社会主义的逻辑关系、改革开放前后两个历史时期的辩证关系等事关方向道路的重大问题，坚定不移地走好中国特色社会主义道路。

常修为民之“志”。“两个确立”彰显着坚持人民至上的根本立场，其价值旨归就在于要实现党的初心使命，既突出人民领袖、先进理论对人民群众伟大事业的引导，又坚持“江山就是人民、人民就是江山”，体现了党的领导与人民立场的高度统一。拥护、践行“两个确立”，底色在于始终为民。要把践行全心全意为人民服务根本宗旨落实到具体行动中，始终认清“我是谁、为了谁、依靠谁”，牢记初心使命，兢兢业业、无私奉献，大公无私、公而忘私，以“为有牺牲多壮志，敢教日月换新天”的豪迈信念，以“功成不必在我、功成必定有我”的气度胸怀，实现共产党人应有价值。

永葆青春之“力”。“两个确立”凸显着推进党的建设的本质要求，既构成了党的建设的核心内容，同时又是党的建设的政治成果。拥护、践行“两个确立”，动力在于自我革命。要在核心领航下、旗帜引领下，始终发扬斗争精神，勇于推进自我革命，不断进行革命锻造和斗争淬炼，坚决克服“四风”问题，坚决避免“七个有之”，全面推进党的建设新的伟大工程，回答好跳出“周期率”的历史之问，把党建设成为始终走在时代前列、人民衷心拥护、勇于自我革命、经得起各种风浪考验、朝气蓬勃的马克思主义执政党，在新时代、新征程上赢得更加伟大的胜利和荣光。

三、确保党的统一领导指挥

确保党对监督工作的统一指挥，是实现党自我监督的政治保证。中国共产党自成立以来，一直注重党风廉政建设和反腐败斗争，将党的自我监督工作置于党的统一领导下，通过党内监督进行自我净化，始终保持党的先进性和纯洁性。我们党在不同时期根据中心任务的不同赋予党内监督以新的要求，不断从实际出发建立适合党情国情的监督体制。从历史发展来看，党的领导水平直接决定着党内监督工作的运行情况，什么时候党能够集中统一领导，把党内监督作为党的建设的重要内容，党内监督工作就能有效运行；什么时候党的集中统一领导弱化，整个监督体系就会陷入困境。

党的十八大以来，以习近平同志为核心的党中央旗帜鲜明、立场坚定，把维护党中央集中统一领导，贯彻落实党的理论、路线、方针、政策，确保全党令行禁止等列为党内监督的主要内容，积极探索党在长期执政条件下自我监督的有效途径，把党的统一指挥作为构建监督体系的政治保证。习近平总书记指出："党内监督是永葆党的肌体健康的生命之源，要不断增强向体内病灶开刀的自觉性，使积极开展监督、主动接受监督成为全党的自觉行动。"① 当前，党内监督还存在一些不足，如不同主体在党内监督中的地位、作用和职责不够明晰，监督主体之间信息不畅、协调不顺，党委（党组）的主体责任落实不够，党组织日常管理监督不严。要解决这些问题，不能够"头痛医头，脚痛医脚"，必须在党的统一指挥下，统筹谋划、整体推进，形成协调配套、系统集成的监督体系。党和国家监督体系是一个复杂的系统工程，全面从严治党越向纵深推进，越是有必要保证监督系统的有效运转，而党的统一指挥才是实现党和国家监督体系良性运行的根本保障。

---

① 习近平．在党的十八届六中全会第二次全体会议上的讲话（节选）[J]．求是，2017（1）．

第三节　加强党的中央组织的监督

党的中央组织的监督是党章赋予的重大职责。党章在第三章“党的中央组织”中专门对党的中央委员会、中央政治局、中央政治局常务委员会等党的中央组织的职权作出规定，明确“中央政治局向中央委员会全体会议报告工作，接受监督”。《中国共产党党内监督条例》将“党的中央组织的监督”专列一章，全面规定了党的中央委员会、中央政治局、中央政治局常委会以及中央委员、中央政治局委员的监督职责，这是对党章要求的具体化和细化，是加强党对监督工作统一领导的内在要求。

加强党的中央组织的监督，是贯彻民主集中制原则、强化自上而下监督的必然要求。习近平总书记指出，坚持民主集中制是强化党内监督的核心。在党内监督中贯彻落实民主集中制原则，必须始终做到“四个服从”特别是全党服从中央，维护中央权威和党的集中统一。党内监督的权威和责任来自各级党组织，主要体现为自上而下的组织监督。全面从严治党、强化党内监督，就要从党的中央组织做起。《中国共产党党内监督条例》规定：“党的中央委员会、中央政治局、中央政治局常务委员会全面领导党内监督工作。中央委员会全体会议每年听取中央政治局工作报告，监督中央政治局工作，部署加强党内监督的重大任务。”党的中央组织带头履行监督职责，这是推动落实全面从严治党的主体责任，强化自上而下的组织监督，提高监督的权威性和有效性的关键所在。加强党的中央组织的监督，对全党各级组织和领导干部具有重要的示范和带动作用。《中国共产党党内监督条例》分别对中央委员、中央政治局委员的自身监督职责作出了规定。从近年来查处的周永康、薄熙来、徐才厚、郭伯雄、孙政才、令计划等严重违纪违法案件中可以看出，破坏党内政治生活准则、党内监督不力的问题突出，严重损害党的集中统一领导，严重损害中央权威，教训极其深刻。

加强党的中央组织的监督很重要的一条就是中央领导带头监督，自觉接受监督。党的十八大以来，以习近平同志为核心的党中央以身作则、率先垂范，从中央政治局做起，从严管党治党，为全党树立了典范。中央政治局召开专门会议，习近平总书记就加强政治局自身建设、提高中央政治局工作水平提出具体要求。中央政治局要不断提高思想政治水平，善于观大势、谋大事，全面贯彻执行民主集中制，发挥模范带头作用，保持同人民群众的血肉联系。习近平总书记亲自听取中央每一轮巡视情况汇报并发表重要讲话，点问题见人见事，提要求明确具体，为巡视工作充分发挥作用、形成巨大震慑力提供了根本遵循。习近平总书记在十九大报告中指出，“弘扬马克思主义学风，推进‘两学一做’学习教育常态化制度化，以县处级以上领导干部为重点，在全党开展‘不忘初心、牢记使命’主题教育”，中央政治局常委分别到各自联系点出席并指导专题民主生活会，极大地增强了党内监督的权威性和有效性，也是全面从严治党在短时间内取得重要阶段性成效的重要因素。有权必有责、用权受监督，权力越大、影响越大，越要自警自律，越要自觉接受监督。《中国共产党党内监督条例》把十八大以来被实践证明行之有效的监督经验，以制度条文的方式固定下来，比如第十一条“中央政治局、中央政治局常务委员会定期研究部署在全党开展学习教育，以整风精神查找问题、纠正偏差；听取和审议全党落实中央八项规定精神情况汇报，加强作风建设情况监督检查；听取中央纪律检查委员会常务委员会工作汇报；听取中央巡视情况汇报，在一届任期内实现中央巡视全覆盖。中央政治局每年召开民主生活会，进行对照检查和党性分析，研究加强自身建设措施。”第十二条“中央委员会成员必须严格遵守党的政治纪律和政治规矩，发现其他成员有违反党章、破坏党的纪律、危害党的团结统一的行为应当坚决抵制，并及时向党中央报告。”这表明党内监督没有禁区、没有例外，任何人都不得凌驾于组织之上，任何党员都必须遵守党章党规。

加强党的中央组织的监督，对全党各级组织和领导干部具有重要的示范和带动作用。风成于上，俗形于下。领导干部尤其是高级领导干部能够发挥引领示范和标杆榜样作用。特别值得关注的是，《中国共产党党内监督条例》要求中央政治局委员“带头树立良好家风，加强对亲属和身边工作人员的教育和约束，严格要求配偶、子女及其配偶不得违规经商办企业，不得违规任职、兼职取酬”。这一规定回应了社会关切，具有很强的现实意义，释放了以上率下、领导带头的强烈信号。一段时间以来，一些地方和部门少数领导干部亲属违规经商办企业，违规任职、兼职取酬，群众反映强烈。党的十八届三中全会已就完善并严格执行领导干部亲属经商、担任公职和社会组织职务、出国定居等相关制度规定提出明确要求。2015年修订的《中国共产党廉洁自律准则》对党员领导干部“廉洁齐家，自觉带头树立良好家风”作出明确规定。上海、广东多地规范领导干部配偶、子女及其配偶经商办企业行为的试点工作稳步推进。《中国共产党党内监督条例》所列的这一规定是中央政治局委员在监督方面发挥表率作用的一项重要举措，必将对各级领导干部加强对亲属和身边工作人员的教育和约束起到重要示范和带动作用。

第四节 构建党委统一领导的监督机制

“党内监督是全党的任务，第一位的是党委监督”①。实现党委对监督的统一领导，需要健全完善监督工作机制，落实党委的主体责任，把党委研究部署、谋划实施监督工作上升到制度层面，健全监督制度的推进机制，增强各级党委领导监督工作的自觉性。

一、建立健全议事决策机制

党委要发挥在监督方面“总揽全局、协调各方”的作用，要健全党委班子领导监督工作的运行制度，细化党委的职责和职能。一是要建立健全定期研究制度。党委通过完善中心组定期学习、专题研究党内监督工作开展情况，专门听取监督事项报告等制度，筑牢党委主体责任意识。二是建立健全党委抓监督工作制度。为切实提高党委抓监督工作的整体水平，党委要建章立制，可以制定《党委抓监督工作例会制度》《党委领导监督工作目标管理制度》等具体制度，从领导责任、领导范围、议事决策、方式方法层面入手，形成坚

① 习近平．在第十八届党中央纪律检查委员会第六次全体会议上的讲话［N］．人民日报，2016-05-03（2）．

持不懈抓监督的长效机制，建立一套覆盖到基层党委，重点突出、务实管用的党内监督工作制度体系，解决党组织对党内监督不够重视、精力投入不足、不能持之以恒等问题，确保党委经常性研究党内监督工作的要求得以落实。三是建立健全党委领导监督工作的目标考核制度。要从党委履行监督主体责任以及党委监督职责内容出发制定考核内容和考核方式，把党委领导党内监督工作任务作出细化，列出任务清单。设定主要内容，如领导班子对本地区单位的党内监督组织实施情况和督促检查情况、对同级纪委的领导情况、对党委委员的监督情况、对上级党委纪委的监督情况等，列入年度目标考核工作中。考核中，采取定性与定量相结合的方法，根据既定的标准规范赋分，得出量化的结果，然后根据综合评分情况和其他考核手段获得的信息资料，对领导班子履行党内监督主体责任的考核结果作为考察和评定领导干部的重要参考。

二、建立健全部门协作机制

《中国共产党党内监督条例》首次明确了党的工作部门的监督责任，“党的工作部门职能监督”是党内监督体系的重要组成部分。《中国共产党党内监督条例》第十六条规定：“党的工作部门应当严格执行各项监督制度，加强职责范围内党内监督工作，既加强对本部门本单位的内部监督，又强化对本系统的日常监督。”这是党内首次强调党委部门的监督职责，是党内监督体系和监督制度的重要创新。党委办公厅、组织部、宣传部、统战部、政法委等工作部门，是党（党组）的办事机构和职能部门，是党的各项方针政策的参与制定者和贯彻执行者，也是党委履行党内监督主体责任、从严管党治党的重要力量。在现实当中，存在着党的工作部门监督责任缺位、协作不够等问题，例如有的部门党组织涣散、纪律松弛，贯彻党的路线方针政策不坚决、不全面、不到位，甚至变形走样；有的对落实党建工作责任制重视不够，缺乏真抓实干的具体举措，忽视对本单位本系统的日常管理监督；有的缺乏担当，热衷于当老好人，发现党员干部存在问题不敢提醒、批评、纠正，等小错酿成大过，就推给党委或纪委处理；在处理党内监督事项时，有的部门之间协作不够，没有形成更强的监督合力。解决这些问题，必须坚持问题导向，明确责任，健全体制，完善制度，发挥党的工作部门职能监督作用，增强党内监督实效。

党的工作部门承担负责党委中心任务的落实，更是处在党务工作第一线，尽管工作的内容和特点不相同，但在管党治党上都承担着重要责任。各部门既要认真履行主体责任，严格监督本部门各级党组织和党员干部遵守党章和其他党内法规、贯彻落实党的理论和路线方针政策，坚持民主集中制、严明政治纪律和政治规矩、落实中央八项规定精神、执行干部选拔任用工作规定、正确行使权力和执行廉洁自律规定，管好自己的“责任田”，又要强化对本系统的日常监督，跟进工作需要和管理权限，对本系统相关单位党组织及其责任人遵守党章党规党纪、履行管党治党主体责任、正确行使权力和执行廉洁自律规定等情况进行监督，发现问题及时处置，决不能一谈到监督就只想到纪委或推给纪委。党的工作部门要发挥职能优势，切实履行好各自的监督职责。比如，党委办公厅要抓好对落实党中央、上级党组织和本级党委决策部署情况的督查督办；党委组织部门要监督领导干部选拔任用情况，加强对党员干部的日常管理监督，推进干部能上能下；党委宣传部要加强对统战系统、统战领域履行管党治党责任的监督以及对党的统一战线政策法规贯彻落实情况的监督；党委政法委要强化对政法部门执法活动的监督，等等。党的工作部门要以对党的事业和党的干部高度负责的态度，敢于监督、善于监督，抓早抓小、防微杜渐，做到守土有责、守土尽责，协助党委（党组）织牢、织密监督之网。

三、建立健全制度保障机制

要根据党内法规制度，明确党委（党组）履行党内监督主体责任的内容和范围，细化党委（党组）主要领导、领导班子成员的监督职责。完善保障措施、监督检查和责任追究机制，解决如何履责、督责和评责的问题，推进制度落实、责任落地。党委（党组）要根据相关办法，制定责任书，详细列明主体的责任范围、责任内容，强化责任考核和责任追究等事项，实行对党委（党组）的自我监督和相互监督。党委（党组）主要领导干部和班子成员应当每年在党委常委会（或党组）扩大会议上进行述责述廉，接受评议。述责述廉重点是执行政治纪律和职责规矩、履行管党治党责任、推进党风廉政建设和反腐败工作以及执行廉洁纪律情况，领导干部在述责述廉中要突出党内监督方面的工作成果，自觉接受组织和党员民主监督。党委（党组）要在年终向上级党组织报告本地区本部门本单位主体责任落实和领导党内监督落实情况，要把本单位严格组织生活制度、党内谈话制度、干部考察考核制度的落实情况作为重点，对照责任要求指出工作中存在的问题以及下一年度的工作安排。要对党委（党组）履行监督职责情况实施监督检查，上级党委在巡视或巡察中把下级党委（党组）领导本地区监督工作作为履行管党治党责任的重要内容。要建立切实管用的考核评价体系，将党委（党组）领导开展本地区本部门本单位的监督工作情况纳入全面从严治党的考核内容之中，对履职情况好的予以表彰，对履职不合格的予以纠正，通过建立激励机制促使各级党委深刻认识到党内监督的重要地位，自觉担当起管党治党责任，营造良好的党内政治生态。

第五节 落实党委（党组）监督主体责任

党的十八大以来，以习近平同志为核心的党中央紧扣“责任”二字管党治党，强调有权必有责、权责要对等。从党的十八届三中全会提出落实党风廉政建设主体责任、监督责任，到《中国共产党党内监督条例》规定党委担负党内监督主体责任、纪委是专责机关，进一步明确了党委（党组）书记是第一责任人、班子成员履行对分管领域部门的责任。党内监督第一位的是党委（党组）监督。《中国共产党章程》第二十七条规定，地方各级党委在代表大会闭会期间“领导本地方的工作”；第四十八条规定，“党组发挥领导核心作用”。党的领导是全方位的领导，党委（党组）在各地区、部门和单位之中处于总揽全局、协调各方的领导核心地位，除了对本地区、本部门、本单位“五位一体”建设实行全面领导外，还必须对党的建设全面负责。党内监督是党的建设重要组成部分，强化党内监督是落实全面从严治党主体责任的具体化。

有权必有责、权责要对等，党委要任命干部，更要监督干部，通过落实

“两个责任”，严明党的纪律，推进巡视和派驻监督全覆盖，促进党内监督工作全面深入开展。但是，仍有一些党委（党组）没有正确认识权力和责任的关系，不愿负责、不敢担当，例如，有的党委（党组）书记，对管党治党不愿负责、不敢担当，奉行“好人主义”，甚至还阻挠别人去管去治；有的领导班子成员认为管党治党是“一把手”的事，自己当旁观者。“局外人”的心态和“好人主义”态度，直接反映了党委（党组）主体责任缺失、监督责任缺位，导致党内监督制度虚化空转。《中国共产党党内监督条例》第十五条规定，“党委（党组）在党内监督中负主体责任，书记是第一责任人，党委常委会委员（党组成员）和党委委员在职责范围内履行监督职责”，并规定了具体的监督职责。这是党内法规第一次明确党委（党组）在党内监督中的主体责任，对于各级党委（党组）增强责任意识、强化担当精神、全面履行党内监督各项职责，具有十分重要的意义。

一、明确党委（党组）书记责任

落实党委（党组）在党内监督中的主体责任，首先就是要明确党委（党组）书记的责任，党委（党组）书记属于要抓住的“关键少数”，也是管党治党的第一责任人，正所谓“万人撑船、一人掌舵”，各级党委（党组）书记是党委（党组）一班人的“班长”，也是本地区本部门本单位的“掌舵人”，权力大，影响大。党委（党组）书记有没有履行好管党治党第一责任人的职责，能不能落实党内监督的各项部署，不仅是对其忠诚干净担当的检验，更对本地区本部门、本单位党内政治生态有直接的影响。党章突出强调了党委（党组）书记第一责任人的责任，能有效强化压力传导、层层压实责任。党委（党组）书记不仅要以身作则、率先垂范、接受监督，更要对其下级党组织主要负责人多过问、多提醒，发现问题及时纠正，有效加强对班子成员的日常管理和监督，抓紧抓好下级党组织负责人的责任落实，领出好班子、带出好队伍。习近平总书记在十八届中央纪委六次全会上强调指出：“落实主体责任，关键是要把党的领导落到实处。各级党组织要牢固树立不管党治党就是严重失职的观念，在工作的方方面面体现党的领导。要把党的领导体现到日常管理监督中，敢于较真，注重日常，抓早抓小，防微杜渐，体现组织严格要求和关心爱护”，“当好第一责任人，对党负责，对本地区本单位的政治生态负责，对干部健康成长负责。要把责任传导给所有班子成员，压给下面的书记，确保责任落到实处。”

二、发挥领导班子成员的监督作用

全面从严治党，落实党委（党组）在党内监督中的主体责任，不能仅靠党委（党组）书记一个人抓，还需要领导班子成员都把管党治党的责任扛起来。领导班子成员是分管部门单位的直接领导，更容易发现分管领域的苗头倾向或问题，使监督能做到精确、及时。众人拾柴火焰高。《中国共产党党内监督条例》指出，强化以上率下，要求中央政治局委员加强对直接分管部门、地方、领域党组织和领导班子成员的监督，定期同有关地方和部门主要负责人就其履行全面从严治党主体责任、廉洁自律等情况进行谈话。《中国共产党党内监督条例》还把党内监督的责任细分到党委常委会委员（党组成员）和党委委员，要求其“在职责范围内履行监督职责”。以高位阶党内法规的形式明确领导班子成员的责任、指明履责路径，能促使其摈弃“旁观者”的心态，发挥直接分管、及时发现处理苗头倾向的作用，把从严的要求落实到日常工作之中。

三、党委（党组）履行好监督职责

党的十八大以来，中央对管党治党政治责任的内涵强调得越来越深刻，要求得越来越具体。近几年全面从严治党的生动实践和取得的明显成效证明，紧扣“责任”二字、强化问责是推动管党治党由“宽松软”变为“严实硬”的有力举措。《中国共产党党内监督条例》对党委（党组）的监督职责作出明确规定，主要履行以下职责。

首先是领导本地区本部门本单位党内监督工作，组织实施各项监督制度，抓好督促检查。党委（党组）要切实加强领导，把党内监督工作列入重要议事日程，经常研究，及时解决党内监督工作存在的突出问题，确定目标任务并作出部署。要组织实施批评和自我批评、巡视巡察、组织生活、党内谈话、考察考核、述责述廉、个人有关事项报告、插手干预重大事项记录等监督制度，重点加强对下一级党组织主要负责人的监督。要自觉把监督当作分内之事，把压力传导给所有班子成员和党的工作部门，确保党内监督主体责任落实到位。习近平总书记指出，“各级党委要对照党章和党纪党规，对照党的理论和路线方针政策，以‘君子检身，常若有过’的态度来发现自身的不足和短板，并进行由浅入深、由表及里的分析，做到知耻而后勇、知止而后定。对那些影响党的先进性和纯洁性的问题，对那些党内政治生活和党内监督方面存在的问题，对那些人民群众反映强烈的突出问题，必须拿出义无反顾、动真碰硬的勇气去解决，以永远在路上的劲头去解决，以实际成效取信于民。”①

其次，党委要加强对同级纪委和所辖范围内纪律检查工作的领导，检查其监督执纪问责工作情况。《中国共产党章程》第四十五条规定，党的地方各级纪律检查委员会和基层纪律检查委员会在同级党的委员会和上级纪律检查委员会双重领导下进行工作。落实党内监督主体责任，一个重要方向就是加强对纪委工作的领导，支持纪委履行监督执纪问责职责。要完善总体部署，加强工作指导，狠抓工作落实，定期研究制定党风廉政建设工作规划，每年听取纪委工作汇报，确定重点工作，协调解决重大问题，支持纪委向上级纪委报告线索处置和执纪审查工作，对纪委履职不到位的地方及时纠正处理。

再次，要对党委常委会委员（党组成员）、党委委员，同级纪委、党的工作部门和直接领导的党组织领导班子及其成员进行监督。在党委会内部实行集体领导和个人分工负责相结合制度，规范议事规则和决策程序，重大问题集体研究，防止个人专断。定期召开民主生活会，使班子成员坦诚交流思想，进行严肃认真的批评，帮助改正缺点错误。定期听取和审议同级人大常委会、政府、政协、法院、检察院党组的工作汇报，加强对下一级党政“一把手”的监督，发现问题及时处置，并督促其落实党内监督责任。

最后，要对上级党委、纪委工作提出意见和建议，开展监督。党章规定：“上下级组织之间要互通情报、互相支持和互相监督。”下级党组织认为上级党组织的决定有问题，可提出意见和建议，上级党组织应认真研究考虑并及时回复，但下

① 习近平．党必须勇于自我革命［M］// 习近平．论坚持全面深化改革．北京：中央文献出版社，2018：328.

级党组织决不允许以“监督”为名，不执行上级党组织决定或者公开发表与上级党组织决定相反的意见，确保党委（党组）履行职责落实到位。[①]

第六节 充分发挥党员民主监督作用[②]

党的十八大以来，根据全面从严治党的新形势新任务，先后制定了《关于新形势下党内政治生活的若干准则》（以下简称《准则》），修订了《中国共产党党内监督条例》（以下简称《条例》），进一步完善了党员民主监督制度。在中国共产党百年的革命建设改革历程中，我们党之所以能够始终保持先进性、纯洁性和凝聚力、战斗力，一个重要原因就在于我们党有着强大的自我净化、自我完善、自我革新、自我提高能力。党员民主监督是保持和强化这一能力的重要手段和有效保证。

一、党员民主监督作用的重要意义

发挥党员民主监督作用是我们党针对当前党的建设中存在的突出问题提出的重要举措，也是新时期切实提高党科学执政、民主执政、依法执政水平的重要任务，对于加强党内监督、发扬党内民主、全面从严治党都具有重要意义。

发挥党员民主监督作用，是加强党内监督的必然要求。习近平总书记在十八届中央纪委第六次全会上的讲话中强调：“对我们党来说，外部监督是必要的，但从根本上讲，还在于强化自身监督。”加强党内监督是马克思主义政党的一贯要求，是我们党的优良传统和政治优势。党的执政地位，决定了党内监督在党和国家各种监督形式中是最基本的、第一位的。党员是党的肌体的细胞。党员民主监督是党内监督中具有普遍性质的监督，也是其他各种党内监督形式的基础。党员民主监督作用发挥出来了，党内监督整个局面也就

① 怎样理解党委（党组）的监督在党内监督中的地位和作用？［N］. 中国纪检监察报，2016-11-29（3）.

② 袁曙宏. 发挥党员民主监督作用［N］. 学习时报，2016-11-10（A1）.

活了。要解决党的建设方面批评不够、纪律不严、监督不力等问题，必须完善和加强党员民主监督，充分发挥全体党员的民主监督作用。

发挥党员民主监督作用，是发扬党内民主的重要途径。党内民主是党的生命。党员民主监督权的落实和保障程度是衡量党内民主发扬程度的重要标尺。纵观我们党的发展历程可以看出，党内民主的发扬情况，与党员主体地位是否得到保障、党员民主监督作用是否得到发挥有着密切关系。什么时候党员民主监督作用发挥得好，党的事业就兴旺发达；什么时候党员民主监督作用发挥不畅，党的事业就遭受挫折。例如，在延安整风运动时期，党员在党内生活中的主体地位得到坚实保障，党员愿意也敢于发挥民主监督作用，因而，党内民主就发挥得好，党员素质和党组织的战斗力都得到了极大提高。积极发扬党内民主，必须切实保障党员主体地位，落实好党员的知情权、参与权、选举权、监督权。

发挥党员民主监督作用，是全面从严治党的迫切需要。治国必先治党，治党务必从严。我们党是有着九千多万党员的世界第一大党，肩负着实现中华民族伟大复兴中国梦的光荣使命，承担着执政兴国、治国理政的艰巨任务。要完成这些使命和任务，就必须坚持党要管党、全面从严治党，不断提高党的领导水平和执政能力，促进国家治理体系和治理能力现代化。合抱之木，生于毫末；九层之台，起于累土。广大党员工作在社会主义现代化建设的第一线，是推进党的路线方针政策贯彻落实的重要力量，是党的事业的骨干。加强党的建设，全面从严治党，必须激发全体党员的积极性、主动性、创造性，充分发挥每个党员的先锋模范作用。只有切实加强党员民主监督，才能使权力在“放大镜”和“聚光灯”下运行，使党永葆生机和活力，确保中国共产党始终成为中国特色社会主义建设伟大事业的坚强领导核心。

二、增强党员民主监督的主体意识

加强党内监督是全党的共同任务。根据党章第四条第四项规定，党员有权利“在党的会议上有根据地批评党的任何组织和任何党员，向党负责地揭发、检举党的任何组织和任何党员违法乱纪的事实，要求处分违法乱纪的党员，要求罢免或撤换不称职的干部”。新修订的《准则》和《条例》对党员民主监督进一步作了具体规定。思想是行动的先导。积极发挥党员民主监督作用，首先要增强党员发挥民主监督作用的主体意识。

深刻认识党员民主监督的主体地位。党的十八大以来，党内监督力度持续加大，成效空前提高。但与此同时，部分党员的民主监督作用发挥得还很不够，存在着党员民主监督弱化、缺失和不到位等突出问题，主要表现在三方面：一是不愿监督，一些党员对于党员民主监督缺乏正确认识，把监督工作看成是党组织、纪检干部和上级领导的事，认为与自己关系不大；二是不能监督，党员知情权在有些情况下未得到很好落实，普通党员对相关信息掌握得不全面、不充分，难以进行有效监督；三是不敢监督，不少党员担心监督之后会遭受打击报复，对于许多违法乱纪行为选择视而不见。党员是党内生活的主体、党的工作的主体和党的建设的主体，当然也应当是党内监督的主体。尊重党员主体地位，发挥党员主体作用，要求全体党员必须树立主人翁意识，不做被动者、旁观者，积极履行党员民主监督责任。要在党言党、在党忧党、在党为党，把爱党、忧党、兴党、护党落实到工作生活的各个环节，不仅自己严格遵守党纪国法，而且主动监督他人的行为，特别是监督党员领导干部的行为，把党员民主监督的责任真正记在心中、扛在肩上。

认真履行党员民主监督的权利、义务和责任。新修订的《条例》明确规定，“党员应当本着对党和人民事业高度负责的态度，积极行使党员权利，履行下列监督义务：（一）加强对党的领导干部的民主监督，及时向党组织反映群众意见和诉求；（二）在党的会议上有根据地批评党的任何组织和任何党员，揭露和纠正工作中存在的缺点和问题；（三）参加党组织开展的评议领导干部活动，勇于触及矛盾问题、指出缺点错误，对错误言行敢于较真、敢于斗争；（四）向党负责地揭发、检举党的任何组织和任何党员违纪违法的事实，坚决反对一切派别活动和小集团活动，同腐败现象作坚决斗争。”全体党员都要深刻理解、认真执行这些规定要求，不回避矛盾问题，不惧怕风险困难，以实际行动践行好党员民主监督的权利和义务。

党员发挥民主监督作用要依纪依法进行。一是党员反映、批评他人的问题应该出于党性、出于公心，坚持惩前毖后、治病救人，不主观武断、不发泄私愤，既要解决问题，又要团结同志。二是党员民主监督应当通过党内正常途径进行，不准散布小道消息，不准私下散发匿名信等材料，不准诬告陷害。三是对以监督为名侮辱、诽谤、诬陷他人的，要依纪依法严肃处理。

三、畅通党员民主监督渠道

习近平总书记指出，扩大党内基层民主，推进党务公开，畅通党员参与党内事务、监督党的组织和干部、向上级党组织提出意见和建议的渠道。[①] 许多党员有民主监督的主体意识、责任意识，想监督、敢监督，但是由于不了解情况而不能监督，不熟悉程序而不会监督。因此，要发挥党员民主监督作用，需要针对突出问题，采取切实措施，畅通党员民主监督渠道。

拓宽党员民主监督知情渠道。信息不对称是党员民主监督中存在的突出问题之一。部分党员对党员干部的用权行为不了解、不知晓，监督就无从谈起。要严格按照党内制度规定，加大党内事务公开力度，使党员充分了解党内事务，落实党员民主监督知情权。一是规范党务公开的内容和程序，党内文件、会议内容等应依法依规以适当形式向党员公开。二是落实党内重要情况通报制度，将党内重大决策情况、重要干部任免情况、领导干部奖惩情况等定期向党员通报，对重大紧急性工作应及时通报，完善党委新闻发言人和新闻发布会制度。三是完善党内情况反映机制，积极拓宽党内下情上达的信息渠道，保证下级组织和党员的意见能及时准确地反映到上级组织。四是加强党务公开的考核和检查，建立党务公开目标考核制、定期检查制等，确保党员了解党内事务，使党务公开收到实效。

创新党员民主监督参与渠道。要结合实际和运用现代科技手段，为党员参与民主监督提供有效方式和便利途径。总结地方和部门经验，可以从以下五方面推进相关工作：一是通过公开举报电话，设置举报信箱，实行来访接待日，建立网络监督平台等方式，为党员参与民主监督提供多种途径。二是健全党内重大决策征求意见制度，在更大范围内听取党员意见，提高党员参与管理和监督党内事务的积极性。三是探索不涉及重大机密的党委会议邀请党员旁听的方式，鼓励党员参与民主监督。四是完善民主生活会制度，通过

① 决胜全面建成小康社会，夺取新时代中国特色社会主义伟大胜利［M］// 习近平. 习近平谈治国理政：第三卷. 北京：外文出版社，2020：51.

会上批评与自我批评，使党员能够在更大范围内表达自己的意见。五是组织党员开展对党组织和领导班子及成员的满意度评价，把评议结果与领导干部的任用和考核挂钩。

强化党员民主监督互动渠道。有的党员之所以参与民主监督不够积极，一个重要原因就是自己监督提出的意见和建议是否被采纳、如何被处理，得不到任何信息反馈。时间一长，这些党员就会逐渐失去参与民主监督的积极性。因此，畅通党员民主监督渠道，要增加互动特别是反馈，使党员能够及时了解自己民主监督的结果，增强民主监督的成就感，提高民主监督的积极性。应当切实转变党员民主监督中信息单向流动问题，尊重党员民主监督，对党员参与民主监督提出的重要意见和建议，有关部门和组织要依法依规处理，并向提出检举、控告、批评的党员反馈处理情况。对处理结果应当公开的，要依法依规公开，使党员能够切身感受到参与民主监督的成效。此外，对于被监督党员也应当保障其申辩权、申诉权。

四、营造党员民主监督的良好环境

良好的监督环境是党员敢于和善于进行民主监督的必要条件。如果缺少这种监督环境，党员民主监督就不可能正常开展起来。

建立健全党员民主监督制度。制度更带有根本性、全局性、稳定性和长期性。发挥党员民主监督作用，首先要完善相应的制度环境。习近平总书记明确指出，“依规治党，就要进一步完善党内监督制度”[①]，“我们要总结经验教训，创新管理制度，切实强化党内监督”[②]。因此要紧紧抓住党员民主监督方面的普遍性、紧迫性问题，提高制度设计的针对性和可操作性，在深入调研、发扬民主、集思广益的基础上，加快构建有效管用的党员民主监督制度体系，为党员民主监督提供有力的制度保障。

推动各方面监督形成合力。党的十八届四中全会《中共中央关于全面推

---

① 在十八届中央纪律检查委员会第五次全体会议上的讲话［M］. // 中共中央党史和文献研究院习近平关于全面从严治党论述摘篇. 北京：中央文献出版社，2021：38.

② 坚持党对党风建设和反腐败工作的统一领导，形成全面覆盖国家机关及其公务员的国家监察体系［M］. // 习近平. 论坚持全面深化改革. 北京：中央文献出版社，2018：231.

进依法治国若干重大问题的决定》有明确要求:“加强党内监督、人大监督、民主监督、行政监督、司法监督、审计监督、社会监督、舆论监督制度建设，努力形成科学有效的权力运行制约和监督体系，增强监督合力和实效。”补足监督短板，用好监督武器，就要多设置监督“探头”，建立一个从党内到党外的监督网络，使党员领导干部始终处在多层次、多角度的监督之下，实现全面而有效的监督。要明确不同监督主体的职责权限，堵塞监督漏洞，加强协调配合，避免监督过程中各自为战、推诿扯皮现象，使各方面监督真正形成有机整体和有效合力。

切实保护行使监督权的党员。党员进行民主监督经常会面对各种非议甚至风险，要保护好那些主体意识、责任意识强的党员，确保他们民主监督权利和人身财产安全不受侵犯，解除广大党员的思想负担和顾虑，为民主监督打造安全平台。对通过正常渠道反映问题的党员，任何组织和个人都不准打击报复，不准擅自进行追查，不准采取调离工作岗位、降格使用等惩罚措施。对检举人、控告人及检举控告内容要严格保密，决不允许将检举控告材料转给被检举控告的组织和人员。对于侵犯党员民主监督权利以及歧视刁难和打击报复检举人、控告人、批评人的，要坚决依纪依法严肃查处。对于因进行民主监督而权益受到损害的党员，要完善救济途径，切实予以保护。

加强典型示范和宣传引导。鼓励各地方各部门结合实际，创新党员民主监督方法，加强对“关键少数”和重点事项的监督，以此带动党员民主监督的全面开展。总结、交流和推广党员民主监督经验，树立党员民主监督先进典型。探索对党员民主监督先进典型给予适当的表彰和奖励的机制，支持、鼓励党员进行民主监督。对于党员进行民主监督的先进经验、典型做法要广泛宣传报道，形成正确的舆论导向，推动形成全党关心、支持党员进行民主监督的良好风尚。

第七节 完善巡视巡察派驻监督机制

一、巡视巡察机制的确立

党的十八大以来，以习近平同志为核心的党中央提出全面从严治党和反腐倡廉的新要求，而巡视机制作为党内监督的重要方式也迎来新的发展阶段。2012年，党的十八大报告指出，“更好发挥巡视制度监督作用”[①]。2013年，党的十八届三中全会提出“改进中央和省区市巡视制度，做到对地方、部门、企事业单位全覆盖”[②]。2014年，党的十八届中央纪委第三次全会明确提出“创新组织制度和方式方法，探索专项巡视”[③]的新要求。2015年，党中央颁布的《中国共产党巡视工作条例》对巡视制度的基本内容在法律法规中予以确定，巡视工作进一步上升到制度层面，并且首次将“巡视全覆盖”写入法规。2016年，新修订的《中国共产党党内监督条例》提出要在市县党委建立巡察制度，加强对党组织的巡察监督。2017年，党中央修订了《中国共产党巡视工作条例》，要求“党的市和县委员会建立巡察制度，设立巡察机构，对所管理的党组织进行巡察监督。”并且对机构和人员、巡视范围和内容、工作方式和权限、工作程序等内容进行了明确规定。同年7月，中共中央颁布了《关于市县党委建立巡察制度的意见》，其中明确规定“市县党委在一届任期内市县巡察全覆盖”。党的十九大上，党中央提出要建立巡视巡察上下联动的监督网[④]，这对巡视巡察工作的开展提出了更深层次的要求。党的十九大以后，巡视巡察制度形成了以党中央为核心、以地方为连接的全面覆盖形式。之后，

---

① 中共中央文献研究室. 十八大以来重要文献选编：上［M］. 北京：中央文献出版社，2014：43.

② 中共中央文献研究室. 十八大以来重要文献选编：上［M］. 北京：中央文献出版社，2014：532.

③ 中共中央文献研究室. 十八大以来重要文献选编：上［M］. 北京：中央文献出版社，2014：734.

④ 中共中央党史和文献研究院. 十九大以来重要文献选编：上［M］. 北京：中央文献出版社，2019：47.

党中央提出要把巡视巡察制度作为“健全党和国家监督体系”的重要组成部分，推动巡视监督与其他监督的协调配合，全面提升巡视巡察机制在新时代国家治理体系中的重要作用，促进了巡视巡察机制的深化与拓展。

二、巡视巡察的制度效能

回顾巡视巡察机制走过的百年历程，巡视巡察机制始终在治党、治国、理政中发挥着举足轻重的作用。巡视和巡察机制在实质上都是政治监督的一种方式，巡察机制是巡视机制向基层的延伸。关于巡视巡察机制的制度效能体现在以下三个方面。

（一）促进了监督全覆盖

习近平总书记在会议上提出:“相对于‘远在天边’的‘老虎’，群众对‘近在眼前’嗡嗡乱飞的‘蝇贪’感受更为真切。”[①] 故而，习近平总书记强调，全面从严治党，基础在全面。“全面”就是指党的监督治理要面向全体党员和党组织，并且覆盖党的建设各个领域、各个方面、各个部门。[②] 而我国的巡视制度是指党中央或者党的省一级委员会向下开展的党内监督工作，巡视的对象仅仅覆盖中央、省、市三级的领导班子及成员，对于县级的领导班子及成员则存在巡视无法可依的现象。巡视是党章赋予的重要职责，是加强党的建设的重要举措，是从严治党、维护党纪的重要手段，是加强党内监督的重要形式。党中央为了实现“巡视全覆盖”的新要求，建立了市县级党委巡察机制，巡察机制的设置确保了全面从严治党和党内监督向基层的延伸，巡视巡察监督机制的完善实现了横向、纵向全面发展的党内监督线路，完成了真正意义上的全面从严治党“最后一公里”。完善巡视巡察机制冲破了巡视监督的县级盲区，促进了监督全覆盖。

（二）提高了监督效能

在巡察机制出现以前，党内的巡视工作通常出现“上面热、下面冷”的

① 习近平．在第十八届中央纪律检查委员会第六次全体会议上的讲话［N］．人民日报，2016-05-03（2）．

② 习近平．在第十八届中央纪律检查委员会第六次全体会议上的讲话［N］．人民日报，2016-05-03（2）．

问题，全面从严治党从中央到地方压力层层递减，党内监督的范围和对象对于县级及以下“力所不能及”，而巡视巡察机制，完善了巡视巡察上下联动的工作格局，实现了党中央、省级、市级、县级在纵向上的党内监督路线，提高了全面从严治党的监督效能。习近平总书记指出：“巡视成为党风廉政建设和反腐败斗争的重要平台，是党内监督与群众监督结合的重要方式，是上级党组织对下级党组织监督的重要抓手，为全面从严治党提供了有力支撑。”[①]此外，完善巡视巡察机制，可以通过巡视带巡察、巡察促巡视，上下借力从而产生叠加效应来提高监督效能。[②]巡视巡察作为一个系统，完善的巡视巡察机制内各要素之间协同联动可以发挥系统的最大优势，推动实现巡视巡察机制党内监督的最大监督效能。[③]

（三）巩固了执政基础

自我监督是党的珍贵品格，全心全意为人民服务是党的根本宗旨。建设党自身的党风党纪，真心实意为人民做事对于稳定执政基础至关重要。习近平总书记指出，巡视制度是国之利器，党之利器。首先，完善巡视巡察机制能够促进党内监督。中国共产党之所以能带领中国人民走向胜利，根本原因就在于党敢于自我革新、自我净化、自我监督，而巡视巡察机制就是党自我革新、自我净化、自我监督的重要利器，故而，完善的巡视巡察机制能够加强党内监督，更好地维护党的核心领导地位，巩固执政基础。其次，人民作为国家的主人，人民的信任感与获得感有利于巩固执政基础。中国共产党始终强调加强反腐倡廉建设，确保党的先进性和纯洁性，完善巡视巡察机制使得党内监督贯通层级、接通地气，实现了监督全覆盖，对于党内的腐败之风、不正之气能够切实打击，在很大程度上提高了人民群众的满意度和信任感，巩固了党的执政基础。

---

① 中共中央党史和文献研究院．习近平关于全面从严治党论述摘编［M］．北京：中央文献出版社，2021：397．

② 万银锋．构建巡视巡察上下联动的体制机制［J］．中州学刊，2019（11）：22-27．

③ 吴荣顺，杨曼，陆浩．新时代中国共产党巡视巡察制度研究［J］．唯实，2021（10）：37-41．

三、巡视巡察机制的完善

在党的十九大会议上，党中央提出要建立监察制度，建立巡视巡察上下联动的监督网[①]。这对于完善巡视巡察机制，实现巡视巡察党内监督全覆盖，健全党和国家监察体系具有重要意义。具体来说，完善巡视巡察机制的路径有以下三方面。

（一）构建巡视巡察上下联动的领导机制

纵观巡视巡察机制的演变历程，巡视巡察制度始终与党的领导方针相契合，是党的领导机制的重要补充，具有鲜明的政治属性。而且，巡视巡察工作的开展始终坚持党中央的领导，服从党中央的调配。故而，在完善巡视巡察机制过程中，需要认真遵守党中央巡视工作精神，以巡视带领巡察，中央推动地方，将政治巡视作为开展巡视巡察工作的共同目标。坚持中央统一领导、分级负责，建立指导督导机制，层层传导责任压力，促进巡视巡察上下联动、上下贯通。[②]鉴于巡视巡察工作覆盖了各个部门，具有一定的复杂性，故而在某些程度上，除了遵循党中央的统一领导，对于其他上级的具体工作指导也要予以遵守，实现巡视巡察机制中的层级化形式。而且，鉴于巡察机制实质上是为巡视机制在基层党内监督的延伸，故而需要构建巡视巡察上下联动的领导机制，以做到巡视巡察一体部署、整体推进。

（二）推动巡视巡察机制队伍共建

习近平总书记指出，要加强巡视工作规范化建设和队伍建设。巡视既不能不作为，也不能乱作为。队伍的准入要严格，队伍的素质、专业性也要把住。[③]巡视巡察机制的巡视巡察人员队伍具有很强的流动性，巡视巡察的工作内容却具有一致性，因而，为了更好地开展巡视巡察监督工作，可以实行巡视巡察工作人员队伍共建，巡视工作人员的巡视经验更为丰富，可以通过“老生带新生”的方式，快捷方便地建设好巡察工作队伍。而且，推动巡视巡察

① 中共中央党史和文献研究院. 十九大以来重要文献选编：上［M］. 北京：中央文献出版社，2019：47.

② 习近平在中央政治局会议审议《关于2018年中央巡视工作领导小组重点工作情况报告》和《关于中央脱贫攻坚专项巡视情况的综合报告》时的讲话（2019-02-22）。

③ 习近平在中央政治局会议审议《关于十九届中央第四轮巡视情况的综合报告》和《关于2019年中央巡视工作领导小组重点工作情况的报告》时的讲话（2020-01-16）。

机制队伍共建可以进一步加强巡视巡察监督人员的专业性，促进巡视巡察机制的一体化、规范化和制度化建设。基于巡视巡察是实现党内监督的重要方式，在巡视巡察人员的选任上，一方面，要挑选德才兼备、政治品格过关的巡视巡察人员，这对于完善巡视巡察机制，切实实现全面从严治党具有重要意义；另一方面，鉴于巡视巡察工作的复杂性，可以通过选拔知识文化和专业水平较高的巡视巡察人员，以完善巡视巡察机制的高素质化、专业化队伍。

（三）创新巡视巡察机制工作方法

第一，在进行巡视巡察工作时，可以通过将常规巡视、专项巡视、机动巡视等方法贯通结合运用，结合“交叉巡视巡察”以及“提级巡视巡查”等方式实现同向发力、破解“熟人社会”人情纠缠。[①] 有必要加强巡视巡察机制的理论研究，以推动巡视巡察机制工作方法的创新。[②] 第二，促进巡视巡察机制成果共享、信息互通，可以通过建立各级巡视巡察机构工作记录档案或者工作汇报制度，来实现巡视巡察之间的信息互通、成果共享，有助于实现巡视巡察工作效率的最大化，并且促进巡视巡察的监督合力。第三，加大巡视巡察的宣传力度，让人民群众充分参与到巡视巡察工作中来，促进巡视巡察监督的深化与威慑教育力度。巡视巡察人员在开展巡视巡察工作时，可以通过发布巡视巡察公告、登报、广播等方式公布巡视巡察组的联系方式，提高民众对巡视巡查工作参与感。巡视巡察工作结束后，也要注重对巡视巡察结果的通报和宣传，保障人民群众的知情权。

---

① 宋雄伟，张兴．中国共产党巡视巡察制度的执行难点与治理策略——基于T省巡视巡察制度实施的多案例比较研究［J］．中国社会科学院研究生院学报，2021（1）：34-43.

② 李伯超，田富良．新中国成立以来党内巡视制度的历史嬗变与启示［J］．湘潭大学学报（哲学社会科学版），2019,43（2）：170-175.

第四章　深化纪检监察体制改革

在党和国家监督体系中，发挥党内监督的主导作用，就要深化纪检监察体制改革，全面承担起《中国共产党章程》规定的“维护党的章程和其他党内法规，检查党的路线、方针、政策和决议的执行情况，协助党的委员会推进全面从严治党、加强党风建设和组织协调反腐败工作”[①]任务，忠实履行宪法和监察法规赋予的“对所有行使公权力的公职人员进行监察，调查职务违法和职务犯罪，开展廉政建设和反腐败工作”[②]职责。把纪律检查的监督、执纪、问责三项职责与国家监察的监督、调查、处置三项职责贯通起来，特别是把党纪监督与监察监督结合起来，实现对党员和所有行使公权力的公职人员是否勤于政事、公正廉洁监督的全覆盖，推进纪检监察工作规范化、法治化。

① 《中国共产党章程》第四十六条。

② 《中华人民共和国监察法》第一章第三条规定：各级监察委员会是行使国家监察职能的专责机关，依照本法对所有行使公权力的公职人员（以下称公职人员）进行监察，调查职务违法和职务犯罪，开展廉政建设和反腐败工作，维护宪法和法律的尊严。

第一节　强化纪检监察专责监督[①]

在党和国家监督的大体系中，党内监督是第一位的、起主导作用的，纪检监察监督处在主干位置上，是监督工作的“专业队”“主力军”。十九届中央纪委四次全会进一步提出了“发挥纪委监委专责监督作用，加强对权力运行的监督”的要求。深化纪检监察体制改革要牢牢抓住监督这个基本职责、第一职责，充分发挥党内监督的主导和监察监督的职能作用，以高质量监督促进高质量发展。

一、强化日常监督

纪检监察机关的日常监督，是指通过多种方式了解被监督对象的思想、工作、作风、生活情况，发现苗头性、倾向性问题或者轻微违纪问题，及时采取约谈提醒、批评教育、责令检查、诫勉谈话等方式进行的监督。习近平总书记多次强调，要着力在日常监督、长期监督上探索创新、实现突破。突出强调日常监督，既是对党的十八大以来管党治党实践经验的总结提炼，也是做好今后工作的重要指引。[②]

强化日常监督的主要方式就是运用“四种形态”，即经常开展批评和自我批评、约谈函询，让“红红脸、出出汗”成为常态；党纪轻处分、组织调整成为违纪处理的大多数；党纪重处分、重大职务调整的成为少数；严重违纪涉嫌违法立案审查的成为极少数。2020年1月至9月，全国纪检监察机关运用“四种形态”批评教育帮助和处理共133万人次。其中，运用第一种形态批评教育帮助92.8万人次，占总人次的69.8%，第二、第三、第四种形态分别占

① 李靔. 发挥专责监督作用 加强权力运行监督 “专业队”“主力军”［J］. 中国纪检监察，2021（1）：25–27.

② 中共中央纪律检查委员会法规室，中华人民共和国国家监察委员会法规室.《中国共产党纪律检查机关监督执纪工作规则》释义［M］. 北京：中国方正出版社，2019.

23.4%、3.4%和3.5%。第一种形态占绝大多数，反映出纪检监察机关突出抓好日常监督，关口前移、防微杜渐。一年来，各级纪检监察机关综合运用谈话函询、检查抽查、列席民主生活会、受理信访举报、督促巡视巡察整改等方式，把监督融入日常、做在经常，及早发现权力运行过程中的苗头性、倾向性或者轻微违纪违规问题，及时约谈提醒、批评教育、诫勉谈话、责令整改，防止未病变已病、小病成大病。以谈话函询为例，2020年前三季度，全国纪检监察机关共谈话函询26.7万件次，同比增长3.1%。为提高函询工作的针对性、实效性，纪检监察机关加大函询结果抽查核实力度，宁夏回族自治区纪委监委要求对函询回复“没有问题”的，按不低于30%的比例抽查核实；山西省太原市纪委监委对函询采信了结5次以上的市管干部，实行抽查核实全覆盖。

日常监督的抓手是惩治和提出监察建议。在日常监督中，纪检监察机关将纪检监察建议作为开展日常监督的有力武器，推动问题整改到位。如北京市纪委监委针对北京药学会财务管理存在的问题，向市科协提出监察建议，督促其增强资金、发票和收入管理等方面制度的可操作性，完善审批程序、额度等相关规定，通过填补制度漏洞，消除财务管理工作中的权力风险点。在运用“四种形态”抓早抓小的同时，惩处这一手也毫不放松。对严重违纪违法涉嫌犯罪，凡是执迷不悟、拒绝挽救的，纪检监察机关则依纪依法严肃查处直至移送司法机关。据2020年1月至9月的统计，全国纪检监察机关就运用第四种形态处理4.6万人次，中央纪委国家监委网站全年共通报13名中管干部因涉嫌犯罪被移送检察机关审查起诉，释放了力度不减的强烈信号。既有力度，又要把握尺度。严格依据纪法、事实两个定量，突出态度这个变量，各级纪检监察机关综合考虑违纪情节、危害程度、时间节点、动机原因、认错态度、一贯表现、群众口碑，依规依纪依法适用形态、作出处置。四川省某市人防办工程科科长陈某，对人防地下室易地建设费征收权力下放事项“放后失管”，未及时发现并纠正下级有关部门在办理易地建设费减免申请中的审批错误，导致少收漏收易地建设费。因陈某态度端正，积极配合调查，且及时采取有效措施全额挽回损失，陈某被免予党纪处分，受到诫勉处理。

纪检监察机关在日常监督中，无论适用哪一种形态，思想政治工作都应当贯穿始终。要落实惩前毖后、治病救人的方针，注重在思想教育中释纪释法，使监督对象相信组织、真心悔过。如湖北省恩施州纪委监委通过开展重温一次入党誓词、重温入党志愿书等“六个一”活动，为党员留置对象上好政策宣讲课、案例教育课和亲情感化课，发挥教育警醒、惩戒挽救和惩治震慑功能，实现政治效果、纪法效果和社会效果的有机统一。

二、突出监督重点

习近平总书记强调，党委（党组）要履行主体责任，书记作为第一责任人要敢抓真管，纪检监察机关要盯住重点人重点事。[①] 纪检监察监督的重点是紧盯“关键少数”，党的领导干部特别是“一把手”手握重要权力，身处落实党中央决策部署的关键位置，只有盯紧领导干部这个“关键少数”，才能形成“头雁效应”，带动“绝大多数”对标看齐。一年来，各级纪检监察机关坚持党中央重大决策部署到哪里、监督检查就跟进到哪里，积极探索破解对“一把手”监督和同级监督难题，有力保证了全党上下同心，更加紧密地团结在以习近平同志为核心的党中央周围，涉险滩、过难关。

突出监督重点，一把手和领导班子是“关键少数”中的关键。中央纪委国家监委领导多次强调，重点加强对高级干部、各级主要领导干部的监督，突出对一把手和领导班子的监督。为解决“一把手”决策“一言堂”、用人“一句话”、用钱“一支笔”、项目“一把抓”的问题，甘肃省白银市纪委监委以“三重一大”事项集体决策制度执行情况作为监督的切入点，根据部门职能和权力运行特点，列出现场监督检查要点，着力发现一把手在遵守党的政治纪律、执行民主集中制等方面的问题。领导干部身处关键岗位，即使职级不高，也掌握着不小的权力。实践中，纪检监察机关紧盯财务管理、物资分配、工程招标、项目审批等关键岗位的重点人员，聚焦权力运行链条中的关键环节开展监督。如北京市通州区经委监委把对领导干部的监督落实到具体的工作环节，在城市副中心建设的各类项目密集推进过程中，通过常态化监督了解重点工程建设进度及款项拨付情况，深入查找工作中存在的薄弱环节，对招

① 习近平在第十九届中央纪律检查委员会第五次全体会议上的讲话［R/OL］. 新华网，2021-01-22.

标程序、机构选取、方案落实情况进行贴近监督，管住关键岗位人员的“任性之手”。与此同时，针对乡（镇）、村（社区）等基层权力，各级纪检监察机关探索实施“清单 + 台账”的监督模式，建立基层小微权力清单和纪委监委监督台账，实现履责“一单清”、监督“一账明”。江西省萍乡市纪委监委根据基层实际，列出“三小一公开”重点监督内容，对村级小微权力、小型工程、小额资金决策事项进行实时监督，打通权力监督的“最后一公里”。

突出监督重点要把政治监督放在首位。纪检监察监督本质上是政治监督，具体就是围绕捍卫制度、落实决策、履行责任、行使权力情况进行监督。加强对权力运行的监督，其出发点和落脚点就是要通过监督，增强“四个意识”、坚定“四个自信”、做到“两个维护”，以统一的意志和行动维护党的团结统一。如2020年，从脱贫攻坚到污染防治，从优化营商环境到防范化解重大风险，各级纪检监察机关自觉服从、服务于党和国家工作大局，把党中央重大决策部署和习近平总书记重要指示批示精神贯彻落实情况作为监督重点。围绕决战决胜脱贫攻坚，中央纪委国家监委领导带队赴7省区调研督导，相关部门通过明察暗访、随机抽查等方式，发现并推动解决落实党中央脱贫攻坚决策部署不到位、不坚决、不深入问题。实践证明，加强政治监督的关键就是要以更高的政治判断力、政治领悟力、政治执行力践行“两个维护”，增强政治意识，把握政治大局，聚焦贯彻落实党中央重大决策部署，透过现象看本质，做到眼睛亮、见事早、行动快，把政治要求贯穿各项工作全过程，坚定执着、主动作为，促进党员和公职人员始终做政治信念坚定、敢于善于担当、严格遵规守纪的明白人。

三、坚持权责统一

坚持权责统一就是做到有权必有责。在强化党内监督的问题上，纪检监察机关负专责，无论纪委还是监委，监督职责都处于基础性地位，要坚持不懈探索强化监督职能，特别是把日常监督实实在在地做起来、做到位，敢于监督、善于监督、规范监督；而各级党委（党组）在党的监督中则负主体责任，书记是第一责任人，党委常委会委员（党组成员）和党委委员在职责范围内履行监督职责。

纪检监察机关要对党委（党组）的主责是否落实进行监督。换言之，就是立足于监督的再监督，以谈话提醒、约谈函询、监督检查、追责问责等为抓手，督促党委（党组）和党员领导干部把党内监督主体责任落到实处。如2020年3月中央办公厅印发《党委（党组）落实全面从严治党主体责任规定》后，安徽省纪委监委协助省委制定了《开展党内政治监督谈话办法（试行）》，针对履行管党治党政治责任等四方面问题，由上级党委书记与下级党委书记进行一对一谈话。福建省厦门市纪委监委梳理了38个市直部门落实主体责任方面存在的355个问题，抄报分管或联系的党员副市长，通过约谈下级“一把手”传导压力、推动整改。

以严格的问责实现权责统一。习近平总书记指出：要落实党委的主体责任和纪委的监督责任，强化责任追究，不能让制度成为纸老虎、稻草人。[①] 实践证明，要实现问责有力，就必须让监督问责“长牙”“带电”。监察体制改革以来，中央纪委国家监委带头严格执行问责条例和《监察法》，强化对落实“两个责任”不力问题的问责，及时公开通报贯彻党中央决策部署不力、为民服务不作为、慢作为等方面被问责的典型案例。各级纪检监察机关聚焦维护党的政治纪律和政治规矩失责，贯彻新发展理念、打好三大攻坚战、统筹疫情防控和经济社会发展、保障改善民生等重大决策部署推进不力问题进行严肃问责。据2020年1月至11月的统计，全国共问责党组织6477个，问责党员领导干部、监察对象7.5万余人。其中，以第一种形态教育批评帮助的就有5.6万人，给予党纪政务处分2.7万余人。

问责既要从严，又要做到规范精准，防止泛化、简单化。在专责监督中，中央纪委国家监委坚持抓机关带系统、强指导促规范，组织撰写政策指导文章，引导准确把握适用问责条例，督促各省区市和重点部门加强问责案例指导，明晰问责界限和处理尺度。强化监督检查，针对个别地方扶贫检查所发现的问题问责处理不恰当、运用“四种形态”不精准等问题，督促有关省纪委监委复核纠偏、举一反三，并对脱贫攻坚、扫黑除恶、污染防治、统计造假整治等重点领域已办结问责案件进行全面复查复核，对查出的个性问题督

① 习近平在十八届中央纪委三次全会上发表重要讲话［R/OL］. 新华网，2014-01-14.

促纠正整改。在中央纪委国家监委的指导督促下，各地各部门以问责条例为主干，结合实际完善配套制度，对问责情形、程序等进行细化，防止“问下不问上”、向基层“甩锅”推责等问题。如江苏省健全重点问责案件集体会商会审机制，对调查事实、问责对象、责任认定、适用依据、处理建议等严格把关。贵州省规范问责程序，对分办移交、启动问责、问责调查、协调审核等十项流程作出规定。2020年，全国问责乡科级干部占问责总人数的比例与2019年相比下降了4.3个百分点，更加突出了“关键少数”。

问责只是手段，目的在于促进权责统一、激励担当作为。贯通“两个责任”，激发责任担当。纪检监察机关的专责监督，既包括对党员干部行使权力的直接监督，又包括对党组织履行监督主体责任的再监督。让权力监督真正有力有效，就要立足职责定位，督促党的组织、党员领导干部负责守责尽责，严格对公权力的行使进行监管，推动主体责任、监督责任贯通协同、形成合力。有权必有责、失责必追究。纪检监察机关一方面要坚持严字当头，对因失察失管造成严重后果的，敢于动真碰硬、铁面问责；另一方面，坚持“三个区分开来”，善于容错纠错，旗帜鲜明为敢于担当、踏实做事、不谋私利的干部撑腰鼓劲，保护好党员干部干事创业的热情。实践中，各级纪检监察机关坚持“三个区分开来”，既严肃追责问责，又积极容错纠错，强化组织关怀，正确对待被问责的干部，做好问责“后半篇文章”。如北京市制定《关于激励干部担当作为实施容错纠错工作办法（试行）》，规定了6种可以容错的情形，为党员干部干事创业减负减压、撑腰鼓劲。重庆市纪委监委要求对问责影响期满、表现好的干部，在出具党风廉政回复意见时，明确作出不影响使用的结论，激发党员干部担当作为的正能量。

四、提高监督质效

创新方式方法，做实日常监督。监督重在发现问题。腐败等权力滥用行为的发生，并不在一朝一夕之间，往往都是积少成多、从量变到质变。保证权力运行不“脱轨”、不“偏航”，就必须抓早抓小，把监督融入日常、做在经常，用好“四种形态”特别是第一种形态，发现问题及时咬耳扯袖、红脸出汗，防止小问题变成大问题、小错酿成大错，防止好干部沦为“阶下囚”。

日常监督既要做起来，更要做到位。实践中，各级纪检监察机关注重方式方法的探索创新，注意从信访渠道、受理质效、保护措施、宣传引导等方面着力，多措并举提高实名举报率，包括从各种会议、相关文件和有关信息中分析信访举报和查办案件情况、分析重大或敏感问题的有关情况，采取蹲点调研、公开接访，以及开“坝坝会”、摆“龙门阵”等方式，主动走进群众，将群众工作贯穿监督全过程，引导人民群众有序参与反腐败斗争。注重利用信息化手段、依托大数据开展监督，如辽宁省沈阳市纪委监委整合原来分散“沉睡”在数千家单位的数据信息，对权力运行的五大要素——资金、项目、物资、决策、权力（人）主动进行监督，2020年上半年，主动监督成案率由原来的不足5%上升到53%，成为案件线索第一大来源。加强常态化管理和政治生态研判，提升了日常监督发现问题、预警提醒、推动整改的实效，督促领导干部习惯在受监督的环境下工作生活，把严管约束和厚爱关怀结合起来。

坚持抓“关键少数”和管“绝大多数”相统一。党内监督没有禁区、没有例外，要抓住领导干部这个“关键少数”。党的十九届四中全会《中共中央关于坚持和完善中国特色社会主义制度推进国家治理体系和治理能力现代化若干重大问题的决定》指出，重点加强对高级干部、各级主要领导干部的监督，完善领导班子内部监督制度，破解对“一把手”监督和同级监督的难题。如湖北省纪委在总结试点经验的基础上，制订纪检监察机关加强对“一把手”监督和同级监督的规范性办法，做到既自觉接受党委统一领导、协助党委履行主体责任，又积极稳妥探索监督方式方法，促进形成以上率下、廉洁用权、依规依纪依法用权的机制和风尚。安徽省委明文规定，对关键少数的监督，既要强调党委（党组）的主体责任，更要明确党委（党组）是纪检监察机关的监督重点，同时，通过压紧压实基层党组织主体责任，进而管好绝大多数。广东省广州市委出台“一把手”监督十项措施，制定实施落实主体责任约谈一把手制度，有效推动上级党组织“一把手”主动监督下级党组织一把手。2020年广州市委主要领导带头约谈89人次，带动全市各级各部门领导干部开展谈话提醒3万余人次，2016年至2020年已有7名市委常委、1名市政府党组成员、13名区委书记向市纪委全会述责述廉述德。

提高监督精度，增强监督效能。实现高质量监督，需要创新监督方式、提高监督精度、增强监督效能。如吉林省纪委监委着眼于精准监督、创新监督，部署开展以案促改、运用“四种形态”、问责、队伍建设等“四个专项分析”。在问责专项分析中，通过对近年来全省问责案件的深入分析，对问责工作的原则、方法和策略进行规范细化，重点研究解决问责泛化、不够精准问题，更好发挥问责的激励、督促作用。四川省纪委监委大力推动粗放监督向精准监督、被动监督向主动监督、关门监督向开门监督、结果监督向过程监督转变，以思路理念创新引领工作守正创新。构建纪律监督、监察监督、派驻监督、巡视监督“四个全覆盖”的权力监督格局，是高质量监督的重要支撑。积极推进“四项监督”统筹衔接，完善协调联动机制，实现同步推进、同向发力、同增质效。探索推动监督“有形覆盖”向“有效覆盖”转变，包括在派驻机构、省属企业和高校纪委设立执纪审查协作组，规范纪检监察工委审理派驻机构移送案件工作，建立巡视机构与省纪委监委有关部门协作配合机制等，据统计，该省纪委监委审查调查的省管干部案件中，70% 的问题线索来自巡视。①

第二节 深化监督执纪（法）“四种形态”

一、“四种形态”的形成和确立

“四种形态”源于习近平新时代中国特色社会主义思想，是新时代中国廉政建设和反腐败思想的重要内容。党的十八大以来，以习近平同志为核心的党中央从关系党和国家生死存亡的高度，坚持推动全面从严治党、抓早抓小、常抓不懈，多次强调和重申“打铁还需自身硬”，治国必先治党，治党务必从严，立足于全面从严治党的伟大实践，着眼于新时代的反腐难题，提出了一系列新理念、新观点、新论断，“四种形态”由此孕育而生，进一步以严明的纪律推进新时代党的建设。

① 瞿芃. 以高质量监督促进高质量发展［N］. 中国纪检监察报，2020-01-16（4）.

2015年9月，时任中共中央政治局常委、中央纪委书记的王岐山同志在福建调研时首次提出监督执纪“四种形态”这一重要理念，并强调要在思想认识、责任担当、方法措施上跟上中央要求，把纪律和规矩挺在前面，精准运用监督执纪“四种形态”，以严明的纪律推进全面从严治党，初次阐述“四种形态”为：党内关系要正常化，批评和自我批评要经常开展，让咬耳扯袖、红脸出汗成为常态；党纪轻处分和组织调整成为违纪处理的大多数；对党纪重处分、作出重大职务调整应当是少数；而严重违纪涉嫌违法立案审查的只能是极少数。其实，“四种形态”这一理念并非凭空而来，回顾王岐山同志之前的重要讲话便能寻找到“四种形态”的身影，2015年3月份，王岐山同志在河南调研时说：“必须把纪律挺在法律前面。”同年5月份在浙江调研时说到，“党纪”与“国法”不是一个概念，不能混同，党纪严于国法。同年6月在中央巡视工作动员部署会议上提出“纪在法前”。2016年1月，王岐山同志在十八届中央纪委六次全会上再次强调要把握运用好监督执纪“四种形态”。以上表明，中央在总结党十八大以来廉政建设与反腐斗争的实践经验基础上，深入推进全面从严治党管党的决心与目标，将“四种形态”摆在纪检监察工作、党风廉政建设和反腐败斗争的重要战略位置上。

2016年10月，党的十八届六中全会审议通过的《中国共产党党内监督条例》(以下简称《党内监督条例》)正式将监督执纪“四种形态”写入总则，标志其作为管党治党方式的制度化和成文化，为党内监督执纪工作提供基本遵循。与王岐山同志的初次阐述稍有不同，《党内监督条例》第四条规定：党内监督必须把纪律挺在前面，运用监督执纪“四种形态”，经常开展批评和自我批评以及约谈函询，让“红红脸、出出汗”成为常态；党纪轻处分、组织调整成为违纪处理的大多数；党纪重处分、重大职务调整的成为少数；严重违纪涉嫌违法立案审查的成为极少数。制度化的“四种形态”内容更加规范化，利于在监督执纪工作中准确理解与充分适用。

为加强党的纪律建设，推进全面从严治党，规范纪检监察机关监督执纪工作，2017年十八届中央纪委七次全会审议通过了《中国共产党纪律检查机关监督执纪工作规则》(以下简称为《监督执纪工作规则》)，再次在总则部分把“四种形态”作为监督执纪工作的基本原则并进一步具体化，将其具体精神贯彻在通篇要求中。《监督执纪工作规则》将“四种形态”的具体内容做了系统的梳理与分类，并规制了不同类别的程序效果，对我国党内监督机制的优化与完善、党内法规体系的健全与发展起到了长足的推动作用[①]，进一步明确“四种形态”是党监督执纪工作的基本遵循和重要保障。

2017年10月，党的十九大修改了《中国共产党章程》(以下简称为《党章》)，将监督执纪“四种形态”写入第四十条，其中明确规定：运用监督执纪“四种形态”，让“红红脸、出出汗”成为常态，党纪处分、组织调整成为管党治党的重要手段，严重违纪、严重触犯刑律的党员必须开除党籍。2020年颁布的《中华人民共和国公职人员政务处分法》将党的相关纪律规定上升为公职人员政务法律，标志着“四种形态”纪检执纪与监察执法一体贯通。“四种形态”机制的不断完善，是党的十八大以来对纪检监察监督经验的科学总结，体现了新的时代条件下强化党员和公职人员监督、确保党和国家公权力依法规范运行的客观要求。

二、“四种形态”的制度阐释

作为党内监督和监察监督的运行机制，“四种形态”围绕党员和公职人员违纪违规现象的共性规律，具体描绘了从量变到质变的梯度轨迹，清楚地提出了由轻到重的应对之策。第一种形态提出，党内关系要正常化，批评和自我批评要经常开展。针对不正常开展与参加党的组织生活，长期无组织无纪律等苗头性、倾向性问题的党员干部，进行批评教育、约谈函询，及时咬咬耳朵、扯扯袖子，让红红脸、出出汗成为常态；第二种形态，是指对存在小问题的违规违纪党员和公职人员，及时给予党纪轻处分或组织调整，这样的处理在党员和公职人员中可能是大多数，监督执纪力求使党员和公职人员的违纪程度控制在这一形态之内；第三种形态是指，对发生严重违反党纪党规的党员和公职人员，及时予以党纪政纪重处分、作出重大职务调整，防止其成为“阶下囚”，这类在党员和公职人员中应当是少数；第四种形态是指，因严重违反党的纪律涉嫌违法立案审查的党员和公职人员必须坚决清除，这类

① 王译. 党内监督执纪“四种形态”间程序衔接规制探讨［J］. 河南社会科学，2021，29（6）：63-72.

害群之马在党员和公职人员中只能是极少数。由此看出，“四种形态”针对党员和公职人员违纪行为的由轻到重进行描述，处置措施也越来越严厉，党员和公职人员数量和规模则存在依次递减的逻辑关系。

“四种形态”根据违纪违法行为的程度划分为四种不同监督执纪手段：批评教育、纪律轻处分、纪律重处分、立案审查。纪律轻处分与重处分合并称为纪律处分进行讨论。第一是批评教育手段，可以广泛适用于所有的不适当行为，不论是轻微违纪行为还是严重的违纪违法，都可以使用批评教育。每一形态的运用，都包含着教育与警示。批评教育的方式也多种多样，可书面可口头、可公开或非公开、可点名可不点名等，也因为批评教育的广泛性与非强制性，批评教育的主要功能在于警示党员干部，而不在于发挥惩戒作用。第二是纪律处分手段，纪律处分是针对党员个人的身份或职务，按照违法违纪行为的程度，根据《中国共产党纪律处分条例》（以下简称《纪律处分条例》）中规定的五种类型，即警告、严重警告、撤销党内职务、留党察看、开除党籍进行处置。坚持以“零容忍”的态度严肃处理违纪问题，根据违纪行为的事实、性质、轻重给予相应的纪律处分，对轻微违纪，及时采取党纪轻处分和组织调整，对给予党内警告、严重警告等党纪轻处分仍不足以惩戒的，予以重处分并处组织处理措施，纪律处分的目的不仅在于惩戒，也希望发挥挽救党员干部的功能，防止其向第四种形态发展。第三是立案审查措施，对严重违纪涉嫌违法的党员干部，坚决立案审查，着力查清主要违纪事实，予以严肃处理，若涉嫌违法犯罪及时移送司法机关处理，以少数震慑大多数。① “四种形态”概括了几乎所有监督执纪的手段，但并不是穷尽所有具体执纪方式，如批评教育的方式多种多样，纪律处分也还有细分。“四种形态”作为监督执纪的战略布局，通过多道防线来减少腐败数量，让刑罚处置成为极少数。

深刻把握“四种形态”内部之间的相互关系，每一种形态都是监督执纪的重要方式，都有与之对应的适用条件与处置方式，各形态之间环环相扣、

① 王桂玲. 对监督执纪“四种形态”的认知与思考［J］. 社会科学家，2017（10）：77-80.

层层递进、辩证统一，违纪行为必须依据事实证据、具体情节和党纪党规来精准处理，决不能凭主观意志随意决定适用何种形态。按照不同的违纪情况采取不同的处理方式，不仅关注极少数的严重违纪违法的党员干部，对于出现苗头的行为也及时提醒处理，全面实现对全体党员和各级党组织的监督全覆盖，坚持纪律挺在法律前面，深刻贯彻落实“全面”与“从严”两方面的要求。[①]“四种形态”实现了党纪与国法之间的有效衔接，《党内监督条例》和《党章》从党内法规层面确定“四种形态”是我国监督执纪的一种策略，与其他执法手段有了明确区分，避免出现监督执纪“纪法不分”的状况。同时，第四种形态“严重违纪涉嫌违法”包含了纪律监督与法律监督双重内容，体现了“纪法衔接”。[②]

每一种形态的精确运用要落实责任分工，需要主体责任和监督责任的切实担当，党委承担主体责任全面从严管党治党，纪委聚焦监督执纪问责职责，推动党委、纪委二者自觉将“四种形态”落实，积极调整工作方式、工作理念和职责定位，真正形成全面从严管党治党合力。[③]党委和纪委密切配合，任何一方的职责错位，都会造成整体职责的偏失。党组织应主动把握运用“四种形态”，将“四种形态”贯彻于日常监督管理全过程。无论是批评教育、组织处理还是纪律处分，甚至违法行为立案审查，都由党委决定和组织实施，[④]承担着主体责任与全面责任。党委的主要负责人和领导班子成员也应当起率先带头作用，主动开展批评与自我批评，敢于自我监督与接受监督。[⑤]纪委作为党内监督专责机关，承担实践运用监督执纪“四种形态”的监督责任，同时协助党委特别是基层党组织履行好主体责任。在全面执行党规党纪的实践中，纪委严把执纪关、监督关、问责关，在纪律检查各环节中发挥不可替代

① 张居峰. 监督执纪“四种形态”的内涵解读与推进路径［J］. 广西社会科学，2017（5）：140–143.

② 罗星. 监督执纪“四种形态”的研究述评及若干前沿问题探讨［J］. 廉政文化研究，2020,11（4）：60–68.

③ 李永鑫. 落实监督执纪“四种形态”的调查与思考［J］. 理论探索，2017（1）：69–76.

④ 海南省海口市纪委监委案件审理室调研课题组. 从案件审理视角看深化运用“四种形态”［N］. 中国纪检监察报，2021-07-15（7）.

⑤ 任建明，吴国斌，杨梦婕. 监督执纪“四种形态”：内涵实质、关键要素及运用指南［J］. 理论视野，2016（6）：45–49.

的作用。

三、正确运用“四种形态”

（一）充分发挥“四种形态”的制度效能

纪检监察监督执纪执法对党员和公职人员的底线要求是不违纪违法，由于一些地方出现“抓大放小”、执行不严等现象，导致一些党员干部产生了只要不是严重违法违纪，其他都不是大问题的错误思想，这种畸形的政治氛围纵容腐败发生，急需用监督执纪的方式方法调整。违纪违法行为能通过批评教育、党纪轻处分等手段预防挽救的，就能避免之后运用刑罚来治理。中央总结问题与经验，转变监督执纪方式，遵循治病救人、惩教结合的基本原则，适时提出了监督执纪“四种形态”，这一转变不仅影响纪检监察机关的工作方式，同时对全体党员干部的党纪观念与党纪意识产生强大影响，必然会对我国廉政建设和反腐败斗争产生新的价值作用。习近平总书记在十九届中央纪委五次全会上深刻指出：“用好‘四种形态’，综合发挥惩治震慑、惩戒挽救、教育警醒的功效。”这就要求各级党组织和纪检监察机关，要精准把握政策，灵活运用策略，真正用好用活“四种形态”，最大限度发挥其功能价值，全面从严治党。①

运用“四种形态”好比看病，治病宜早、防患宜小、对症下药。面对党内违法违纪行为，也要抓早抓小、防微杜渐、动辄得咎，目的是帮助党员干部改正错误，避免达到不可救药的地步。毛泽东同志在延安整风期间提出“惩前毖后、治病救人”方针，成为我党加强自身建设、永葆肌体健康的重要法宝。②“四种形态”延续延安整风经验，目的在于治党管党，不断提高我们党自我革新的能力。

发挥好“四种形态”的制度效能，首先，发挥好第一种形态的预防功能。对于党员干部身上出现的具有苗头性、倾向性的无组织无纪律行为，需要及

① 王士龙．提高运用监督执纪“四种形态”的精准性［J］．中国党政干部论坛，2021（3）：56–59.

② 仇丽萍．用好监督执纪“四种形态”推进全面从严治党［J］．中共山西省委党校学报,2016,39(1)：31–33.

早采取谈话、函询等方式进行教育处理，掐断违纪违法的源头，提高监督的时效性，如病在腠理，要防病于未萌、治病于初发。坚决做到不纵容、不姑息，让“红脸出汗、咬耳扯袖”成为监督执纪工作的常态，防止党员干部越过纪律底线。其次，发挥好第二种形态的惩戒作用。对于违纪相对较轻的行为，及时给予党纪轻处分或者进行组织调整处理，如病在肌肤，需要及时排脓放血，监督执纪力求将党员干部的违纪程度控制在第二形态之内并成为大多数，防止小错不惩，酿成大祸。再次，发挥好第三种形态的挽救作用。对违纪相对较重的行为，给予党纪重处分或作出重大职务调整，不能大事化小、小事化了，防止党员干部沦为“阶下囚”，如病在肠胃，医之以火齐，不治将益深。最后，发挥好第四种形态的震慑作用。对于严重违纪涉嫌违法的，则需由纪检监察机关予以立案审查，移送司法机关处理，从严从实清理党员干部中极少数的害群之马，防止查不胜查，如病在骨髓，需以猛药医治。四种形态相辅相成，前者是后者的堤坝，后者是前者的震慑。筑牢前一种形态，便能减少后一种形态的数量；执行好后一种形态，将倒逼前一种形态成为常态。[①] 充分利用“四种形态”提供的政策策略，增强党纪存在感，提高制度执行力，实现法纪效果、政治效果和社会效果的有机统一。

（二）把握“四种形态”的适用条件

“四种形态”的每一种形态都有对应的适用条件，涵盖从批评教育到移送司法的多种手段，坚持“第一种形态”为常态，以“红红脸、出出汗”为基本方式，抓早抓小、动辄得咎。运用好“第二种、第三种形态”，务必把握轻处分与重处分的处置尺度，对大多数轻微违纪违法者施以党纪政务轻处分，对少数违纪违法者施以党纪政务、重大职务调整等重处分。坚持抓住“极少数”，在“第四种形态”上发挥震慑威力，对涉嫌严重职务违法和职务犯罪的，坚决依法惩治，有效精准衔接监察执法与刑事司法。如在监督执纪过程中出现执法不严、认定不清、适用不当等问题，那就会背离制定初衷，无法实现从严管党治党的目标。适用过程中也存在形态转换的情况，当满足党纪党规

① 付大峰，巢永乐．监督执纪“四种形态”运用的规范化研究［J］．党内法规理论研究，2020（2）：207-221．

所规定的转换条件时，可以从前一种形态变更适用后一种形态，也可从后一种形态变更适用前一种形态，实现相邻形态逐级转换。[①]《纪律处分条例》第三章对纪律处分运用规则作出了明确规定，监督执纪机关以具体情节为基础，行使裁量权对违纪行为进行处理，依纪依法作出从轻、减轻、从重、加重的判断。

监督执纪工作精准运用“四种形态”主要考虑以下因素：第一，要求把握问题性质，一切从实际出发，明确区别违纪、违法、犯罪的界限。即使是纯粹地违纪行为，处置方式和轻重程度也会不同，切实根据纪法按性质归类处置。对待问题绝不能以主观想法处理，要在客观上依据党规党纪，其属于何种性质就归于何种性质。第二，弄清行为动机与目的，全面看待违纪违法问题要求主客观相统一，区别主观恶性大小，判断行为人是故意还是过失而为、是蓄谋已久还是一时激情而为，充分考虑各方面因素，监督执纪既要遵守纪法又要符合情理。第三，考虑行为具体情节，执纪不仅要把握行为的危害性程度，也要考虑行为人事后采取的补救措施、认错态度和配合程度等情节。对于不悔改、不收敛、不配合等顽固分子要坚决查处，应当从重或加重处分；对于初次违纪、积极挽救、认错悔罪等行为人，可以酌情从轻、减轻或免予处分，实现罚当其罪、精准治理，达到“四种形态”之间的有效转换，推动执纪工作高质量发展。第四，考量行为的危害后果，若违纪行为造成的影响较小，可结合其他因素考虑是否从轻或减轻处理，若违纪行为造成严重恶劣的后果和社会影响的，可从重或加重处理。除了以行为性质、主观恶性、具体情节和危害结果为适用“四种形态”的判断因素外，还要发挥典型案例的指导作用，将先例中已认定的条件、情节等规范性内容，作为判定违纪违法行为以及行使处置裁量权的辅助，以减少个人主观意志对执纪工作的影响，保障“四种形态”运用的公平公正。

（三）规范“四种形态”的工作程序

监督执纪“四种形态”不仅是执纪理念和方法，更是切实的战略方针，

① 余建康，周玉龙. 浅析如何提升“四种形态”转化运用的精准度［N］. 中国纪检监察报，2018-07-04（8）.

要通过规范程序保障具体措施落实。将“四种形态”要求贯彻到线索处置、纪律审查、执纪审查等环节的全过程，统筹把握从轻和减轻、从重和加重的条件。

在线索处置环节，科学合理处置违纪违法线索，对线索进行统一管理和定期清理，确保“事事有着落、件件有结果”。[①] 在纪律审查环节，一是将违反“六大纪律”和中央八项规定作为审查重点，将政治纪律放在错误审查的最前面。二是审查方式在确保执纪质量的前提下，由“深挖细查”向“快查快结”转变，提高查结效率。三是把“三类重点人”作为审查主要对象，特别是三类情况都具备的是执纪审查的重中之重。[②] 在执纪审查环节，改变过去审理大案重案为审理重点，转向聚焦审理违纪问题，坚持纪在法前的原则，用党纪党规衡量违纪行为。同时，对于涉嫌犯罪问题和线索移送司法机关后，审理部门应同纪检监督部门跟踪监督，确保不遗漏任何线索信息。

准确做好“四种形态”的转化运用也是监督执纪面临的重要课题，严格规范形态转化程序，做到准确定性和合理量纪。首先，了解违纪或者违法、职务犯罪问题线索，第一时间展开初步核实工作，收集证据信息。负责相应执纪工作的党组织成立核实组，明确核实对象，制定详细的工作方案。其次，经初步核实，需要追究违纪或违法责任的，应当立案调查。纪委监察部门成立审查调查组，负责制定具体审查方案、审批重要信息、查扣涉案财物等事项。最后，由案件承办部门审理决定形成审查报告。对于存在形态转换的情形，由集体审议决定，尤其是涉及第三种形态与第四种形态相互转化时，要严格把握纪法与事实，提请党委、上级纪检监察机关共同审议论证。

① 李永鑫. 落实监督执纪“四种形态”的调查与思考［J］. 理论探索，2017（1）：69-76.

② 《中国共产党党内监督条例》第三十二条指出：依规依纪进行执纪审查，重点审查不收敛不收手，问题线索反映集中、群众反映强烈，现在重要岗位且可能还要提拔使用的领导干部，三类情况同时具备的是重中之重。

第三节　健全纪检监察派驻监督机制

一、纪检监察派驻监督机制的确立

1993年，党中央、国务院决定中央纪律检查委员会与监察部合署办公，实行一套工作机构、两个机关名称，履行党的纪律检查和政府行政监察两项职能，我国派驻机制发展成“双重领导”模式，这是我国派驻机制的进一步发展。2001年，《中共中央关于加强和改进党的作风建设的决定》提出由纪律检查机关对派出机构实行统一管理、对派驻机制进行完善。2013年，党的十八届三中全会通过的《中共中央关于全面深化改革若干重大问题的决定》中提出要“全面落实中央纪委向中央一级党和国家机关派驻纪检机构，实行统一名称、统一管理。派驻机构对派出机关负责，履行监督职责。”[①]2015年，党中央发布了《关于全面落实中央纪委向中央一级党和国家机关派驻纪检机构的方案》，明确中央纪委共设置47家派驻机构，其中综合派驻27家、单独派驻20家，实现对139家中央一级党和国家机关派驻纪检机构全覆盖，这推动我国派驻机制的新飞跃。2018年，十三届全国人大决定建立国家监察委员会。同年6月，经党中央批准，中央纪委国家监委统一设立派驻机构。至此，我国纪检监察派驻监督机制逐步完善。

二、纪检监察派驻机制的制度效能

党的十八大以来，党中央将派驻监督机制作为党和国家监督体系的重要内容，以实现全面覆盖、权威高效的监督任务。习近平总书记指出：“要实现对中央一级党和国家机关派驻纪检机构全覆盖，使党内监督不留死角、没有空白。所有派驻机构都要聚焦党风廉政建设和反腐败主业，强化监督执纪问

① 中共中央关于全面深化改革若干重大问题的决定［N］. 人民日报，2013-11-16（1）.

责，瞪大眼睛，发现问题。”[①]具体来说，派驻机制的价值功能主要表现在以下三方面。

（一）强化日常监督

中央发布的《关于深化中央纪委国家监委派驻机构改革的意见》中提出，要充分发挥派驻机构“派”的权威和“驻”的优势。派驻机关“驻”在被监督对象单位，深入发挥驻在单位的监督探头，通过发挥“驻”的优势，能够尽快深入了解驻在单位的内部特点和运行情况，伸长耳、擦亮眼，及时发现驻在单位的问题，加强日常监督，做好抓早抓小、防微杜渐的监督工作。派驻机制模式下，派驻监督人员是在被派驻单位开展日常工作，与被监督的对象“一个楼里办公，一口锅里吃饭”，每天接触、观察能够强化对被监督对象的日常监督工作。而且，由于监督者与被监督者的日常工作接触较多，在派驻监督模式下，监督人员收集监督对象开展工作的信息较其他监督人员更为便捷，从而强化日常监督。

（二）实现监督全覆盖

在党的十八大以前，派驻监督的监督范围仅包括中央纪委对国家机关及国有企业的派驻监督，随着派驻监督机制的不断完善，派驻监督逐渐实现了省市县派驻机构全覆盖。[②]在监察体制改革后，派驻监督的对象范围进一步扩大，《监察法》将所有行使公权力的人员纳入了监督范围，实现了公职人员的监督全覆盖。党的十九大以来，习近平总书记提出，研究制定中央纪委国家监委派驻机构工作规则，稳步推进中管企业、中管金融企业、党委书记和校长列入中央管理的高校纪检监察体制改革，发挥派驻机构职能作用。[③]此外，派驻监督可以充分实现党内监督和国家监督的有机统一，实现监督的全覆盖。在派驻机制中，派驻机关的“派”是指同级监察机关的派驻机构对其他同级的国家机关或国有企业进行的监督，能够有效地实现横向监督。完善派驻机制可以使派驻监督与巡视巡察监督、自我监督、群众监督等监督方式共同实

① 中共中央文献研究室．习近平关于全面从严治党论述摘编［M］．北京：中央文献出版社，2016：202．

② 周伟．监察机关派驻监督体制机制的完善［J］．现代法学，2020，42（6）：110-120．

③ 习近平．在十九届中央纪委第三次全会上发表重要讲话［N］．人民日报，2019-01-12（1）．

现国家范围内的监督无死角。

（三）推动反腐倡廉工作

完善派驻机制，可以通过派驻监督的日常监督，做好贪污腐败的预防工作。在派驻监督模式下，能够及时对贪污腐败问题、违反党风党纪等问题抓早抓小，让“咬耳朵、扯袖子、红红脸、出出汗”成为常态，做好打击贪污腐败的预防工作，推动反腐倡廉工作的展开。派驻机制是健全党和国家监督体系的重要部分，完善的派驻机制可以促进派驻监督的深入，做好反腐工作。从另一角度出发，派驻机构是外来的监督机关，与单位内部的自我监督相比，具有独立性，而充分发挥监督作用需要切实保障监督机构的独立性。在派驻机制下，派驻机关既能通过发挥“驻”的环境内部化特点深入了解驻在单位的问题，又能通过“派”的实质组织独立性对驻在单位进行外部监督，从而做好监督推动反腐倡廉。

三、纪检监察派驻机制的完善

（一）增强派驻机构的独立性

派驻机制在实践中存在监督动力不足问题。究其根源，很大部分原因来自派驻机关的独立性不足，派驻监督人员不敢也不愿展开切实监督工作。首先，派驻机关监督工作的开展几乎是在驻在单位进行，派驻机关的党组织需要服从驻在单位党委的组织和领导。其次，派驻干部的退休待遇在驻在单位，涉及派驻监督人员的退休福利。[①]在这种情况下，监督效能没有得到充分发挥。故而需要派驻单位加强对派驻机构的管理，避免派驻机构被派出单位遗忘。应当加强派驻机构的“派驻”属性，实现派驻机构组织独立、人事独立和经费独立，减少派驻机构监督人员的工作顾虑。

（二）创新派驻机制监督方式

首先，在如今科技快速发展的新时代，贪污腐败分子的违法乱纪犯罪手段层出不穷，技术高超，对比派驻机制的监督方式，现在的监督方式在技术上可能存在一定的落后与不足之处，这需要派驻机构优化监督技术、改进监

① 崔会敏．监察体制改革背景下提高派驻机构监督有效性的思考［J］．社会科学战线，2019（9）：211–217.

督设施设备。其次，目前派驻机制中的监督方式大多通过参加会议、听取报告等方式进行，往往流于形式，缺乏深入性监督，反腐败工作的开展离不开先进、进步的监督手段，这需要创新派驻机制的监督方式。最后，鉴于派驻机构的“派驻”性，派驻监督人员与被监督对象日常交流较多、接触相对频繁，这使得派驻监督可能出现“人情关系”与“利益输送”现象，对于该种现象，派驻机制可以通过创新“交叉监督”“提级监督”等方式进行解决。

（三）建设专业化派驻人员队伍

完善派驻机制需要提高派驻人员的专业性，对于该项举措的需求主要原因有两方面。首先，监督对象的扩大。在监察体制改革后，监察监督的对象覆盖了全体公职人员。监督对象大幅剧增，而派驻监督人员的数量却保持不变，这在很大程度上增加了派驻监督人员的工作量，故而，通过提高派驻人员的专业性，提高工作效率，可以适当缓和案多人少的问题。其次，监督范围的延伸。《监察法》出台后，监察监督实现了各个国家单位、部门的全覆盖，派驻监督的内容也因此涵盖了各行各业。对于一些专业性要求较高的技术性部门来说，要想对其切实发挥好派驻监督效果，对于派驻监督人员的专业性要求也较高。所以，建设一支高素质、专业化的派驻监督队伍必不可少。

第四节　构建一体推进“三不腐”监督机制

党的十九届四中全会决议在“坚持和完善党和国家监督体系”的部署中，强调构建一体推进不敢腐、不能腐、不想腐体制机制。深化标本兼治，推动各重点领域监督机制改革和制度建设，加强思想道德和党纪国法教育，巩固和发展反腐败斗争压倒性胜利。总结党的十八大以来的党风廉政建设和反腐败斗争的经验，一体推进“三不”往深处走、往实处走。

一、强化不敢腐的震慑

标本兼治，既要夯实治本的基础，也要敢于使用治标的利剑。没有严肃的惩治，就难以对腐败分子进行震慑，治本的途径就会被堵塞。强化以重遏制、强高压、长震慑的惩戒机制，必须着力减少腐败存量，同时防止腐败增量，一体推进正风肃纪。

第一，精准惩治，保持有腐必反的高压态势。十八届中央纪委五次全会报告提出:“坚持反腐无禁区、全覆盖、零容忍”，这反映了党中央对反腐败斗争的清醒认识，必须坚持有腐必反，对意欲腐败者产生震慑，从而让腐败行为望而却步。大量实践表明，党内腐败问题，根本上是与政治建设的软弱、不严肃有关。因而首先需要以政治建设为统领，严查违反政治纪律的重大腐败问题。在反腐败斗争的过程中，要注意处理重点对象，从严监管重点领域。紧紧盯住问题反映集中、群众反映强烈的领导干部，特别聚焦政治问题和经济问题交织的重大腐败案件。通过突出重点，集中反腐力量打击重大腐败行为，提高反腐效率，实现最快速度的有力震慑，更快净化政治生态环境。

第二，着力治理群众身边的腐败问题。我们党一直坚持不懈加大力度惩治腐败行为，是因为腐败有损党的执政基础，损害人民利益，如若放纵腐败，不认真严肃处理腐败，最终会导致民心尽失，也就是说反腐败是为了人民生活得更加幸福美好。在人民基本生存需求都能得到满足的中国，一个稳定的社会的环境，是民众更为渴求的。满足人民对法治、公平、正义、安全等方面的需求，才能使党同人民群众保持密切的联系，获得民众的信赖和支持。而发生在民众身边的腐败现象，则是破坏党和人民群众之间信赖的定时炸弹。因而必须要把反腐败斗争向基层延伸，重点整治侵害人民群众利益的腐败行为，解决人民群众最关心的教育、医疗等民生领域的腐败问题。总之，人民群众反对什么、痛恨什么，就坚决防范和纠正什么，持续推动解决群众“痛点”问题，提高基层治理能力，增强人民群众安全感和幸福感。

第三，坚持腐败问题的源头治理。党的十九大报告明确提出，腐败是党面临的最大威胁，坚持受贿行贿一起查，坚决防止党内形成利益集团。行贿是贿赂犯罪发生的主要源头，因而要严防行贿犯罪。过去实践中存在“重查受贿、轻办行贿”的情况，其根源在于忽视了行贿是交易的这一源头环节。如果仅遏制受贿人一方，而忽视行贿一方，就难以从腐败发生的源头上提出有效的防控思路，从而难以形成不敢腐、不能腐、不想腐的长效防控机制。因此应全面开展治理行贿的专项行动，对腐败源头的行贿行为进行专项打击，对于行贿者牵连到的个人和单位，都要予以惩处。此外，坚持腐败问题的源头治理，不能离开腐败线索的深入挖掘，无论是来自群众举报的线索，还是巡视巡察所获得的线索，都应当予以高度重视，对所获得的线索及时进行处理。

二、扎牢不能腐的笼子

“不能腐，就是从体制机制和制度上消除腐败发生的条件，使党员干部没有腐败的机会。”党的十八大以后，党中央制定和修订了一批工作制度、管理制度和考核制度，用制度的笼子管住权力，发挥了制度治党的重要作用。此外，根据新形势新要求，党中央在加强党的纪律建设方面提出的许多新观点新举措，使得党的纪律坚持工作得到全面的提升，有效发挥了党规党纪在“不能腐”中的纪律保障作用。具体举措如下：

第一，用制度的笼子管住权力。制度约束权力就是要对权力进行制约和监督，权力一旦不受制约和监督就易被滥用。如何强化制约，关键在于权力的合理分解和配置，按照权力的性质分别由不同部门、单位、个人行使，并且明确规定相互制约的权力不能由同一领导班子分管，这样才能形成科学的权力结构和运行机制。如何强化监督，关键在于要发挥我国特色的民主集中制这一优势，让人民来监督。从近几年出现的不少严重违反政治纪律和政治规矩的腐败实践来看，健全监督制约的预防机制，重点加强对“关键少数”的监督，推动纪检监察监督与审计监督有机贯通，发挥巡视利剑作用和派驻监督“探头”作用，始终坚持将反腐这把利剑高悬。[①]

第二，建立健全党内法规制度体系。党的十八大以来，党中央坚持依法治国和依规治党相统一，党内法规与国家法律相衔接协调，不断加强党内法规建设。建立健全党内法规制度体系，首先要持续加强党的作风建设和纪律建设。加强党的作风建设的核心在于保持同人民群众的血肉联系，是以人民为中心加之取向对党自身提出的道德要求。以习近平同志为核心的党中央以“八项规定”为标尺，坚决同一切危害群众利益的腐败行为作斗争，加强了党同人民群众的联系。进入新时代，有的党组织和党员干部还存在不同程度的

---

① 李雪勤. 扎实构建不敢腐不能腐不想腐的有效机制［J］. 杭州（周刊），2017（6）：7.

纪律意识淡薄、纪律遵守松懈、纪律监督缺失等问题。纪律建设作为全面从严治党的治本之策，必须予以充分重视，进行重点强化。[①] 其次，构建“不想腐”的党内法规体系，要完善党风廉政建设责任制，针对实践中出现的责任担当、制度执行不力等问题，党中央进一步完善党风廉政建设责任制的责任分解，强化主要负责人的“第一责任人”责任。此外，要注意“政府官员的选任是预防腐败的第一道防线”[②]。因此，必须完善政府官员的选任制度，加强对政府官员的精准管理。最后，构建“不想腐”的党内法规体系，要推动修订《中国共产党廉洁自律准则》，将党章的要求具体化，引导广大党员崇廉拒腐、清白做人、干净做事、自觉保持人民公仆本色，自觉维护人民根本利益。此外，针对党内存在的理想信念消失的情况，党中央修订了《关于新形势下党内政治生活的若干准则》，着力维护党中央权威、保证党的团结统一、保持党的先进性和纯洁性，从而营造和保持风清气正的政治生态。

第三，建立健全反腐败国际合作制度体系。党的十八大以来，党中央高度重视并积极推动反腐败国际合作和追赃追逃工作。自2014年全面启动反腐败国际追逃追赃工作以来，沉重打击“外逃”贪腐人员的工作稳步向前推进，取得前所未有的成绩。如何建立健全反腐败国际合作制度，具体有以下两方面。一是建立健全防逃制度体系，完善领导干部出国（境）审批、证照集中管理等制度，加强对领导干部的相关证照的管理。监察法出台后，应继续探索将新增监察对象纳入防逃体系，把防逃触角延伸到国有企业、公办事业单位、基层群众性自治组织等领域，扎进新增监察对象的防逃“防火墙”。二是加强国际反腐合作。面对腐败这个世界性难题，推进腐败全球治理、加强国际合作已是不可逆的趋势。任何国家关起门来反腐败是不行的，我国也不例外。因此，为巩固发展反腐败的压倒性胜利，必须继续强化机制建设、拓宽合作平台，在《联合国反腐败公约》的框架下，健全拒绝腐败分子入境、资产返还等合作机制，把反腐败国际合作共识转化为看得见、摸得着的合作成果。[③]

---

① 付筱菁．切实加强党的纪律建设——访中央纪委驻中央办公厅纪检组组长舒国增［N］．中国纪检监察报，2018-01-02（4）．

② 何家弘，张小敏．反腐败立法研究［J］．中国刑事法杂志，2015（6）：3-22．

③ 李鹏．加强国际合作 携手打击腐败［N］．中国纪检监察报，2020-11-25（3）．

三、增强不想腐的自觉

反腐败斗争，不能仅靠“不敢”和“不能”的他律，而要从树立高尚精神追求，筑牢思想道德防线切入，强化自律，增强“不想”的自觉。重视党员干部的思想道德政治教育，是构建“三不腐”体制机制的重要内容，也是推动反腐败斗争胜利的长效之策。如何完善以教育引导为重点的自律机制，具体措施如下。

第一，加强党员干部的廉政教育。“腐败的本质是权力出轨、越轨，许多腐败问题都与权力配置不科学、使用不规范、监督不到位有关。”[①]因而推进反腐倡廉的建设，需要加强党员干部的廉政建设，防止权力的滥用。具体措施如下：一是深化廉政警示教育。开展经常性警示教育是深入贯彻党的十九大、十九届中央纪委五次全会精神的要求。要深化廉政警示教育，可通过以下方式开展：（1）通过廉政谈话等方式开展提醒教育。针对被谈话对象职务和岗位特点，有针对性地进行相关典型案例剖析，提醒廉洁从政；（2）运用各类警示材料开展案例教育由专门部门及时提供典型案例、忏悔录，分层次、分领域、分类别，在全系统组织开展案例教育；（3）运用警示教育阵地开展现场教育，教育阵地分为线下和线上，可通过参观党风廉政教育基地、旁听庭审等线下途径和网上教育阵地的线上途径对党员干部进行教育警示。二是增强遵章守纪教育。增强遵章守纪教育关键在于意识的提高，强烈的党章党规党纪意识，首先是来自对党章党规党纪的深入学习，深刻把握。在对党章和纪律有认识之后，就需要进行实践，实践是认识的基础，实践也是升华认识、强化意识的根本途径。各级领导干部应在严格执行党章党规中强化党章党规党纪意识。[②]三是培育廉洁价值理念。反腐败斗争，既要坚持有腐必惩、有贪必肃的高压态势，也要注重从价值观层面入手。只有从思想上扶正祛邪，培育秉公用权、廉洁从政的价值追求，形成廉荣贪耻的社会风尚，才能促进党风廉政建设和反腐败斗争的健康发展。[③]

---

① 中共中央纪律检查委员会，中共中央文献研究室．习近平关于严明党的纪律和规矩论述摘编［M］．北京：中央文献出版社，中国方正出版社，2016：63．

② 张爱丰．领导干部要带头增强党章党规党纪意识［N］．学习时报，2021-07-03（A1）．

③ 王宾宜．在全社会培育清正廉洁的价值理念［J］．中国纪检监察，2014（20）．

第二，提高党员干部的思想水平。反腐败斗争关乎民心所向，关乎党和国家的命运和前途。坚定的信念是防治腐败的思想基础，提高党员干部的思想水平刻不容缓。要做到提高党员干部的思想水平，一是以践行“初心使命”的教育为切入点，强化政治信念。中国共产党的初心和使命，就是为中国人民谋幸福，为中华民族谋复兴。牢记这一初心和使命必须深入开展“不忘初心、牢记使命”主题教育，将集中教育贯穿于经常性教育当中，用习近平新时代中国特色社会主义思想武装头脑，始终保持头脑清醒和战略定力，坚决执行党的政治路线，坚决站稳政治立场，做信念坚定的好干部。二是坚持群众观点和群众路线教育。人民群众的参与和支持是党风廉政建设和反腐败斗争胜利的根本保障。习近平总书记在多次讲话中指出，人民群众最痛恨各种消极腐败现象，最痛恨各种特权现象，这些现象对党同人民群众的血肉联系最具杀伤力，必须下最大气力解决好消极腐败问题。党的十八大以来，党始终坚持以人民为中心推进反腐倡廉建设，畅通各种渠道以方便群众参与反腐败，如各级纪检监察机关、信访部门和司法机关都开设了官方网站的举报专区、开通举报电话、设立电子举报信箱等。如此一来，大大增加了广大人民群众参与和支持反腐败斗争的积极性，推动反腐败斗争深入发展。

四、“三不腐”一体同向发力

“不敢腐、不能腐、不想腐”是一个有机整体，不是三个阶段的划分，也不是三个环节的割裂。要打通三者的内在联系，在严厉惩治、形成震慑的同时，扎牢制度的笼子、规范权力运行，加强党性教育、提高思想觉悟，一体推进不敢腐、不能腐、不想腐。这一重要论述，揭示了“不敢”“不能”“不想”的内在联系，阐明了“不敢腐、不能腐、不想腐”相互依存、相互促进的关系，凝结着对腐败发生机理、管党治党规律和当前形势任务的深刻洞察，蕴含着纪法贯通、同向发力的法治逻辑。

纪法贯通、同向发力就是要突出“纪律防线”和“法律底线”。纪律防线和法律底线，是中国共产党加强自身建设、永葆先进性和纯洁性的双重保障。一体推进不敢腐、不能腐、不想腐，需要党纪与国法同时发力、功能对接、互为支撑、互相衔接。要突出纪在法前，让国法成为党纪的坚实依靠，成为管党治党的坚强后盾。坚持纪在法前，纪严于法，是全面从严治党的要求。“违法”必先“违纪”，逾越法律底线必然是对纪律红线一退再退的结果。只有把纪律挺在前面，才能使党员干部特别是领导干部意识到党规党纪的重要性，在遵守国家宪法和法律的基础上，坚守纪律红线，在“国法不可违”与“党纪不可破”的交集内严格要求自己，并履行相应职责。法律是治国之利器，纪律是治党之戒尺。国法主要针对公民的违法犯罪行为，而党纪则在党员的作风、行为、纪律等方面有更强的约束力。“纪法贯通”把党内法规制度体系与国家法律体系这两条线连接起来，以党规党纪作为规范全体党员的准绳，以国家法律作为普通公民遵守的底线，共同约束广大党员干部，促进二者有机衔接，使党规党纪和国家法律共同发挥作用。

纪法贯通、同向发力强调“不敢腐、不能腐、不想腐”的协同性。强化“不敢腐”的震慑要一以贯之，如果没有惩治这一手段作后盾，或者惩治的力度不够，教育就不会有触动，制度就不会有威力；强化“不能腐”的约束要落细落小落实，日常监督必须从实际出发，切忌贪大求全；强化“不想腐”的自觉要入脑入心，常态化开展党性教育、警示教育和政德教化，增强教育的针对性和有效性。“不敢腐、不能腐、不想腐”的协同有赖于主体责任、监督责任贯通协同。一体推进不敢腐、不能腐、不想腐，不是纪检监察机关一家之事，需要各级党组织履行好主体责任，加强对构建一体推进不敢腐、不能腐、不想腐体制机制的全方位、全过程领导。特别是在不能腐的制度建设、不想腐的思想教育方面，更多地要靠各级党组织履行主体责任。纪检监察机关要通过强有力的正风肃纪反腐强化“不敢腐”的震慑，认真履行监督专责，及时发现问题，提出意见建议，督促党组织把主体责任落实落细。一体推进不敢腐、不能腐、不想腐的协同必须健全体制机制，出台相关工作办法，深化以案促教、以案促改、以案促建，并使之成为常态。

第五章　健全人大监督和民主监督制度

人大监督即人大及其常委会对国家机关工作的监督；民主监督即人民政协各民主党派对国家机关工作的监督。在我国，人民行使国家权力的机关是全国人民代表大会和地方各级人民代表大会。人民通过人民代表大会行使国家权力，各级人大都由民主选举产生、对人民负责、受人民监督，各级国家机关都由人大产生、对人大负责、受人大及其常委会监督。民主监督是中国共产党领导的多党合作和政治协商基本政治制度的重要体现。中国特色社会主义政党制度强调建立相互监督特别是中国共产党自觉接受监督等机制。健全人大监督和民主监督制度，是坚持和完善人民当家做主制度、发展社会主义民主政治的具体体现。

第一节　健全人大对国家机关的监督概述

人民代表大会对国家机关工作的监督，是中国特色社会主义基本政治制度决定的。2021年10月13日习近平总书记《在中央人大工作会议上的讲话》指出："各级人大及其常委会要把宪法法律赋予的监督权用起来，实行正确监督、有效监督、依法监督，维护国家法治统一、尊严、权威，确保法律法规得到有效实施，确保行政权、监察权、审判权、检察权依法正确行使。”[①]我国宪法规定，人民行使国家权力的机关是全国人民代表大会和地方各级人民代表大会，《中华人民共和国宪法》第三章在对“国家机构”的规定中，明确了“一府一委两院”，即政府、监察委、法院、检察院的性质、地位、名称、人员组成、任期任届、领导体制、工作机制。作为产生“一府一委两院”的国家权力机关，人民代表大会对“一府一委两院”的监督，实质上是人民对国家机关监督的重要体现。

一、人大对国家机关监督的理论依据

中国特色的人民代表大会制度理论认为，社会主义共和国必须建立通过选举产生的人民代表机关作为国家统一的、最高的权力机关，并以此体现人民主权。人民代表大会制度作为我国的根本政治制度和政权组织形式，是马克思主义人民代表机关理论在中国的应用和发展。在人民代表大会制度下，国家的一切权力属于人民，人民代表大会代表人民统一行使国家权力。人民代表大会的组织形式和活动方式决定了它主要负责反映和集中人民的意愿，作出决策并监督决策的贯彻实施。它组织起行政机关并要求其依法行使各项行政管理职权，组织起国家监察机关对所有行使公权力人员的履职行为和职业操守进行监察，组织起审判机关和检察机关维护社会公平正义，组织起军事机关来维护国家的安全和利益。

作为人民代表大会制度理论基础的民主集中制理论，是我国宪法的理论基础，也是与分权制衡理论对立的一种政体理论。民主集中制理论认为，在社会主义国家，国家机关与人民群众之间的关系、权力机关和其他国家机关之间的关系、中央与地方之间的关系以及各个国家机关内部的关系都必须既是民主的，又是集中的，即按照民主集中制的原则来确定和调整，都必须实行在民主基础上的集中，在集中指导下的民主。“只有这个制度，才既能表现广泛的民主，使各级人民代表大会有高度的权力；又能集中处理国事，使各级政府能集中地处理被各级人民代表大会所委托的一切事务，并保障人民

① 习近平．在中央人大工作会议上的讲话（2021年10月13日）[J]．求是，2022（5）：5-8.

的一切必要的民主活动。”[①] 民主集中制理论从学理上决定了国家权力机关与行政、监察、司法等国家机关的关系，使国家机关在执政党的领导和权力机关的工作监督下、在民主集中制的原则下依法规范运行，永葆人民性的本质特征。

二、人大对国家机关监督的制度安排

人民代表大会制度是我国的根本政治制度。“一府一委两院”等国家机关由人大产生，就必然要对人大及其常委会负责，并接受其监督。依照我国宪法规定，“一府一委两院”对全国人民代表大会和全国人民代表大会常务委员会负责，地方各级“一府一委两院”对产生它的国家权力机关负责。人大及其常委会对“一府一委两院”的工作监督由此确立。

第一，人民代表大会是监察委员会的权力来源。在我国，人民的主体地位是通过人民代表大会制度实现的。在人民代表大会制度下，国家的一切权力属于人民，人民代表大会代表人民统一行使国家权力，所有的其他国家权力都只能来源于人民代表大会。人民代表大会制度这一根本政治制度决定了“一府一委两院”必须由各级人民代表大会产生，“一府一委两院”的权力也必须来源于人民代表大会。

第二，“一府一委两院”必须对人民代表大会负责。这里的负责既包括“一府一委两院”作为一级组织向人民代表大会负责，也包括“一府一委两院”的主要负责人和“一府一委两院”的其他组成人员向人民代表大会负责，既包括“一府一委两院”对产生它的人民代表大会负责，也包括“一府一委两院”对产生它的人民代表大会常务委员会负责。根据《宪法》的规定，“一府一委两院”向人民代表大会负责，接受监督的方式或者途径包括向人民代表大会报告工作（监察委向人大常委会报告专项工作）并接受审议，接受人大常委会组织的执法检查，接受人民代表大会代表或者常务委员会组成人员就工作中的有关问题提出的询问或者质询，接受人民代表大会对其组成人员的罢免等。

① 毛泽东．论联合政府［M］// 毛泽东，毛泽东选集：第三卷．北京：人民出版社，1991：1057.

第三，“一府一委两院”必须接受人大的工作监督。我国《宪法》第一百零四条规定了县级以上的地方各级人民代表大会常务委员会“监督本级人民政府、监察委员会、人民法院和人民检察院的工作”。《各级人民代表大会常务委员会监督法》不仅规定了各级人大常委会行使监督权的原则、内容、基本规范和程序，还规定了“一府一委两院”等国家机构接受人大及其常委会监督的义务。这些规定表明：人大监督是宪法和法律赋予的职权，是依法开展的监督，是以国家意志进行的监督，也是具有最高法律权威的监督。在人民代表大会制度的政治体制下，监察委员会由权力机关产生，当然要对权力机关负责，接受权力机关的监督。人大及其常委会监督监察机关的工作，体现了权力来源对由其派生的权力之间的关系，从根本上体现了人民主权。

三、人大对国家机关监督的基本特点

第一，人大监督是最为权威的监督。在我国的政治体制下，人大作为国家权力机关，产生“一府一委两院”，后者须对其负责。这种政治制度保证了人大在我国权力体系中拥有最高地位。按照《宪法》《地方各级人民代表大会和地方各级人民政府组织法》《监察法》《人民法院组织法》《人民检察院组织法》的规定，各级人民代表大会有权任免本级“一府一委两院”的组成人员，人大监督因而成为权威性最高的监督方式。

第二，人大监督是一种民主性监督。人民代表大会及其常务委员会是人民行使国家权力的机关。作为我国政治制度的基础，人民代表大会在我国的现行体制下，拥有最高的民主性和最广泛的代表性。在直接民主的运用受到条件限制的情况下，人民代表大会的意志和行为，等同于人民的意志和行为，人民代表大会及其常务委员会对监察委员会的监督，就成为最能代表人民意志的一种监督方式。

第三，人大监督是一种整体性监督。人大的地位决定了人大监督具有“高屋建瓴”的色彩，从监督事项或监督范围的角度讲，人大监督较为抽象和整体化，监督的是国家机关的“工作情况”或“执行法律情况”。对于国家机关工作中的具体事项或案件，受代表专业性及数量、时间上的限制，人大往往无法精细顾及。从监督程序的角度看，人大监督的程序也显得较为原则化。

当然，近年来，随着人大及其常委会更加频繁地以质询、执法检查甚至个案监督等方式开展工作，这种整体性趋势已有所改变。[①]

第二节　强化人大对国家机关的监督

全国人大及其常委会的监督是国家最高权力机关代表人民对其授予相关机构的权力的行使情况进行的监视、督查，是确保人民赋予的权力始终为人民谋利益的职能活动。就党和国家监督体系而言，全国人大监督职能作为位阶最高的法定权能，一方面通过健全和完善国家立法，为权力运行的制约监督提供法律资源，以良法保障善治，另一方面通过法定程序和法定方式对一切行使公共权力的机关实施监督，这是具有最高法律效力的权力监督。习近平总书记指出："用好宪法赋予人大的监督权，实行正确监督、有效监督、依法监督。人民代表大会制度的重要原则和制度设计的基本要求，就是任何国家机关及其工作人员的权力都要受到监督和制约。要更好发挥人大监督在党和国家监督体系中的重要作用，让人民监督权力，让权力在阳光下运行，用制度的笼子管住权力，用法治的缰绳驾驭权力。"[②] 根据《宪法》《各级人民代表大会常务委员会监督法》等法律的规定，结合长期以来的人大监督工作实践，新时代人大及其常委会对"一府一委两院"的监督应当把握好以下实现途径：

一、强化监督理念与理顺监督关系

强化人大监督理念，要坚决克服一些地方人大及其常委会不同程度地存在监督意识淡化、监督手段软化、监督机制老化、监督实效弱化等问题，以对宪法负责、对执政党负责、对人民负责的态度开展各项监督活动，认真履行法定职责，充分发挥人大代表在管理国家事务中的主体作用。一是硬化监督手段。对于那些影响经济社会发展、人民群众普遍关注的热点难点问题，

① 马怀德．监察法学［M］．北京：人民出版社，2019：336.

② 习近平．在中央人大工作会议上的讲话［J］．求是，2022（5）：5-8.

启用询问和质询、特定问题调查、罢免、撤职等刚性监督手段，敢于破难点，善于抓重点，专于解热点，勇于碰硬点，该罢免的罢免，该撤职的撤职，决不能心慈手软。二是细化监督制度。要创新视察调查制度，建立代表建议督办制度、视察调查和工作评议制度，不断增强监督效果。要改进听取和审议工作报告制度，把听取和审议工作报告与行使重大事项决定权结合起来，与引咎辞职制度结合起来，与审议意见办理办法结合起来，以机制促监督，以监督促落实。三是深化监督问效。无论是人大常委会作出的决议、决定，还是在监督工作中提出的意见和要求，都要加强跟踪问效、督办落实，对不能按时落实人大常委会意见和要求的，消极应付、拒不执行人大常委会决议、决定的，要严格依法追究有关单位和相关人员的责任，决不能姑息迁就。

正确处理和理顺对国家机关监督中的各种关系。一是正确处理接受党的领导与监督职能部门工作的关系。切实执行党的反腐倡廉方针政策，支持配合地方党委对一定时期反腐败斗争作出决策部署。通过对相关职能部门依法履职进行监督，把党的方针政策和决策部署转化为国家意志，推进反腐败工作法治化。二是正确处理监督政府与支持政府的关系。监督和支持政府将反腐败工作纳入本地经济社会发展全局，落实到行政工作的各个方面、各个环节；监督和支持政府把反腐败工作和精神文明建设联系起来，把反腐败工作和改革发展稳定的大局联系起来，为全面深化改革扫清障碍，逐步铲除滋生腐败的土壤。三是正确处理纪委监委聚焦主业与人大权力监督的关系。随着纪委监委治党治权职能的回归，通过转职能、转方式、转作风的实施，人大亟须代表国家肩负起协助党委做好各方监督力量的职责。在监督中调动单位、部门和广大群众反腐败的热情和积极性；通过人大代表及时将基层单位、部门和广大群众对反腐败的意见建议反馈给党政决策机关，为正确决策提供有效的服务；抓好宏观组织协调，重点协调好部门力量，形成反腐败的整体合力。四是正确处理人大监督与司法监督的关系。既要保证监督检察和审判机关严格执法、公正执法，防止司法腐败，又要保障司法机关依法独立行使检察权、审判权，在反腐败工作中充分发挥刑罚规制功能、教育警示功能、建制防范功能、权力制约功能和完善法律功能。

二、依法履行职责与提高监督效能

（一）在听取工作（专项）报告中加强监督

听取工作（专项）报告是人大及其常委会对国家机关进行监督的最常见方式。听取工作报告，可以使人大在短时间内集中了解国家机关的工作情况，保障了人大监督的高效和权威。① 在一年一度的“两会”中，人民代表大会通过投票形式审议政府、两院及相关职能工作报告，是对国家机关工作的最典型的监督形式。监察委员会不在全体会议上报告工作，接受全体代表的审议，而是向各级人大常委会专项报告工作，接受各级人民代表大会常委会委员对专项工作报告的审议。《监察法》第五十三条规定：“各级人民代表大会常务委员会听取和审议本级监察委员会的专项工作报告，组织执法检查。”根据有关规定，在听取监察委员会的工作报告前，本级人大常委会可以就拟听取报告的专项事项进行视察或专项调查研究，还可将各方面对该项工作的意见汇总提前交予监察委员会研究，并要求监察委员会作报告时对这些意见予以回应。

（二）在组织相关执法检查中加强监督

根据《各级人民代表大会常务委员会监督法》等相关法律的规定，各级人民代表大会常务委员会组织执法检查。由人大常委会就某些重大问题，设立执法检查组，检查某些法律法规的执行状况，包括法律法规的实施情况、实施效果，法律法规实际运行过程中出现的问题等。执法检查既是为人大及其常委会的立法和修法进行准备的工作，也是对法律执行状况进行调查，进而监督相关国家机关的有效手段。近年来，执法检查由于其主动、真实、有的放矢且具有立法和监督的效果等特点而在学界备受推崇，实践中也越来越多地被采用。对监察监督、行政监督、法律监督等进行执法检查，既可以保证行政机关、监察机关、司法机关履职的独立性，又可以防止国家机关滥用自身权力，对公职人员和公民造成损害。

（三）在开展询问和质询中加强监督

询问和质询是人大代表（包括常委会组成人员）发挥其个人作用、监督国家机关工作的重要渠道。询问是指人大代表在人大或人大常委会听取国家

① 韩大元. 论国家监察体制改革中的若干宪法问题［J］. 法学评论，2017，35（3）：11-22.

机关的有关报告时，就其中的相关问题，向列席的国家机关相关负责人进行提问。质询是指一定数量的人大代表以质询案的方式，书面向国家机关提出问题，要求国家机关作出相应答复。根据相关法律规定：对于询问，由列席人大或人大常委会会议的国家机关相关负责人口头直接答复；对于质询案，则既可以要求国家机关负责人到会口头答复，又可以要求其书面答复，且对于答复不满意的，人大常委会可以根据情况，要求机关负责人再次答复。质询和询问直接针对议案或国家机关工作报告中的某一问题，是人大及其常委会拥有的最为具体的监督方式之一。这种方式既缩小了问题，又可以形成“当面对质”，有利于人大代表真正了解真实情况，避免“假大空”的汇报和恣意的判断，可以有效地监督“一府一委两院”的工作，确保国家权力依法有效运转。

（四）通过对机关人员的选举与任免强化监督

根据《宪法》和相关规定，“一府一委两院”机关的“一把手”由本级人大选举产生，班子成员由“一把手”提请同级人大常委会任免。这一制度直接涉及“一府一委两院”机关工作人员的个人职务，使各级人大及其常委会对同级“一府一委两院”产生了理论上的强大影响力，在一定程度上保证了人大及其常委会的权威。虽然对人员的选举和任免不能算是纯粹的“监督权”，更多的是对人大行使监督权的保障，但根据前述监督权的“手段性”原理，对“一府一委两院”机关人员的选举与任免保证了监督行为与后续结果的衔接，在一定意义上也可以纳入人大及其常委会对监察委员会监督的方式中。监督的内涵是丰富的，形式是多样的。

为保证“一府一委两院”有效履行法定职能，法律赋予“一府一委两院”必要的权限，即行政权、监察权、检察权、审判权等。如《监察法》就规定：监察机关在调查职务违法和职务犯罪时，可以采取谈话、讯问、询问、查询、冻结、搜查、调取、查封、扣押、勘验检查、鉴定等措施；对被调查人可以有条件地采取留置措施；监察机关需要采取技术调查、通缉、限制出境措施的，必须经过严格的批准手续，按照规定交有关机关执行。这些措施中，留置是我国独创的一项新的措施。反腐败所涉及的重大职务犯罪也不同于一般的刑事犯罪，调查不能等同于侦查，不能将一般的对刑事犯罪的侦查等同于对腐败、贪污、贿赂等违法犯罪的调查，因此创立留置措施。监察中的留置，取代纪委的“两规”，让留置有严格的时间限制，处理腐败问题更易纳入法治轨道。

第三节　完善新时代人大监督机制

一、人大监督工作存在的问题

作为我国的根本政治制度下的人大及其常委会对国家机关的监督，长期以来对保障公共权力依法规范运转发挥了重要作用。在实践中人大监督权的行使虽然取得了一定的效果，但距离人民群众的期望仍然差距较大。据有关专家学者的梳理，这些差距大致表现在以下五个方面：

第一，人大监督的意识薄弱。无论是作为监督者的人大及其常委会，还是作为被监督者的国家机关，对人大的“监督权”一项，似乎都置于“末节”。这并不难以理解，虽然中国特色社会主义法治体系已基本建成，但我国在许多领域的立法仍有疏漏，人大及其常委会每年的立法任务只增不减；另外，重大事项决定权、选举任免权等，除人大及其常委会外无人可以行使，因而被固定置于人大及其常委会的会议议程中，监督权则不然，其过于整体而抽象的特点，使其几乎“无形无色”，除听取国家机关工作报告外，难以演化为人大及其常委会的具体议程事项；且国家监督制度繁多，人大的监督又显得“高高在上”，这使其在很大限度上被其他监督制度替代并“泯然”于终。

第二，人大监督本身的特点决定了其效果的有限性。由于受人大特殊地位和现实情况的限制，人大监督往往是整体的监督多，具体的监督少，柔性的监督多，刚性的监督少，形式性监督多，实质性监督少。这使得人大虽然具有法律上和理论上的权威性，但却没有真正使被监督者产生“切肤之痛”，监督效果十分有限。

第三，人大监督的动力不足。与所有制度一样，人大监督种种制度的实施归根结底还是要落到具体的人，即人大代表的身上。在我国，人大代表虽然是来自各行各业的精英，但其毕竟仍然是“理性人”。与提出高质量的提案等相比，履行监督职能效果如何，对人大代表的切身利益如代表资格的获得与丧失等的影响微乎其微。在目前人大代表大多兼职且精力有限的情况下，其难免将更多的精力放置于履行其他职责上，在一定程度上忽视了对国家权力的监督。

第四，监督机制影响人大监督的效果。人大监督的具体制度设计也存在一定问题。虽然《各级人民代表大会常务委员会监督法》的出台在一定程度上为人大监督提供了具体的法律指导，也细化了人大监督的相关制度，但不得不说，在人大监督的监督范围、线索处理、监督程序、监督与后续处理的衔接等问题上，立法仍然有较大疏漏。且人大监督并没有被合理而科学地纳入整个监督体系，而是被束之高阁、孤悬于外，缺乏与其他监督制度的分工与配合，效果自然难以保证。

第五，人大权威性不足影响监督效果。我国人大虽然为权力机关，但由于“议行合一”的政治体制、党的权威与人大的重合、“官本位”的文化传统、选举制度不发达等因素，人大的权威性实则不足够。有学者敏锐地指出，作为最高权力的代表者，全国人大不仅没有滥用自己的权力，反而处处寻找原本是用来控制权力的法律的支持。[①] 在这样的现实状况下，人大代表所谓的审议议案、听取报告，往往成为走过场的过程，执法检查中更是阻力重重，监督效果难以保证。

二、完善人大监督工作的对策

针对上述问题，有学者提出了以监察委员会建立为契机，加强和改进人大监督的思路。首先，监察机关集中了原本属于纪检机关、行政机关、检察机关享有的对公职人员的监督权，在很大限度上减少了原本监督权体系主体杂乱、权限不清的弊病，监察机关的监察权与检察机关的法律监督权、人大的监督权、党的纪律检查权之间的界限由此渐渐清晰，这为人大监督权的行使打下了基础。其次，监察机关总揽对公职人员的监督大权，使人们深切地

① 孟宪艮．人大监督缺位的社会成因与动力生产［J］．中共福建省委党校学报，2012（2）：33-40.

意识到“对监督者的监督”的重要性，人大作为产生监察委员会的机关，其监督职能被前所未有地寄予厚望，这使其获得了难得的发展契机。最后，监察机关的建立，是我国法治建设重点推进的一个重要体现，这对于人大而言是一个启示，即其不能将目光仅仅盯在立法上，使监督权由此获得了更多的重视，也更有可能被精细化、程序化、具体化，从而发挥其效果。有学者认为，改进人大监督制度存在的问题，完全可以以“监督监督者”的现实需求为契机，从监督监察机关入手进行。人大监督制度的完善可以从以下三个方面展开。

（一）完善监督机制

要在党委的统一领导下，健全人大常委会党组统筹协调、主任会议组织实施、组成人员各尽其责、人大代表积极参与、工作部门分工负责、“一府两院”密切配合的人大监督工作机制。健全人大常委会与“一府两院”工作联系制度，通报重大事项，互通工作情况。人大常委会工作部门要加强与“一府两院”对口工作部门的联系，及时沟通有关活动和工作安排。

“一府两院”对口工作部门要主动与人大常委会工作部门加强联系，及时听取有关工作的意见建议。健全人大常委会向党委请示报告工作制度，重要活动和重点工作经党委同意后组织实施。党委、“一府两院”及其工作部门的重要会议应当安排人大常委会工作部门的负责人参加。对人大监督中发现的涉及违纪违法问题的党员领导干部，党委要依照党规党纪给予严肃处理。对于人大代表提出的有关党的建设、反腐倡廉、干部作风等方面的建议，党委要高度重视，认真研究。对于“一府两院”落实人大常委会决议、决定不力的情况，党委可以进行专项督查问责。要加强对基层人大工作的指导，上下联动开展重大事项监督工作。围绕中心工作，组织人大代表和政协委员联合视察调研，使人大监督和民主监督相结合。邀请人大代表和公民代表列席和旁听人大会议，充分发挥专家咨询委员会在人大监督工作中的作用，使社会监督融入人大工作。要针对人大监督中发现的突出问题，组织新闻媒体进行深度报道，充分发挥舆论监督的作用。

（二）改进监督方式

充分运用《监督法》确定的各种监督方式，完善纠错问责机制，健全质询、特定问题调查、引咎辞职、责令辞职、罢免等问责方式和程序，增强刚性监督的力度。

一是认真落实中共中央办公厅《关于健全人大讨论决定重大事项制度、各级政府重大决策出台前向本级人大报告的实施意见》的通知，进一步明确讨论决定重大事项是宪法和法律赋予人大的一项重要职责，重大事项的范围是依法确定的，政府不得超越法定职权作出决定，人大及其常委会依法作出的决定决议具有法定效力，有关国家机关、组织、个人应当认真贯彻执行。要根据这些法定原则，完善各项制度，充分行使人大决定权。要健全讨论决定重大事项协调机制，在党委、人大、政府共同协商并征求各方面意见的基础上，研究提出年度讨论决定重大事项的意见，由人大常委会党组报党委同意后，列入人大常委会年度工作计划。要健全讨论决定重大事项程序机制，严格按照人大议事规则和法定程序进行，重点加强对重大事项的合法性审查，提高讨论决定重大事项的科学化、民主化、法治化水平。要健全讨论决定重大事项执行机制，充分运用执法检查、听取审议工作报告、专题询问、代表视察、专题调研等形式，加强对人大决定决议贯彻实施情况的监督。对不执行决定决议或执行决定决议不力造成严重后果的，可以通过询问、质询、特定问题调查等方式加强监督。

二是按照全国人大常委会办公厅《关于建立预算审查前听取人大代表和社会各界意见建议的机制的意见》的要求，建立健全预算编制工作通报制度、听取有关方面专家意见建议制度、听取部门预算意见建议制度、预算草案和预算报告通报制度、人大代表参加预算初步审查会议制度、人大代表意见建议网络服务制度、预算审查联系代表制度、预算审查专家顾问制度，广泛听取人大代表和社会各界的意见建议，提高预算编制的合理性、规范性，增强预算审查的针对性、有效性。

三是进一步完善人大议事规则，改进人大常委会会议的组织方式。会前将审议议题和审议材料送达常委会组成人员征求意见，使常委会组成人员能够在充分调研的基础上形成切实可行的审议意见；会中将全体会议审议和分组审议有机结合，广泛听取各方面的意见建议；会后加强对审议意见和会议决定、决议的督办，增强会议实效。

（三）提升监督能力

要提高人大常委会组成人员的法治思维、战略思维、辩证思维、创新思维能力，增强监督意识，强化监督责任，掌握监督技能，提高监督水平。加强人大常委会组成人员同人大代表、人民群众的联系，充分了解社情民意，为依法履职行权奠定坚实基础。结合常委会会议议题组织常委会组成人员学习相关法律法规，使其不断提高审议的针对性。要强化人大代表在人大监督中的主体地位，充分发挥人大代表在闭会期间的作用，有计划地组织人大代表参加各项监督活动。完善代表个人持证视察、代表约见“一府一委两院”及其工作部门领导干部的相关制度，为代表参与人大监督工作搭建更多的平台。改进人大代表培训方式，把“请进来”和“走出去”相结合，把理论辅导和社会实践相结合，引导代表开阔视野、提高站位。充分利用各级党校和行政学院的资源优势，开设人大代表专题培训班，提升代表培训的水平。要提升人大调研工作的质量，为开展监督工作提供第一手材料。党委要协调有关部门充实人大干部队伍，优化人大常委会组成人员结构，为人大监督提供组织保障。①

第四节　健全人民政协民主监督制度

人民政协对监察工作监督制度，是中国共产党领导的多党合作和政治协商这一基本政治制度决定的。坚持和完善这一中国特色社会主义政党制度，就要健全相互监督特别是中国共产党自觉接受监督等机制，发挥人民政协作为政治组织和民主形式的效能。习近平总书记指出：“要发挥好人民政协专门协商机构作用，把协商民主贯穿履行职能全过程，坚持发扬民主和增进团结相互贯通、建言资政和凝聚共识双向发力，积极围绕贯彻落实党和国家重要决策部署情况开展民主监督。”②开展人民政协对国家监察工作的监督，是提高

① 余继东．把握好党内监督与人大监督的有机结合和与时俱进［J］．人大研究，2017（7）：42–43.

② 习近平．在中央政协工作会议暨庆祝中国人民政治协商会议成立七十周年大会上的讲话［M］//习近平．论坚持人民当家作主．北京：中央文献出版社，2021：265.

政治协商、民主监督、参政议政水平的必然要求。

一、人民政协对监察工作监督概述

人民政协对“一府一委两院”工作监督，是坚持和完善人民当家作主制度体系、发展社会主义民主政治的重要体现。[①]人民政协监督即民主监督，主要指民主党派的监督，这种监督虽然不具有国家强制力，但可以提高国家机关及其工作人员的工作效率和工作水平。支持和保证政协的民主监督，就应切实发挥人民政协通过提出建议和批评，对国家宪法法律和法规的实施、重大方针政策的贯彻执行、国家机关及其工作人员工作进行监督的作用。

（一）人民政协民主监督的地位和作用

党的十九大报告指出：“人民政协是具有中国特色的制度安排，是社会主义协商民主的重要渠道和专门协商机构。人民政协工作要聚焦党和国家中心任务，围绕团结和民主两大主题，把协商民主贯穿政治协商、民主监督、参政议政全过程，完善协商议政内容和形式，着力增进共识、促进团结。加强人民政协民主监督，重点监督党和国家重大方针政策和重要决策部署的贯彻落实。”这是中国共产党首次在党的全国代表大会的报告中特别明确了人民政协民主监督的重要监督对象和主要任务。实际上，中国特色社会主义进入新时代以来，以习近平同志为核心的党中央，提出要推进国家治理体系和治理能力现代化的目标，以健全社会主义协商民主制度为切入点，对人民政协事业发展就作出了新的重大部署，对加强和改进人民政协民主监督工作提出了新的要求。在党的领导下，各级人民政协积极探索创新，认真履行职能，民主监督工作取得新的进展。当前，我国正处于全面深化改革、努力实现中国特色社会主义现代化的关键时期。面对新形势新任务，进一步发挥人民政协民主监督的独特优势和重要作用，对于推进党和政府科学决策、民主决策、依法决策，推动党和国家大政方针、重大改革举措和重要决策的部署贯彻落实，促进国家机关及其工作人员转变作风、改进工作、反腐倡廉，推动解决人民群众关心的实际问题，加强中国共产党同各民主党派、各人民团体、各

① 中共中央关于坚持和完善中国特色社会主义制度 推进国家治理体系和治理能力现代化若干重大问题的决定［N］. 人民日报，2019-11-06（1）.

族各界人士的团结合作，具有重要意义。因此，习近平总书记多次指出，要强化人民政协民主监督，完善制度规范，适时制定改进办法，增强监督实效。

（二）人民政协对监察工作的监督

“一府一委两院”工作监督源于人民政协的民主监督。民主监督有广义与狭义之分。广义的民主监督，是指国家为了保障人民的政治权利，实现社会主义民主，防止国家机构和公职人员滥用权力而建立的各种监督制度。总体来说，“只要是运用民主思想所实施的监督行为，都可以理解为民主监督”，我国作为人民民主专政的社会主义国家，人大监督、司法监督、行政监督、政党监督、群众监督和舆论监督等监督形式都属于民主监督的范畴。狭义的民主监督，是“专指人民政协和各民主党派、无党派人士对共产党以批评、建议为主要形式实施的监督”。可见，狭义的民主监督仅包括人民政协民主监督和参政党（民主党派）民主监督，而两者既有交叉重合之处，又有些许不同。

2017年《关于加强和改进人民政协民主监督工作的意见》（中办发〔2017〕13号）规定，人民政协民主监督的主要内容有八个方面：包括对国家宪法法律和法规的实施情况的监督，对党和国家的大政方针、重大改革举措、重要决策部署的贯彻执行情况的监督，对国民经济和社会发展规划、年度计划的落实情况的监督，对涉及人民群众切身利益的实际问题解决落实情况的监督，对国家机关及其工作人员遵纪守法、加强作风建设、密切联系群众、开展反腐倡廉等情况的监督，对政协提案、建议案和其他重要意见建议办理情况的监督，对参加政协的单位和个人贯彻统一战线方针政策、遵守政协章程、执行政协决议情况的监督，还包括中共党委交办的其他监督事项。同时，人民政协民主监督的形式主要有会议监督、提案监督、专项监督、视察监督以及其他更加多样灵活的监督形式。

2005年《中共中央关于进一步加强中国共产党领导的多党合作和政治协商制度建设的意见》指出，参政党民主监督的内容具体包括三个方面：一是国家宪法和法律法规的实施情况；二是中国共产党和政府重要方针政策的制定和贯彻执行情况；三是党委依法执政及党员领导干部履行职责、为政清廉等方面的情况。其形式主要有：在人民政协中提出意见；受邀参加人大及其常委会和各专门委员会的组织调研；参加有关方面组织的重大问题调查和专项考察；应邀担任司法机关和政府部门的特约人员；等等。

可以看出两者在监督内容和监督形式上的不同，特别是在监督内容上，人民政协民主监督的对象和范围更加宽泛，内容更多，其属性更多地表现为一种社会监督。而民主党派的民主监督更多的是对执政党及其党员履职为政行为的监督，因而其属性应是政党监督。不过，因为人民政协的主要成员还是各民主党派和无党派民主人士，民主党派民主监督的主要依靠平台又是各级政协组织，因此说人民政协民主监督和参政党民主监督两者是紧密关联的，民主党派不仅可以通过人民政治协商会议发挥作用，其成员还可以通过人民代表大会、各级政府机关发挥监督作用。人民政协对监察工作的监督也可以通过人民政治协商会议发挥作用，其成员还可以通过人民代表大会发挥监督作用。

（三）人民政协监督监察工作的途径

人民政协监督监察工作的主要途径有四：第一，参加人民政协会议听取建议，这是政协民主监督的主要渠道。国家机关及其工作人员有向人民政治协商会议委员汇报的义务。人民政治协商会议也应积极和监察机关建立联系，方便中国人民政治协商会议委员进行监督。第二，参加人民政协经常性工作，这是政协民主监督的重要方式。人民政协经常性工作通常包括各种会议调研视察、提案办理、反映社情民意等各项工作和活动，是民主党派、无党派人士参与政治协商履行职能、发挥作用的重要方式。第三，国家机关参加政协举办的其他活动，这是政协民主监督日常渠道。如民主质询、网上评议政府、主席质询、专题协商会、提案工作座谈会、委员视察工作座谈会、文史工作座谈会、反映社情民意信息工作座谈会、新闻宣传工作座谈会等。第四，参与国家机关的特邀监督活动。如监察机关聘请人民政协会议委员、民主党派人士和无党派人士作为特邀监督员，监督其工作的开展。

二、人民政协对“一府一委两院”工作监督的实现

中国人民政治协商会议第十二届全国委员会第五次会议开幕式的报告指出：新时期，加强和改进人民政协民主监督的工作，要准确把握人民政协民

主监督的性质定位；切实突出人民政协民主监督重点；有效运用人民政协民主监督方式方法；要始终坚持中国共产党对人民政协民主监督的领导。新的时代条件下，加强人民政协对监察工作民主监督，就要在坚持中国共产党的领导、坚持中国特色社会主义基础上，依据政协章程，充分运用提出意见、批评、建议等方式开展协商式监督，实现人民政协对国家机关工作“协商式监督”的高质量发展。“一府一委两院”即政府、监察委、法院、检察院，人民政协对国家机关的监督，主要就是对“一府一委两院”的监督。[①]

（一）树立新时代“协商式监督”理念

人民政协民主监督是“协商式监督”，主要体现在三个方面：第一，从监督的基本原则看。中国的人民政协从成立到现在，始终坚持平等对待，坦诚相见，畅所欲言，尊重不同意见表达，把协商民主贯穿于参政议政、民主监督全过程；始终坚持增进团结，融协商、监督、参与、合作于一体，广泛凝聚共识、凝聚智慧、凝聚力量。因为人民政协民主监督的日的是促进执政党和政府工作更加科学民主，监督主体和监督客体的目标是一致的。所以民主监督必然是求同存异，理性包容的。第二，从监督的方式方法看。一方面是会议监督，政协常务委员会会议、主席会议、专题协商会、协商座谈会、对口协商会等都会安排一定数量的监督性议题，使政治协商寓于民主监督；另一方面是视察监督，人民政协根据每次监督任务组织委员视察团，深入实际、深入基层、深入群众，听取情况介绍，实地察看，座谈讨论。涉及人民群众利益的大量决策和工作，主要发生在基层，“有事好商量，众人的事情由众人商量，是人民民主的真谛”，使基层协商民主建设寓于民主监督。第三，从监督的程序看。无论是监督议题的确定，还是监督活动的组织以及监督意见的办理，都要经过充分协商。

同时，人民政协民主监督对社会主义协商民主建设也具有重要作用。人民政协民主监督有利于化解社会矛盾，推进社会协商有序进行。参政党民主监督作为实现公民有序政治参与的重要途径，规范了民众参与政治的实践活动，推进协商民主制度化发展。人民政协民主监督有利于党际关系和谐发展，

---

① 张宏伟. 新时代人民政协民主监督的新气象和新作为［N］. 经济日报，2018-01-04.

推动社会主义政党协商建设。党的十八届三中全会指出："发挥统一战线在协商民主中的重要作用。完善中国共产党同各民主党派的政治协商，认真听取各民主党派和无党派人士意见。中共中央根据年度工作重点提出规划，采取协商会、谈心会、座谈会等进行协商，完善民主党派中央直接向中共中央提出建议制度。"统一战线扩大社会整合的边界和张力，在政协会议上各民主党派以党派名义充分发表不同政见，对执政党提出批评建议，既能拓宽社会利益表达渠道，又能广泛调动社会各阶层、各界人士的政治参与，畅通民主协商的渠道，有效避免各种利益冲突。中国特色社会主义参政党在人民政协、人大、政府以及基层组织中更好履行民主监督、参政议政职能，实际上也在推进政协协商、人大协商、政府协商和基层组织协商的有序进行。

（二）把握新时代民主监督机制的要义

人民政协民主监督实践的推进，它的作用已在国家的政治、经济、社会和生态建设的各个领域中逐渐显现出来。人民政协民主监督不仅是发展社会主义民主政治、完善社会主义民主制度、推进中国特色政治发展道路的必然要求，而且也是建设社会主义现代化强国的重要条件。人民政协民主监督的性质与特点决定了它在监督党和国家监察工作和反腐倡廉建设等方面具有重要作用。

第一，健全人民政协民主监督机制，有利于促进人民政协民主监督与其他监督形式形成合力，在中国特色社会主义民主政治建设中发挥作用。党的十九大报告指出："构建党统一指挥、全面覆盖、权威高效的监督体系，把党内监督同国家机关监督、民主监督、司法监督、群众监督、舆论监督贯通起来，增强监督合力。"参政党的民主监督最大特点是"柔性监督"，是权利对权力的监督模式，它不具备法律监督的强制性，但由于它监督方式灵活，监督渠道广泛，主要通过"提出建议、意见和批评"的方式，影响国家权力机关及其掌握权力的相关人员，对那些违反人民意志和利益，滥用权力的人和行为进行制约，保障人民赋予的各级权力得以正常有序的行使和运行。这种以权利制约权力的模式是社会主义监督体系中必不可少的一环。同时，如果参政党针对执政党以及国家机关所提的意见、建议和批评被权力机关所采纳，就会转化为权力监督、上升为法律监督，一些批评和建议借助媒体、网络等新技术手段，广泛流传开来，从而增强参政党民主监督的实效。因此，要加强参政党民主监督与其他监督形式的结合，充分发挥社会主义监督体系中各个监督的特点和优势，促进相互间的合作，尽最大努力形成监督合力，进而提升我国监督体系的整体监督效益。

第二，健全人民政协民主监督机制，有利于妥善解决社会问题和矛盾，减少不同利益群体之间的冲突，各阶层、各党派和各团体的利益诉求表达渠道畅通无阻，实现社会的整体和谐。政治和谐特别是党际关系和谐、社会阶层和谐，是和谐社会的一个重要方面，这就要充分发挥我国政党制度的特点和优势，利用我国政党制度的内在机制去调节政党关系。民主监督机制之所以能够起到沟通、督促、协调、整合的作用，一是人民政协民主监督在一定程度上促进了政府和司法机关工作作风的转变，提升服务质量，缓和公众和政府的矛盾，改善了政府形象；二是人民政协民主监督促使中共依法执政、民主党派依法参政，民主政治有序运转；三是政协委员在民主监督中发挥引领社会作用，倡导团结、友爱、互助、诚信；四是各民主党派、各人民团体、无党派民主人士利用民主监督机制，发挥桥梁、纽带作用，协助党和政府协调社会关系，解决社会矛盾，推进社会公平，维护社会稳定。所以，人民政协民主监督有助于政治系统的和谐，有利于整个社会大系统的和谐发展。

第三，健全人民政协民主监督机制，有利于加强和改善中国共产党的领导、提高其执政能力，融洽各级政府与人民群众的关系。党的十九大强调：“健全依法决策机制，构建决策科学、执行坚决、监督有力的权力运行机制。各级领导干部要增强民主意识，发扬民主作风，接受人民监督，当好人民公仆。”政党始终是反腐败体系的中心，这个特点决定了中国惩治与预防腐败的体系有其独特的价值基础、制度体系和行动逻辑。中共十六届四中全会制定的《中共中央关于加强党的执政能力建设的决定》中明确指出：“贯彻长期共存、互相监督、肝胆相照、荣辱与共的方针，加强同民主党派合作共事，健全有关重大问题决策前协商的制度，真诚接受民主党派监督”，民主党派参政议政的主要平台就是人民政协，由此可见，人民政协民主监督对于共产党决策的监督、廉洁奉公和执政为民的监督，在整个监督体系中占有重要的地位，其政治功能十分突出。随着“四个全面”战略布局的推进，共产党在长期的执政过程中迫切需要民主党派的民主监督，如何防止官僚主义、宗派主义和党内腐败，如何使公共权力在改革开放和现代化建设的新时期得到高效、廉洁、公平、有序地运转等一系列问题的有效解决都离不开民主党派的民主监督。所以说，充分发挥人民政协民主监督作用，是中国共产党实现科学执政、民主执政、依法执政的重要外部推动力。

第五节　完善新时代民主监督机制

一、健全新时代民主监督的常态化机制

我国的基本政治制度决定了人民政协和民主党派监督的常态化。我国的民主党派监督与西方政党之间的相互监督，特别是对执政党的监督有着本质区别。西方政党监督虽然在客观上起着监督制约和遏制腐败的积极作用，但这种监督主要是党派之间争权斗利的政治斗争，对社会治理的消极影响是不言而喻的。我国实行中国共产党领导的多党合作和政治协商的基本政治制度，民主党派的监督在价值目标和机制运行上与党和国家的治理方略具有高度的一致性。因此，必须贯彻长期共存、互相监督、肝胆相照、荣辱与共的方针，加强中国特色社会主义政党制度建设，健全相互监督特别是中国共产党自觉接受监督、对重大决策部署贯彻落实情况实施专项监督等机制，完善民主党派中央直接向中共中央提出建议制度，完善支持民主党派和无党派人士履行职能方法，展现我国新型政党制度优势。发挥人民政协作为政治组织和民主形式的效能，提高政治协商、民主监督、参政议政水平，更好凝聚共识。完善人民政协专门协商机构制度，丰富协商形式，健全协商规则，优化界别设置，健全发扬民主和增进团结相互贯通、建言资政和凝聚共识双向发力的程序机制。①

① 吴建雄．开创党和国家监督体系现代化的新境界——坚持和完善党和国家监督体系的历史逻辑、理论逻辑与实践逻辑［J］．新疆师范大学学报（哲学社会科学版），2019，40（6）：7-17.

新的时代条件下，通过推进常态化机制建设，人民政协民主监督的作用将更具实效性。健全人民政协民主监督的机制，需要从知情明政、协调落实、办理反馈和权益保障四个方面下功夫。知情明政机制主要指，政协委员对于党委和政府相关的会议情况，通过列席会议、情况通报、审阅材料等环节进行全面了解，详细掌握。协调落实机制主要指，加强人民政协专门委员会就有关监督工作与党政部门的对口联系，有效衔接，就相关监督议题和工作安排加强协调配合，认真组织实施和积极跟进落实。办理反馈机制主要指，办理单位应及时以书面、会议通报等形式反馈政协民主监督意见办理、采纳和落实情况，政协相关会议或相关部门要及时或定期将监督意见办理回复情况进行通报。权益保障机制主要指，尊重和保障政协委员在参加民主监督工作中的知情权、参与权、表达权和监督权，维护政协委员对违纪违法行为检举揭发的权利，对于阻挠政协委员参加民主监管，甚至进行压制、打击和报复的，应依纪依法追究责任。

二、建立完善与权力部门协调配合机制

人民政协的民主监督应与执政党自我监督、人大法律监督、国家监察监督等各种权力部门监督力量密切合作，建立协调配合的运作机制。一是建立信息沟通、资源共享制度，加强政协与执政党、政府、人大和社会各界的互相沟通，互通情况，及时了解各方面的信息；二是建立各级政协与各级党委、各级政府、各级人大的固定渠道的对口联系制度和工作制度，互相列席对方的工作会议，互相通报监督工作的进展情况；三是建立重大决策的征求意见制度，在有关经济建设、社会发展和人民群众关心的重大问题决策之前，各级中共党组织、政府、人大、政协应主动邀请社会各界知名专家、学者帮助咨询、论证、调研，充分听取各方面意见；四是建立健全人民政协民主监督员和监督小组机制，各级政协要定期向各部门各单位派出民主监督员和监督小组，在主席会议和常委会领导下开展民主监督工作，民主监督员和监督小组除积极参加有关部门重要会议开展对重大决策、重大执法问题的监督外，要更多地加强对人民群众反映强烈的民生和社会问题的监督，积极查找原因，

寻求对策，及时反映社情民意。①

三、探索实验多种监督形式互动机制

多种监督形式和方式的结合主要包括：宏观问题的监督与微观问题的监督相结合，重点监督问题和日常监督工作相结合，政协民主监督的已有形式与新形式相结合，被动监督与主动监督相结合，常规化、程序化监督与临时性、随机性监督相结合，等等。至于如何使各种监督方式产生互动的效果，是我们今后需探讨的新问题。人民政协民主监督涉及的内容很广，既有宏观层面的，也有微观层面的，应把对国家社会发展的重大问题的关注和对百姓最关心的日常生活问题的关注结合起来，以使人民政协参与国家重大政治问题，更加面向基层、贴近民众。人民政协在履行监督职责时，抓紧督促有关部门查办关系社会民生或突发性的大案要案，保证民主监督走向规范化、有序化、制度化的轨道。在坚持和完善过去行之有效的提案、视察工作、民主评议等监督形式的同时，各级政协还应积极探索和实践新的监督形式，如将群众请人政协，选派民主监督员、网络监督员，等等。以往政协的监督多是发现问题后提出意见、提交提案，今后应加强视察回访，及时跟踪调查，主动帮助职能部门改进工作。为减少监督客体的防范和造假，确保监督的真实性和及时性，今后政协委员应当多增加暗访式的随机性调查。

此外，还应建立政协监督与舆论监督、群众监督有机结合的机制，把人民政协的民主监督与新闻舆论监督有机结合起来。②

四、探索民主监督成果规范和反馈机制

民主监督成果的表现形式。按照目前民主监督的实际运行情况，监督成果可以有多种表现形式，主要形式是调查报告。以往民主监督的调查报告更多的是针对具体事件，但是对国家机关及其工作人员的监督相对较少。针对

① 徐行，崔翔. 试论人民政协民主监督的实现形式和运作机制［J］. 中国政协理论研究，2012（2）：39–45.

② 徐行，崔翔. 试论人民政协民主监督的实现形式和运作机制［J］. 中国政协理论研究，2012（2）：39–45.

国家机关及其工作人员制作调查报告，尚属于新事物，有待于进一步摸索。民主监督的成果还可以表现为其他书面形式，如民主监督中收到的线索，经调查基本属实后转到监察机关内部调查或者转向其他监督方式后，民主党派和政协会收到相关的接收函和反馈文件，这也是民主监督的成果。民主监督中常用的提案也是民主监督成果的表现形式。除此之外，办理记录等文件也可以作为民主监督的成果表现形式。总而言之，民主监督的成果表现形式多种多样。

民主监督成果的内容。在多种多样的表现形式下，内容是相对固定的。第一，成果中需要反映民主监督的启动方式和条件，尤其是对于线索来自外部的特殊民主监督，更要明确接收到线索的时间和处理方式。第二，成果中需要反映具体监督的事项，以及监督主体对这一事项的具体看法和建议。这是整个成果中必不可少的部分。视察报告、提案抑或是建议案都需要讲清所监督的事项、被监督机关的处理方式。第三，成果中需要说明采取了哪些民主监督的行为，由此来说明民主党派和政协是否积极履行了自己的职责。进行民主监督，行为可以多种多样。第四，成果中需要说明民主监督行为实施后，得到了哪些部门的何种反馈。必须明确国家机关及其工作人员是否进行了反馈，其他监督方式中所涉及的机关是否进行了反馈，另一个必须写清的就是收到了哪些反馈。

民主监督的反馈。第一，反馈的表现形式。被监督的机关的反馈并不是必须通过书面形式完成，通过座谈会、工作通报等方式进行反馈也可以。选择哪种方式进行反馈，与民主监督主体采用哪种方式进行监督密不可分。如果采用书面形式进行反馈，则在书面形式框架内，不论是调查报告还是情况反馈都是可以采用的形式。归根结底，被民主监督的国家机关必须作出相应的反馈。[①] 第二，反馈的内容。反馈的内容根据监督方式的不同有所区分。譬如通过特邀监督员对国家机关及其工作人员进行监督的，要通过座谈交流、走访等形式向特邀监督员通报工作情况，听取意见建议，组织特邀监督员参加专题学习和业务培训，定期向特邀监督员寄送有关文件、刊物、资料等。

---

① 马怀德. 监察法学［M］. 北京：人民出版社，2019：352-357.

再比如对于通过提案形式对国家机关及其工作人员进行监督的政协委员，则需要在收到政协全体会议期间的提案之日起5个月内、收到政协全体会议闭会期间的提案之日起3个月内，对提案作出书面答复。提案答复要实事求是、明确具体，内容包括提案反映问题的解决情况、建议的采纳或处理情况等，对未予采纳的建议，要予以说明。

实践中反馈的内容一般包括：在反馈中必须明确是国家机关及其工作人员接受民主监督，以及民主监督的主体及其所采用的方式；一般包含国家机关对所反映问题的解决情况、建议的采纳或处理情况等；对未予采纳的建议，要予以说明。如民主监督主体对办理结果不满意，国家机关要向其作出书面说明；对于尚没有得出结论的事件，则需要对其下一步将采取的行动作出说明。反馈并不是出具一次书面形式的文件就大功告成，在事项没有处理完毕之前，监察机关需要与民主监督的主体主动保持联系，积极披露事件的处理情况。部分答复意见要经本地区本部门负责的同志研究审定，办理结果要通过报告、会议纪要、简报等形式向民主监督主体通报。民主党派、工商联提案在答复前要征求有关民主党派、工商联的意见，答复意见未落实或需要跨年度办理的，承办单位要及时向有关民主党派、工商联作出说明，并组织跟踪督办，充分发挥民主监督成果在加强和改进国家机关工作中的应有作用。

第六章　加强和改进国家行政监督

国家行政机关承担着组织和推动经济社会发展、管理社会事务、服务人民群众的重大职责，必须对人民负责，受人民监督。在国家监察体制改革背景下，加强国家行政管理监督，既是坚持和完善党和国家监督体系的重要环节，也是“建设人民满意的服务型政府”[①]的第一要义。

第一节　行政监督的基本原理与意义

一、行政监督的含义

“行政”一词原意为“在下面的执行者”“管辖下的服务”，后与政府管理一词通用，意指政府机构及其行政决策、行政执法过程中的组织、指挥、沟通、协调、控制和评估等活动。监督一词从《辞源》上讲“监者，临下也、领也、察也、视也”；督则指督责、察其罪，责之以刑罚，使被督者的行为符合规范。英语表述为“Supervision”，也是监视、管理之意。监督作为社会管理过程中的控制手段和控制职能，起始于生产和分配中的记事和契约活动，后引用于军事、公共治理诸领域，现在监督已更多地转向了社会公共事务治

① 习近平．决胜全面建成小康社会　夺取新时代中国特色社会主义伟大胜利——在中国共产党第十九次全国代表大会上的报告［N］．人民日报，2017-10-19（2）．

理中的控制和公共权力运作中的多元多级监控，转向了权利的维护，是人们为了达到政治、经济、文化等方面的某种目的或目标，仰仗知情权、选择权和督促纠正权等权力（利），通过对社会公共治理中若干事务的内部分工约束或外部民主性参与控制等途径，针对公共权力的资源、主体权责、运作效能等，相对独立地开展的检查、审核、评议、批评和督促活动。

在我国的政治体制中，监督是为了在权力集中与统一的状态下充分发扬人民民主，更多地体现为职能分工、权利维护和纠错选择。行政监督是政治监督的一个重要组成部分，从广义上理解，行政监督是指立法机关、行政机关、司法机关、政党、社会团体、新闻舆论等多种政治力量和社会力量对政府及其公务员的行政行为所实施的监察和督导；从狭义上理解，行政监督是指行政机关内部对自己的机构及其公务员的不良行政行为所实施的监察和督导。但无论是从广义上还是狭义上来说，行政监督都是针对政府行政行为的监督，指的是依法享有行政监督权的监督主体根据法制、政策等的规定，对政府及其机构和公务员行政行为的合法性、适当性开展的直接或间接的审视、检查和督促。在这里，行政监督的主体主要由国家宪法、法律、法规和政策等明确规定；行政监督的对象与客体，是政府机关及其公务员的行政行为，含经济调节、市场监管、社会管理和公共服务等方面的措施和活动；行政监督的内容，涉及政府机关及其公务员在决策和执行过程中行政行为的依据、程序、活动的合法性、正当性和绩效。①

二、行政监督的特点

行政监督不同于党内监督、民主监督和其他监督，它是监督主体对国家行政机关及其公务员依法进行监察、检查和督促教育的活动，这一活动贯穿于行政管理的始终，具有制衡性、平等性、强制性、操作性、独立性等特征。

（一）行政监督的制衡性

行政监督作为权力制衡机制，旨在防止滥用权力，杜绝贪污腐败，倡导为政清廉，保证行政管理合理、协调、有序、高效运行。历史经验告诉我们，

① 尤光付．论行政监督内涵的界定［J］．湖北行政学院学报，2008（5）：90-92.

权力不受制约就势必会导致权力滥用，而权力的腐化则是导致国家公务人员贪污腐败的重要原因。因此，要充分发挥行政监督职能，及时督促检查被监督对象依法行政、科学执政、民主执政，以堵纠漏偏、弘扬正气，实现国家治理体系和治理能力现代化。

（二）行政监督的平等性

行政监督的平等性表明各种监督主体尽管层次有别、权力不同，但监督职能基本相同、权力与责任对等、法律地位平等、没有高低贵贱之分，而被监督对象不管其权力大小、级别高低，都一律平等地接受法律的监督，决不允许超权越法，更不允许凌驾于法律监督体系之上。这便要求我们在实施监督职能过程中处理好行政监督与党内监督、人大监督、司法监督、民主监督等各种监督体系的关系。既要保证自身监督职能充分发挥，又要防止滥用行政监督权。同时，还要与纪检监察机关及时沟通、有力配合、协调运行。

（三）行政监督的强制性

行政监督的强制性，有着与其他监督体系不同的本质特点。这说明行政监督是单向意思表示，即无论被监督对象是否愿意，都必须毫无条件地接受监督，以充分发挥被监督的强制约束作用，而这种强制是以法律为准绳、以国家强制力为后盾的。它对监督对象将产生应有的警示力和威慑力，使之受制于法律，以保证行政机关及其公务员依法行政，这是行政管理从人治走向法治的重要保障。在发展社会主义市场经济的过程中，行政监督不仅要强化对行政管理机关是否依法行政的实施监督，而且还要对其运行程序和操作方式加以监督和制约，因为行政法制比之于经济法制更注重有序运行。

（四）行政监督的操作性

行政监督的操作性在于它注重有效督查行政主体依法行事、严格执法，力求监督及时到位、覆盖周全、周而复始、持之以恒。为此，它着眼于法律实施，强调紧密结合监督运行实践，使监督不仅有法可循，而且便于运用和利于操作，产生应有的社会效益。在实践中，行政监督的操作性是检验监督是否有力、到位的重要尺度，它要求行政监督的各项法律、法规必须切实可行，做到监督对象具体、内容明确、程序规范，不能过于原则和抽象。

（五）行政监督的独立性

行政监督的独立性是其所有特性的基础和前提。这种独立性不是独立于社会完整统一的监督体系和法律监督之外，更不是独立于党的领导之外。它只是依其性质、原则、职能要求而必须独立于被监督对象之外，即从机构设置、人员配备、经费保障以及权力行使、职能发挥等方面，都不能受制于被监督对象，应具有相对的独立性，并且只受制于授权主体，向最高行政首长负责，忠于法律、忠于人民，不受非法制约和干扰，从而依法独立行使监督权。行政监督机构独立于被监督对象之外，这是保障依法监督的关键。否则，监督职能就难以有效发挥，这也是深化行政体制改革的重要内容。

可见，行政监督的自身特性具有区别于党内监督、人大监督、司法监督、民主监督、舆论监督、群众监督等乃至其行政管理职能的显著标志。如果说党内监督以纪律约束为主，舆论监督则侧重舆论和道德评价，它们均以自律机制为前提，而行政监督比较注重强制约束力，将他律机制与自律机制紧密结合为一体，更加突出了监督的权威性。倘若进行深层分析，就不难发现行政监督的上述各种特性之间不是平行对等的，它是一个相互联系、相互作用、相互结合的有机整体。其中，权力制衡性是根本出发点和落脚点。因为不受制约的权力有腐化的必然趋势，所以权力必须受到制约和监督，这是依法行政、依法治国的根本保障。离开了权力制衡性，行政监督的其他特性就失去了它的存在价值。行政监督的平等性是依法监督不可缺少的条件，它依据宪法所规定的统一、平等原则，显示着社会主义法制的公平和正义，这是行政监督有序运行的前提和基础，它不允许任何背离法律的行为和凌驾于法律之上的特权存在。行政监督的强制性是关键，因为没有国家强制力保障的监督，无法实现监督的真正实效。行政监督的操作性是实现权力制衡的有效机制。而行政监督的独立性则是实现监督职能的重要保障，它以监督主体法律地位的平等性为基础，以保证监督运行和强制惩处为核心，以实施监督的可行操作为条件，使行政监督达到应有的社会效益。因此，上述行政监督特性在动态运行中，构成完整有序的监督保障机制，为国家行政机关和公务员依法行政、科学行政、民主行政，转变政府职能，增强政府公信力和执行力，建设法治政府和服务型政府奠定了基础。①

三、行政监督的必要性和意义

行政监督的历史，无论在东方还是在西方，都是源远流长的，世界各国都普遍重视对行政监督的研究。行政监督的必要性是建立在国家权力迫切需要监督的价值观念之上的。权力本身并不会腐败，而且权力离开了一定的机构和人员也不能运行，但人的价值观念、思想态度、道德品质都会对权力的使用产生影响。正如孟德斯鸠所说："一切有权力的人都容易滥用权力，这是万古不易的一条经验……有权力的人们使用权力一直到遇到有界限的地方才休止……从事物的性质来说，要防止滥用权力就必须以权力约束权力。"②

第一，实施行政监督是保障行政机关正确行使行政权力的必然要求。行政人员作为社会里的一个特殊的利益集团，如果没有有效的行政监督机制，当行政目标与行政人员的个人利益相冲突时，实际的情况往往是整体利益得不到保护，个人利益成为第一位的考虑。鉴于这种情况，必须对行政机关及其工作人员实施行政监督。实施和加强对行政行为的监督，能够及时发现问题并及时加以解决，防止或纠正违法或者不当的行政行为，惩罚行政人员违法犯罪行为，使国家保持正常的行政秩序。

第二，加强管理监督是行政机关的第一要义。行政机关作为经济社会发展的组织的管理者，承担着按照党和国家决策部署推动经济社会发展、管理社会事务、服务人民群众的重大职责。在"坚持为人民服务、对人民负责、受人民监督、创新行政方式、提高行政效能"的过程中，加强行政管理监督，也是"建设人民满意的服务型政府"的第一要义。此外，国家行政机关在实施行政管理活动中，由于种种原因，可能出现违反法律规定，侵犯公民、法人和其他组织的合法权益的情况。实施和加强对行政行为的监督，可以尽可能使公民、法人和其他组织的合法权益免受侵害，即使受到了侵害，监督主体可以根据不同的情况，采取措施，通过适当的方式和手段，得到相应的补偿。

① 彭友锋．反腐倡廉必须切实发挥行政监督的功能［J］．攀登，1996（S1）：88-91.

② 孟德斯鸠．论法的精神［M］．译林出版社，2016：138-142.

第三，通过行政监督，可促进公务员队伍的加快建设。在我国，政府的宗旨是为人民服务，国家公务员不论职位高低、权力大小，都是人民的公仆。实施和加强对行政行为的监督，将行政机关的行政活动置于广大人民群众的监督之下，可以增强国家公务员的公仆意识，促进其更好地为人民服务。同时，国家行政机关在行政管理活动中，由于种种原因，会存在人浮于事、办事拖拉、不负责任、相互推诿等官僚主义现象以及利用手中的行政职权牟取私利等现象，严重影响和败坏了党和政府的形象，损害行政机关的权威，这就要求必须完善行政监督体制，要求行政机关更加严格执法。

第四，加强行政监督是发展民主政治，建设社会主义法治国家的重要途径。发展民主政治，就是使人民充分行使民主监督权，参政权和议政权，保证人民真正当家作主，管理国家的权力的真正落实。监督权是人民的基本政治权利之一。这是具有中国特色社会主义的行政监督的一大优势。检查本行政区域内国家行政机关及公务员是否遵纪守法、履行职务，并依法作出相应的处理决定。行政监督，能够加强国家行政人员的法制观念，从而使依法行政的原则在现实行政行为中得到贯彻。首先研究解决行政法律规范自身存在的问题，如对条文规定不具体、不明确，或发现有过时或违法时，应及时研究解决。其次，指导监督对象的行政执法活动，处理监督对象在行政执法中越权、滥用职权或失职渎职行为。

综上所述，行政监督的作用和意义在于对行政的政治方向和对行政政策的贯彻执行起方面保证作用，保护国家、社会、集体和公民合法权益，推进行政法制化造就优秀政务家和公务人员。通过行政监督，保障行政机关正确地行使行政权力，保护公民、法人以及其他组织的合法权益和国家的整体利益。

第二节 我国行政监督体制的演变

一、我国行政监督体制的历史概况

中国作为一个具有五千多年悠久历史的文明古国，行政监督的历史可以追溯到西周时期。西周时已出现了早期的成文行政法律规范，成书于东周的《周官》，记载了自西周以来行政设官任职以及处理中央政府与封国之间关系的法律内容，其中涉及行政职责的划分和对地方权力的控制，可以看作是中国最早的行政监督法律文件。随着社会历史的不断发展，中国古代有关权力监督的法律法规也逐渐完善，历朝历代丰富的行政监督实践为我们留下了宝贵的财富，其中有许多经验也是值得我们目前行政监督制度所借鉴的，比如重视权力监督的立法建设，再比如建立多途径、多环节的整体监督机制。

中国共产党人一直以来都十分重视行政监督工作的开展以及制度建设。在领导中国革命和建设的伟大实践中，毛泽东同志提出了一系列有关行政监督和反腐倡廉的理论、观点，并采取了许多行之有效的措施，其思想精髓在今天看来仍然具有十分重要的指导意义。早在革命战争年代，在苏维埃区域，尽管条件艰苦，环境险恶，但腐败现象时有发生，如浪费、贪污、任用私人、以权谋私等，对新生政权的存在和发展威胁很大。为此，以毛泽东为代表的中国共产党人，为了建立有别于腐败的国民党政府的廉洁新政府，进行了长期的探索。在毛泽东看来，加强监督、反对腐败，实行廉洁政府的有效途径就是走民主之路。他认为，只有让人民起来监督政府，政府才不敢松懈。毛泽东走民主之路的理论，包含着许多具体内容，如要发挥人民群众的监督作用、注意民主集中制的发挥、重视监督主体的多元化，等等。新中国成立后，我国行政监督体制不仅继承了古代行政监督的精华，也吸收了民国时期的一些合理做法，同时借鉴了国外经验，逐渐探索完善了新中国的行政监督体系。然而由于历史原因，较完整的行政监督体系在20世纪80年代中期形成，经过不断完善和发展，直至今日我们已经初步建立了一套具有中国特色的较为全面、完整的行政监督制约机制。

二、从行政监察监督到行政管理监督[①]

从全面加强对公权力监督的视角看，我国行政监察在制度设计上存在监察主体地位低、监察职权措施少、监察对象范围窄等诸多弊病，严重影响了行政监察的制度功效。进入新时代，以习近平同志为核心的党中央作出深化国家监察体制改革的重大决策，将行政监察法修订为国家监察法，整合行政监察与检察反贪力量，组建国家和地方各级监察委员会，提升了监察主体地位，拓展了监察权限措施，扩大了监察对象范围。既往的行政监察监督上升为国家监察监督，行政监督实质转化为行政管理监督。行政管理监督因其专业性、综合性和实体性等特征，在国家监督体系中具有特定的重要地位和作用。

（一）行政管理监督的专业性

无论从宪法的角度还是从公共行政的可接受性和有效性来看，行政监督制度的设立及其有效实施都是必要的。[②] 随着民主和法治建设的发展，我国已形成了一套通过多渠道对行政机关实施监督的行政管理体系。从实施监督的主体来看，行政监督可分为外部监督与内部监督两大类。其中内部监督是指监督主体和监督客体同属于一个组织系统，包括行政系统内部上下级之间相互实施的监督和专门机构实施的监督。现代政府机构林立、职能繁杂，行政事务也日益专业和技术化。“官僚最重要的资源是信息和专业技术。政府拥有自己的信息，这些信息集中于官僚机构。与信息相伴随的是理解和解释信息的专业技术。”[③]行政机关的外部人员一般难以真正了解行政机器的运作，在通常情况下，外部监督难以介入权力的生产、分配及运行过程。[④] 而行政管理机关处于行政系统内部，便于和监督对象沟通并获取所需的监督信息。同时，

① 刘峰铭．国家监察体制改革背景下行政监察制度的转型［J］．湖北社会科学，2017（7）：146–152.

② 汉斯·J．沃尔夫，奥托·巴霍夫，罗尔夫·施托贝尔．行政法［M］．高家伟，译．北京：商务印书馆，2007：17–25.

③ 盖伊·彼得斯．官僚政治［M］．聂露，李姿姿，译．北京：中国人民大学出版社，2002：63–71.

④ 魏昌东．国家监察委员会改革方案之辨正：属性、职能与职责定位［J］．法学，2017（3）：3–15.

行政管理还可以借助行政层级的特点实现对行政机关的高效监督。

（二）行政管理监督的综合性

行政管理监督是管理与监督的有机结合。它有以行政组织的科学化和行政行为的合理合法为目的，以对违法违纪行为的惩戒和公民合法权益的保护为补救的本质属性。行政管理监督并不是纯粹的反腐监督，不仅要促进政府廉洁从政，更要保障政府依法行政和高效勤政。行政管理监督的综合性表现在监督对象上不仅包括行政机关的公职人员，也包括行政机关自身；在监督内容上不仅要监督廉政情况，同时也要开展执法监督和效能监督。执法监督是对有执法权的行政机关和人员的执法行为进行监督，目的是规范执法行为，防止有法不依、执法不严和执法犯法现象的发生，确保政令畅通。效能监督是对行政机关的整体配置效益及其行政行为的效率与质量进行的整体性监督，旨在改善行政管理、提高效能。廉政监督、执法监督和效能监督三方面共同彰显行政管理监督的综合性。

（三）行政管理监督的实体性

行政管理监督作为行政权的行使具有实体性，集中表现在对监督对象的行政处分权。在对所有行使公权力的公职人员监督中，监察政务处分和行政监督处分并行不悖。根据《公职人员政务处分法》的规定，国家监察机关和国家行政机关按照干部管理权限，分别享有对违法的公职人员给予政务处分和行政处分的权力。国家行政机关要保障各项工作依法依规顺利进行，必须加强行政管理监督，及时受理和查处公职人员职务违法行为，并给予相应的行政处分，这不仅是行政管理监督的重要内容，而且是强化行政管理监督的重要抓手。

三、我国现行行政管理监督体系

按照各监督主体与行政机关的关系，我国现行的行政管理监督体系分为内部行政监督体系和外部行政监督体系，它们既相互分工又密切合作，通过科学合理的交叉与组合，构成了我国行政管理监督的严密网络。外部监督体系是指政府系统以外，由依法对行政组织享有和行使行政监督权力，并发挥行政监督作用的机构、组织以及人员所构成的行政监督系统。它主要由权力机关监督、执政党监督、人民政协和民主党派的监督、司法监督、其他社会组织的监督、舆论监督、人民群众的监督等部分组成。内部行政管理监督体系主要包括以下四个方面：

一是上级行政机关对下级行政机关的监督，包括国务院对全国的一切国家行政机关实行统一领导和监督。国务院是我国最高一级的国家行政机关，它有权监督所有行政机关的行政管理工作。我国宪法规定，国务院有权“改变或者撤销各部、各委员会发布的不适当的命令、指示和规章”，“改变或者撤销地方各级国家行政机关不适当的决定和命令”。国务院对各级国家行政机关的监督还可通过各种专业会议和工作报告制度的方式进行；各部、委和国务院直属机构有权对省、自治区、直辖市的对应部门实行监督。我国《地方各级人民代表大会和地方各级人民政府组织法》规定：“省、自治区、直辖市的人民政府的各工作部门受人民政府统一领导，并且依照法律或行政法规的规定受国务院主管部门的业务指导或领导。”地方各级人民政府可以对自己的工作部门和下级人民政府以及设在本辖区内不属于自己管理的国家机关实行监督。

二是下级行政机关对上级行政机关的监督。我国的各级行政机关，都实行民主集中制的原则。不仅上级行政机关可以监督下级行政机关，下级机关也同样可以监督上级机关，向上级机关提出批评和建议，上级机关也必须虚心听取意见，并及时根据这些意见调整自己的行为。

三是互不隶属的行政机关之间的相互监督。行政机关在国家行政管理过程中，互不隶属的行政机关也时常会发生业务上的联系，如发现对方的行政行为中有失误、不当或者违法现象，就应及时加以监督指正，必要时也可以向其上级行政机关甚至最高国家行政机关反映、汇报情况。

四是行政机关内部特别机构的监督。国家机关为了某种需要，专门设立特别机构对行政机关的全部行政管理活动或部分行政管理活动实行监督。包括公安监督、审计监督、工商监督、海关监督、环境保护等专业性行政监督。应该说，我国行政机关的内部监督是最直接、最有效的监督。但内部监督也有一定的局限，特别是自上而下的监督，实践中常常会遇到很大阻力和干扰。这就需要加强外部监督，以弥补内部监督的不足。

第三节 新时代行政管理监督的机制创新

党的十九届四中全会《中共中央关于坚持和完善中国特色社会主义制度 推进国家治理体系和治理能力现代化若干重大问题的决定》指出:“坚持和完善党和国家监督体系，强化对权力运行的制约和监督。”必须健全党统一领导、全面覆盖、权威高效的监督体系，构建一体推进不敢腐、不能腐、不想腐体制机制。这是对新时代充分发挥中国特色社会主义制度优势的新要求，是健全完善反腐败体制机制的方向性指引，开创了我们党和国家监督体系和监督能力现代化的新境界。

世界历史发展证明，腐败现象的滋生蔓延，严重影响政府的权威，威胁国家的政治稳定。它不仅损耗政府的效能，造成公共管理的混乱，破坏社会资源的优化配置，导致国家资产的流失，而且践踏法制和道德，致使公众法律信念淡漠和社会道德水准下降。现代社会政府及其公务员的贪污腐败现象是不可否认的社会疾病，肃贪倡廉已成为人们的共识。纵观近几年查处的各类经济案件，不难发现一个共同特点，那就是国家干部利用手中的权力从事经济违法犯罪活动、权钱交易是诸多经济违法犯罪案件的共同特点。这种权钱交易往往是由于缺乏必要的行政监督或是监督不力造成的。事实证明，行政监督与腐败是此消彼长的关系。因此，要彻底消除权力商品化及贪污腐败现象，根本途径在于以法制权，这是依法治国的必然要求，而以法制权的关键在于强化对行政权的监督，包括监察机关监察监督和行政机关管理监督。各级政府要以法律法规为重要抓手推进法治政府建设，把法律法规作为行政决策、行政管理、行政监督的重要标尺。

一、强化行政机关管理监督职能责任

首先强化行政机关党政领导班子的主体责任。行政机关管理监督的主体责任，首要的是加强党对国家行政管理工作的领导和监督，主要包括五个方

面：一是通过制定正确的路线、方针、政策来实现党对国家行政管理工作的领导和监督；二是通过党的各级组织对各级政府及其部门具体实施党的路线、方针、政策和国家的法律、法令的过程实行监督；三是通过推荐优秀党员干部担任政府重要职务来实现党对政府工作的领导和监督；四是通过宣传教育和思想政治工作等手段来实现党对政府公职人员的领导和监督；五是通过党的纪检和国家监察机构审查和处理党员和公职人员违反党纪法规的行为实行监督。各级行政机关领导班子肩负着管理监督行政权廉洁高效运转的职能责任。要通过立法形式明确监督管理权限、职责、地位及活动范围、方式、程序等，唯有如此，才能明确各主体之间及主客体之间的责任、权利和义务关系，才能建立起切实有效的责任追究制，保证行政责任的正确实现和追究。避免出现“管理乏力”或“监督真空”，把监督的职能责任落到实处。

其次加强行政监督要敢抓敢管、严抓严管、善抓善管。在当前机关事业单位内部，存在着一种人，他们时刻以“老好人”思想待人处事，这些人在工作生活中怕得罪人，不敢坚持原则，喜欢一团和气。为赢得好人缘的人，既不敢得罪上级，又不愿责备下级，凡事得过且过，睁只眼闭只眼，工作没力度，办事没原则，是一种典型的无纪律、无原则的行为和表现，其实质是对别人、对自己、对工作的不负责任，是一种渎职行为。如果 个党员干部只愿当“老好人”，不坚持原则，工作流于形式，不安排，不落实，会极大地贻误机关部门开展工作，进而败坏一个单位干部队伍的风气。如果此风盛行，必将导致一个社会没有原则、没有正气、没有是非观和对错观，必将影响党和国家事业的发展，损害党的执政形象，失去群众的信任和拥护，危及党的执政之基。因此，党员干部要讲真话，办实事，坚持正义，对所辖部门单位要敢抓敢管、严抓严管、善抓善管。第一，敢抓敢管是担当。敢抓敢管彰显了政治担当，体现了斗争精神，直接影响政治生态。我们要深入学习领会习近平总书记关于加强领导干部教育管理监督的重要论述，切实担起职责，发扬斗争精神，真正做到对党负责、对事业负责、对干部健康成长负责。第二，严抓严管是责任。各级领导干部尤其是“一把手”要把教育管理监督干部的责任抓在手上、扛在肩上，党委（党组）书记要牢记第一职务是党的书记、第一责任是管党治党，切实管好班子、带好队伍；其他班子成员要认真履行

“一岗双责”，既要管业务，也要管思想、管作风；相关部门要加强协调配合，促进信息互通，增强监督合力。第三，善抓善管是能力。要抓早抓小，党组织、纪检监察机关要分类及时处置反映干部问题的线索，运用好监督执纪“四种形态”的第一、二种形态，督促干部有则改之、无则加勉；领导干部要自觉接受同级监督、日常监督，加强对分管部门干部的管理。要有教有诛，既通过思想教育引导干部严守纪律规矩，又通过正风肃纪形成有力震慑。

最后把教育管理和日常监督结合起来。反腐斗争的经验表明，一个人的腐败变质，首先是由政治思想上的颓废、空虚开始，进而走上经济上的违法犯罪，生活上的腐化堕落，最终蜕变成腐败分子。据此，预防和治理腐败必须从思想教育入手。具体说就是要加强思想政治建设，通过学习马克思列宁主义、毛泽东思想、邓小平理论、“三个代表”重要思想、科学发展观、习近平新时代中国特色社会主义思想来锻炼自己的党性，增强党员干部的使命感和责任感，树立监督者必须接受监督的意识，确立正确的权力观和人生价值观。党员干部的权力不是与生俱来的，是人民赋予的，没有任何私利和特权，有的就是为人民作贡献。要时刻牢记自己是人民中的一员，行使权力必须为人民服务，行使权力必须接受人民监督，让权力在阳光下运行。要坚持依法依规用权，不能把权力用在牟取个人私利上，不能把权力用在照顾亲友上，要把权力用在正道上，用到人民身上，把权力关进制度的笼子，真正用活用好权力。同时还要加强行政人员的素质和业务培训，通过培训来提高他们的行政监督的政策水平、工作能力等基本素质。

二、坚持和完善行政管理监督的有效机制

（一）完善确保行政管理系统政令畅通机制

政令不畅的原因是多方面的，但监督机制不严密，责任追究“落空”等情况出现，无疑使一些地方和干部玩弄各种花样时肆无忌惮。一些官员在执行政策时，不是从实际出发，按照中央要求办事，而是从自身利益出发，个人利益或部门利益高于一切，对上级政策精神搞“选择性”执行，使得政策法规在执行中走样变味。俗话说：“政通则人和，政通则国兴。”小的方面影响领导者的决策，大的方面则影响整个国家建设和进步，政令不畅可谓贻害无

穷，上传下达不能落实就会使上级不能很好地了解实情真情，言路不通就会使决策者变成聋人、盲人，就会严重地脱离实际、脱离群众。

如何实现政令畅通？有学者提出：其一，实行公文和指挥系统上下直达，中央政令可以同时直接到达各个省、市、县、乡，自治区、自治州、自治县和各个层级部门，取消逐级下达上传模式，省、市级政令也参照这个模式，去除中间环节。中间层级只能起监督、监管、协调职能。其二，各个地方省、市、县，自治区、自治州、自治县党政“一把手”一律由中央直派，全国统筹交流。中央直接任免、监察，他们直接对中央负责。其三，严格管理，对不作为、阳奉阴违、开倒车的机构坚决解散，不能解散的实行重组。对有关官员、公务人员严加惩戒，参照证券市场做法，对其处以终身禁入公务员和党政机关、执法机关、民意机关、公办企事业机构的官员队伍的惩罚。第四，精兵。大力裁减官员和机关公务人员，减少人浮于事、无事找事、事不关己高高挂起的官僚作风。取消公务人员身份终身制，实行雇佣制、聘用制，缴纳养老保险和失业保险，打破金饭碗，破除万般皆下品、唯有当官高的心理。其五，简政。大力减少审批事项、审批手续，取消各种形式的评比、评选、竞赛、创建活动；大力裁减合并部门机构和直属机构及其内设机构、附属机构、部门；大力简化地方省级机构部门及其职能；在地域辽阔的地方如新疆、内蒙古和人口众多的地方如山东、四川、河南、广东实施分省；取消非直辖市的市管县体制；取消设区市的区级政权机构设置；取消自治州或直接将部分自治州升格为省级政权；合并人口数量过少的县、乡。一个西部县至少要10万人口、东部县至少30万人口。一个西部乡至少1万~3万人口、东部乡至少3万~5万人口。其六，强化社会监督和举报机制。强化责任追究制和引咎辞职制。其七，有关政令都要标注实施起始日期和终止日期。标注行政机关、官员和公务人员的执行责任和赔偿责任。

（二）增强行政执法和行政管理“一岗双责”刚性

加强行政执法监督，是新时期、新形势、新任务的需要，是纠正党风政风、防止腐败发生的重要措施。近年来，随着依法治国方略的深入实施，我国的行政执法工作取得了很大成绩，行政机关的办事效率和合法程序较以前已有大大改善。但由于种种原因，百姓的抱怨声还是时有见诸报端。现实生活中，我们经常从各类媒体，特别是网络上看到对行政执法权力滥用的揭露和批判。从许多事实来看，权大于法、情重于法、贪赃枉法的现象在行政执法中还严重存在。这不仅损害了党和政府在人民群众中的声誉和形象，而且严重破坏了法律的尊严，影响了依法治国和社会主义法治建设的进程。产生这些问题的原因甚多，最根本是在于在执法环节中对行政权力的行使缺乏深刻认识和缺乏有效监督，权力与责任脱节。权力缺少监督，必然导致腐败。在数以千计的法律法规中，属行政执法范畴的占了八成以上。毫无疑问，要实施依法治国，建设社会主义法治国家的治国方略，就必须花大力气抓好行政执法党风廉政建设工作。

行政执法管理部门既要抓好分管的业务工作，又要同时抓好分管部门的党风廉政建设，把反腐倡廉、案件防范工作与业务工作同研究、同规划、同布置、同检查、同考核、同问责一起执行，增强“一岗双责”的制度刚性，真正做到“两手抓、两手硬”。在开展基层廉政建设工作期间，应该强化对“一岗双责”执行情况的监督，了解“一岗双责”落实的具体现状，针对不合理之处，及时地进行调整和改进，以确保廉政建设工作的开展更加稳定。同时，进一步明确中层干部以及分管领导的年度个人总结以及述职报告等，了解其中所涵盖的党风廉政建设责任制内容，从而更好地开展建设工作，使党风廉政建设和反腐败工作始终保持应有的力度。从法律制度、政策、方法等诸方面加强和改进对行政执法行为的监督制约，尽快形成科学高效的执法监督新机制，加强和改善行政执法，提高执法水平。

（三）健全党委政府的齐抓共管制度体系

通过党委政府的齐抓共管实现党内监督和行政管理监督的整体强化。党委（党组）在各地区、部门和单位处于总揽全局、协调各方的领导核心地位，在党内监督中负主体责任。党委负责党务，研究决策，制定方针，交由政府执行；政府是党在地方执政的重要载体，服从同级党委的领导，具体执行党委决策。党委与政府是领导与被领导的关系。党委与政府的关系也决定了在国家监督体系中，党内监督是核心和引领，行政监督是抓手和平台，二者相辅相成，有机统一。党委和政府应齐抓共管、上下联动，坚持以党内监督为主导，加强党的领导，发挥党委作用，以党内监督带动和促进行政监督，充分发挥行政监督的支撑作用、保障作用，促进行政监督与党内监督有效衔接、有机贯通、相互协调、形成合力。在成果运用上共通共享，建立监督成果通报、推送、共享等机制，促进监督检查、审查调查、巡视巡察、审计等发现的问题应享尽享，相互支持，充分利用。

三、充分发挥公职人员政务处分惩戒功能

（一）树立“监察主导、管理尽责”的理念

理念是行为的先导。在行政管理监督中树立“监察主导、管理尽责”监督理念，既是落实监察机关国家监督专责和行政管理监督职责的首要前提，又是巩固和深化国家监察体制改革、改进和加强行政管理监督题中之义。在对所有行使公权力的公职人员的监督中，监察机关的政务处分和行政机关的行政处分都是强化对行使公权力公职人员监督的重要抓手和法律利器。

“监察主导”和“管理尽责”相辅相成，不可或缺。监察委员会是对公职人员进行监督的专责机关，对职务违法的调查处置是其主责主业，具有至高的宪定性，这就决定了职务违法双重管辖制度中监察优先的必然性。在对公职人员违法行为的调查处理中，监察机关居于主体地位并发挥指导作用。也就是说，监察机关不仅要履行对违法公职人员适用《中华人民共和国公职人员政务处分法》（以下简称《政务处分法》）的职责，而且有责任有义务对行政机关依照《政务处分法》和相关法律法规，对违法公职人员适用处分进行指导。而行政机关要保障各项工作依法依规顺利进行，必须加强行政管理监督，及时受理和查处公职人员职务违法行为，这是行政管理监督的重要内容，而且是强化行政管理监督中的应有之义。

树立“监察主导、管理尽责”惩戒工作新理念，必须把握“纪严于法、法严于刑”的监督逻辑。强调纪严于法，就是把党的纪律挺在法律之前，管住党员和党组织；法严于刑，就是把《政务处分法》等挺在刑事法律之前，管住所有掌握公权力的公职人员；对“破”纪、“破”法的职务犯罪者施以刑罚制裁。为此，必须厘清“违纪”“职务违法”“职务犯罪”的不同概念。违纪是党组织和党员违反党的纪律的行为；职务违法是公职人员实施的与其职务相关联、依法应当追究政务法律责任的行为；职务犯罪是公职人员实施贪

污贿赂、渎职侵权等应当追究刑事责任的职务犯罪行为。职务违法是违纪行为和职务犯罪行为的“中间地带”。《政务处分法》作为专门对职务违法行为进行规制的法律，处于“纪严于法、法严于刑”的关键环节，即公职人员发生职务违法行为，给予相应的政务处分，具有党员身份的先予党纪处分，构成犯罪的移送司法机关追究刑事责任。

（二）把握错责相当、宽严相济的原则策略

《政务处分法》对政务处分的准确实施提出了总体要求，规定“给予公职人员政务处分，坚持党管干部原则，集体讨论决定；坚持法律面前一律平等，以事实为根据，以法律为准绳，给予的政务处分与违法行为的性质、情节、危害程度相当；坚持惩戒与教育相结合，宽严相济”。既体现了公平正义的法治保障原则，又昭示了党和国家的干部政策和治理腐败的基本策略。

政务处分的错责相当，与刑事司法的罪刑相适应原则同根同源，是极为重要的法治原则。错责相当的要义是指责任追究的轻重，应当与职务违法行为和承担的法律责任相适应。职务违法重的处分则重，职务违法轻的处分则轻。也就是说，政务处分的性质和强度要与违法的性质和严重程度相适应，轻违轻责，重违重责，错责相称，处当其责。在对具体违法裁量处置时，不仅要考虑违法行为本身的轻重，而且还应考虑职务违法应承担处分责任的轻重。违法责任的轻重实际上是一种综合评价指标，不单纯指违法行为所造成的可测量的确定的某种危害结果，而是违法的客观的、主观的和主体的各方面因素的有机结合。要实现错责相当，就要“坚持以事实为根据，以法律为准绳”。“以事实为根据”，就是严格证据标准。对违纪违法事实的判断，无论是与否、此与彼、重与轻，都需要靠证据来说话。要客观、全面地收集证据，既要收集能够认定违纪违法事实的证据，也要注意收集存在减轻和从轻情节的证据，做到去伪存真、去粗取精，最大限度还原事件的本来面目。要防止出现事实和性质认定不准、政策法规适用不当、执法尺度不一、处理畸轻畸重等现象，真正实现公职人员政务处分的公平正义。

宽严相济是我国的基本刑事政策，贯穿于刑事立法、刑事司法和刑罚执行的全过程。党纪国法、政务处分和刑事追究在内容上是相互贯通和衔接的，在本质目标上是一致的。《监察法》和《政务处分法》均将“宽严相济”入法，

纪委监委合署办公，既执纪又执法，用好纪律和法律两把尺子，依据党章党规党纪管住所有党员，运用宪法法律法规实现对所有行使公权力的公职人员监察全覆盖，纪法协同、层层防治。《监察法》和《政务处分法》既与监督执纪"四种形态"的要义相一致，又与我国基本刑事政策相贯通。《政务处分法》根据《监察法》确立的政务处分种类，规定了六项政务处分内容和四种政务处分期间。在此基础上进一步明确了政务处分的适用规则，规定了"从重给予政务处分""从轻或者减轻给予政务处分""免予或者不予政务处分"的各种情形。其中规定："阻止他人检举、提供证据的"应从重给予政务处分；"主动交代本人应当受到政务处分的违法行为的"可以从轻或减轻给予政务处分；"公职人员因不明真相被裹挟或者被胁迫参与违法活动，经批评教育后确有悔改表现的"可以减轻、免予或者不予政务处分。

（三）坚持惩治违法、保护担当的价值取向

《政务处分法》在总则中规定："给予公职人员政务处分，应当事实清楚、证据确凿、定性准确、处理恰当、程序合法、手续完备"，"公职人员依法履行职责受法律保护，非因法定事由、非经法定程序，不受政务处分"。并以三个专章，对政务处分的调查程序、审查程序、处理程序、救济程序、监督程序等作出严格规定，强调不得以非法方式收集证据。同时，在"违法行为及其适用的政务处分"专章中，将"诬告陷害，意图使他人受到名誉损害或者责任追究"的行为列入职务违法应当受到政务处分的情形，充分体现了既惩治公职人员的职务违法，又保护公职人员履职担当的价值取向。

严守法定程序是惩治"违法"、保护"担当"的基本途径。惩治"违法"、保护"担当"的实体公正不仅应当实现，而且应当以人民群众看得见的方式实现，这就是程序的重要价值所在。程序公正不仅是实体公正实现的前提和保障，而且本身也具有独立的价值。法定程序，对于限制随意性、化解矛盾、缓解冲突、满足需求、补救权利、防止权力滥用等都具有十分积极的作用。实践中，严守法定程序应当以实现实体公正为目标，程序公正则不同，往往决定实践发展的方向和性质上的差异，执法活动中就可能存在着诸如指向正义的程序和指向非正义的程序。而作为正义的程序，也就是正当程序，不仅体现了公平正义的基本理念，而且使当事人在案件查处过程中感受到客观、公平、公正，从而对其重拾信心、改正错误起到积极的促进作用。同时，程序正义必须维护当事人的合法权益，充分尊重当事人应有的知情权、陈述权、申辩权、申请回避权等程序性权利。实践中应克服“重实体，轻程序”的观念，纠正只重视案件处理结果，忽视案件处理程序、违法调查、违法取证的错误做法，该有的程序一个都不能少，前后的次序一点都不能乱。任何一项免于处分和处分决定，都要经过集体研究，绝不能个人决定。无论是谈话函询，还是初步核实和立案审查调查，都要严格按照审批权限报批，从而确保每一个政务处分案件“事实清楚、证据确凿、定性准确、处理恰当、程序合法、手续完备”。

实施政务处分，惩戒职务违法，加强对公职人员监督，蕴含着防止权力任性和权力滥用，促进公职人员依法履职、担当作为的意旨。践行这一意旨，就要切实落实《政务处分法》关于“非因法定事由，非经法定程序，不受政务处分”的规定，把干部在推进改革中因缺乏经验、先行先试出现的失误和错误，同明知故犯的违纪违法行为区分开来；把上级尚无明确限制的探索性试验中的失误和错误，同上级明令禁止后依然我行我素的违纪违法行为区分开来；把为推动发展的无意过失，同为谋取私利的违纪违法行为区分开来，保护那些作风正派又敢作敢为、锐意进取的干部。查处诬告陷害的违法行为是保护担当的题中之义。检举控告是监督党员和公职人员、适用《政务处分法》的主要渠道，同时又是每名党员、群众的权利。但检举控告也应符合程序规范，反映情况要客观真实，不得诬告陷害。《中国共产党纪律处分条例》与《刑法》《监察法》《政务处分法》等党内法规和国法中都有针对诬告陷害行为的相应处理规定。实施《政务处分法》，既要畅通检举控告渠道、发挥群众监督作用，准确地惩治职务违法行为，又要通过有效规范检举控告秩序、严肃查处诬告陷害行为，将保护正常行使检举控告权与惩治诬告陷害行为统一于具体的执纪执法实践中，实现对党员干部监督权和人格权的一体保护，营造党员、群众监督的良好环境。①

① 吴建雄. 公职人员职务违法惩戒制度的理论逻辑和有效实施［J］. 行政管理改革，2021（6）：20–31.

第七章　发挥司法监督法治保障作用

司法是解决社会矛盾冲突的终结机制和维护公平正义的最后一道防线。中国特色社会主义司法制度与西方三权分立格局下的司法制度有着明显不同。西方国家的司法机关与政党的是一种隐秘型的关系，而我国司法机关与中国共产党是被领导与领导的关系。司法机关在党的领导下依法独立行使审判权和检察权，这就决定了我国的司法监督是党和国家监督体系的刚性支撑和法治保障。

第一节　司法监督法治保障概述

一、司法监督的政治认知

国家权力本身所固有的强制性，使其可以通过自身的力量来规定社会生活的基本方向，规范社会公众的行为模式，并获得合理性、合法性支持。缘于此，权力在运用过程中极易对权力执掌者产生诱惑和腐蚀。“有权力存在，就有被滥用的可能”“没有制约的权力容易产生腐败”。如何破解这个难题，先哲们经过不懈探索，得出的政治密码就是加强监督，并使之具有必不可少的强制性，达到“以权力制约权力”的目的。

我国实行的是中国共产党领导下的人民代表大会制度。中国共产党的领导是中国特色社会主义制度体系的最大特色，没有第二个政党可与之平起平坐。这就需要解决一个关键问题：谁来监督我们权力的行使？1945年7月，在延安那场著名的“窑洞对”中，面对黄炎培“其兴也勃焉，其亡也忽焉”的历史周期率担忧，毛泽东语气铿锵地表示：“共产党人已经找到能跳出这周期律的新路，我们能跳出这周期律，这条新路，就是民主。只有让人民来监督政府，政府才不敢松懈。只有人人起来负责，才不会人亡政息。”[①] 正是基于这样的远见卓识，中国共产党始终在探索自我监督的道路上不懈努力，特别是在政治上不断拓展监督路径和方式，在实践中持续探索完善自我净化的党内监督体系。

党的十八大以来，以习近平同志为核心的党中央以前所未有的勇气和定力推进全面从严治党，加强顶层设计，推进党和国家监督体系建设迈出历史性步伐：从强化政治监督，到推进纪律监督、监察监督、派驻监督、巡视监督“四个全覆盖”；从开展国家监察体制改革试点，到修改宪法、依法组建国家及地方监察委员会，形成“一府一委两院”权力架构，再到出台首部反腐败专门立法监察法，改变了政府系统内设监察机关的架构，解决了以前行政监察对立法、司法机关以及企事业单位公职人员等监督无法覆盖的问题；2020年初，十九届中央纪委四次全会部署统筹推进纪检监察体制改革，推动完善党统一领导、全面覆盖、权威高效的党和国家监督体系……一系列动作层层深化、压茬推进，构建起党统一指挥、全面覆盖、权威高效的党和国家监督体系总体框架，极大地拓展了党长期执政条件下解决自身问题、跳出历史周期率的成功道路。

党的十九大作出重大判断：中国特色社会主义进入新时代，我国社会主要矛盾已经转化为人民日益增长的美好生活需要和不平衡不充分的发展之间的矛盾。新时代，人民群众物质文化生活需要已经从“有没有”转变为“好不好”，在民主、法治、公平、正义、安全等方面有更高水平、更丰富内涵的需求。这是一个关系全局的历史性变化，对整个党和国家工作都提出许多新的、完全不同的要求。同时，受新冠肺炎疫情影响，世界大变局加速演变的

① 毛泽东. 毛泽东文选［M］. 北京：人民出版社，1999：291.

特征更趋明显，国内发展面临的不确定性因素增多，党肩负的使命任务更加艰巨繁重。直面这样的形势任务，归根结底就是牢记习近平总书记反复强调的一句话：打铁必须自身硬！

要实现自身硬，就必须加强监督，各种监督都要有、都要强。在党和国家监督体系中，党内监督是最基本的、第一位的，起主导作用，党内监督有力有效，其他监督才能发挥作用。这个主导作用，根本是由党的领导地位决定的。党政军民学，东西南北中，党是领导一切的。中国特色社会主义制度的最大优势是中国共产党的领导。新中国成立70多年来，我们党全面领导、长期执政，制度优势已经充分彰显，但也面临许多风险和挑战，最根本的挑战来自党自身。注重党的自我监督是马克思主义政党的政治品质。习近平总书记指出，自我监督是世界性难题，是国家治理的哥德巴赫猜想，我们要通过行动回答“窑洞之问”，练就中国共产党人自我净化的“绝世武功”。① 习近平总书记深刻指出：“对我们党来说，外部监督是必要的，但从根本上讲，还在于强化自身监督。” ② 党内监督不起作用，从严治党就失去了根基，根基不稳，其他各种形式的监督都会失去意义，必然导致失效。这种基础性地位，是党内监督主导作用的主要体现。只有发挥好党内监督的主导作用，才能为国家机关监督、民主监督、司法监督、群众监督、舆论监督提供方向和标准，才能让各方面监督在党的统一指挥下各司其职、相互贯通，构成完整监督体系，真正形成监督合力。推动党内监督和其他监督有机贯通、相互协调，必须严格贯彻落实《中国共产党党内监督条例》，使党内监督与有关国家机关监督、民主党派监督、群众监督和舆论监督结合起来，形成监督合力，这包括：支持人大及其常委会履行监督职权；支持司法机关通过依法独立公正行使审判权和检察权，依法查处领导干部失职渎职、滥用职权等行为；支持人民政协依照章程进行民主监督；自觉接受人民群众监督，畅通信访举报渠道，及时回应人民群众关切；加强舆论监督，为全面从严治党营造良好舆论氛围。完善党和国家监督体系，根本方向是以党内监督带动、促进其他各方面监督，

---

① 中共中央党史和文献研究院．十九大以来重要文献选编：上［M］．北京：中央文献出版社，2019：198．

② 习近平在第十九届中央纪律检查委员会第三次全体会议上的讲话［R/OL］．新华网，2019-01-11．

建立更加科学、更加严密、更加有效的中国特色社会主义权力监督体系。①

二、司法监督的检察要义

在党的十九届四中全会《中共中央关于坚持和完善中国特色社会主义制度 推进国家治理体系和治理能力现代化若干重大问题的决定》中强调的司法监督，主要指检察机关和审判机关依照法定职权和程序对国家公权力进行的监督。一方面，从司法权作为国家权力体系的重要组成部分来看，司法监督是党和国家监督的重要形式，不可或缺、不可替代。司法监督是司法权的延伸和发展，与行政监督、人大监督、民主监督、审计监督等各类监督一起，以各自的监督优势和方式，从不同的层面发挥监督作用。另一方面，从司法效力的终局性来看，司法监督是使党和国家监督更具震慑的必要保障。与其他监督方式相比，司法监督依法具有人身财产强制性，比如检察机关对职务犯罪的批捕、起诉，审判机关对职务犯罪的有罪裁判，往往涉及限制、剥夺人身自由、财产权利等。从一定意义上讲，司法监督是党和国家监督体系中强制性程度最高的监督机制，也可以说是党和国家利用监督手段，维护公权力依法正确行使的“最后一道防线”。

我国《宪法》第一百三十四条明确规定：“中华人民共和国人民检察院是国家的法律监督机关。”检察机关的法律监督是司法监督的主要表现形式，是党和国家监督体系的重要组成部分，肩负着保障宪法法律正确实施，维护国家法制统一、尊严、权威的特殊职责。赋予检察机关法律监督职能的主要原因如下：

第一，现代检察制度起源时就蕴含着监督属性。检察官出现之前，欧洲国家普遍实行纠问式诉讼制度，法官既是犯罪控告者也是审判者，缺乏规范约束。法国大革命后把起诉权从审判权中分离出来，交由“国王代理人”——检察官行使，强调不诉不审，从此法官绝对的司法权有了监督制约，其后检察官又逐渐被授予监督防范警察滥用职权的职能。检察权的产生使起诉权和审判权分离，形成了对警察权、审判权的监督与制约，防止警察恣意、法官擅断。

第二，由我国政治体制所决定。我国是中国共产党领导的社会主义国家，在人民代表大会制度之下，国家权力授予不同机关行使，客观上要求对权力

① 王松苗．加强监检衔接配合 更好形成监督合力［J］．人民检察，2020（16）：7-11.

运行有一个有力的监督制约体系。人民检察制度从创立之初，就以监督法律统一正确实施为使命。人民检察制度于1931年在瑞金诞生至今，检察机关的法律监督几经风雨，不仅没有取消，反而越走越稳，就是因其与我国政治体制、与中国特色社会主义制度高度契合，在实践中充分发挥了职能作用，体现出了重要价值。自1979年恢复重建以来，检察机关的法律监督职能由刑事领域向民事、行政、公益诉讼领域逐步拓展，监督对象从原来的侦查权、审判权、执行权，扩展到了检察监督所涉的行政权，与社会主义民主法治建设进程的适应性不断增强。

检察机关的法律监督，与纪委监委监督、各级党组织对党员的监督、人大权力监督、政协民主监督等相比，有其自身的特点。比如，法律监督具有事后性，只有法律规定的属于法律监督的情形出现以后，才能启动监督程序。又如，在刑事诉讼过程中，检察机关是实实在在的中间环节，虽然有不起诉、不批捕等权力，但作为一种防错、纠错的程序性机制和制度安排，检察机关的法律监督总体不具有实体、终局的决定权。

有人担心，现行的权力架构中有两个监督权，需要改革。笔者认为，检察监督与监察监督不仅不冲突，而且相辅相成。从监督对象来看，监察机关的监督对象主要是公职人员的职务违法和职务犯罪；检察机关的法律监督除了对涉嫌犯罪的行为予以追诉外，主要监督诉讼所涉侦查机关、审判机关、执行机关以及行政机关的违法行为和错误决定。简言之，监察机关监督的主要是行使公权力的“人”；检察机关监督的主要是行使国家权力的部分“机关”。同时，检察机关主要通过监督这些机关行使国家权力的“事”来实现对机关的监督。虽然“人”与“机关”或“事”有时难以区分，但大的方面是明确的。从监督内容和目的来看，监察机关监督的主要是公职人员履行职责的廉洁性和勤勉性，目的是保证公职人员廉洁奉公；检察机关监督的主要是有关机关行使国家权力的合法性，目的是维护国家法制统一和法律的正确实施。两个机关从不同角度和层面，以不同的方式方法，分别对公权力行使和法律实施进行监督，共同努力实现海晏河清。[①]

① 王松苗. 加强监检衔接配合更好形成监督合力［J］. 人民检察，2020（16）：7-11. ；

三、司法监督的审判要义

一是把依法独立审判与服从服务大局结合起来。抓好反腐败斗争中查获的大案要案的审判，是人民法院的首要任务。实践证明大案要案影响大、震动大抓好大案要案的审判对于反腐败工作推动力度也大。大案要案审判的政治性和政策性都很强，必须全面贯彻从严治党和依法治国方略，始终坚持在党的领导下依法进行，讲求审判法律效果与社会效果有机统一。要善于从政治上看问题，进一步强化服从和服务大局的意识。党和国家监督体系形成的反腐败领导机制和工作机制，是适合我国国情的，是行之有效的，必须认真坚持。人民法院的审判工作要坚定地置于党的领导之下，纳入反腐败工作全局之中，这是重要的工作原则必须始终坚持。同时，人民法院依法独立行使审判权的宪法原则也必须坚持。我国刑法和刑事诉讼法对贪污贿赂、徇私舞弊、弄权渎职等腐败行为明确规定为犯罪，并对查处和惩治腐败犯罪设定了严格的法律程序，人民法院在审理具体案件的时候，应当严格依法办案，把好案件的事实证据关、适用法律关和审判程序关，把每一起案件都办成“铁案”并经得起历史的检验。这是宪法和法律赋予人民法院的职责也是人民法院在反腐败工作中应尽的责任。

二是把贯彻从严方针与体现宽严政策结合起来。依法从严惩处严重经济犯罪分子是人民法院必须长期坚持的方针。对于那些犯罪数额大、情节严重、影响恶劣的腐败犯罪分子必须依法从严惩处。依法该重判的一定要重判，依法应当判处财产刑的要坚决判处，做到罚当其罪，让潜在的腐败分子看到腐败犯罪的风险和成本，使其不敢铤而走险。要正确理解和贯彻依法从严惩处的方针。依法从严惩处，重在查处，重在搞准，不能理解成为不加区别地一律重判。要把坚持依法从严惩处方针和继续贯彻惩办与宽大相结合的刑事政策有机结合起来，在具体案件的处理上做到区别对待。对于有法定从轻、减轻或者免除处罚情节的，一定要依法体现政策，真正取信于人，分化瓦解犯罪。政策和策略是党的生命也是反腐败斗争取得成效的一个法宝。

三是把审理具体案件与参与防治腐败结合起来。反腐败要坚持标本兼治、综合治理方针，不断加大治本的力度。审判工作的特点决定了人民法院在反腐败工作体制中的主要任务是依法惩办犯罪，但惩办腐败犯罪的根本目的是在于预防和减少犯罪。通过审判工作积极参与对腐败的源头治理，是人民法院义不容辞的责任。要充分运用公开审判以案说法的作用震慑腐败分子，教育干部群众。腐败案件往往是在法院宣判的时候才案情大白、一锤定音，因此，人民法院要注意搞好案件的宣判和宣传，既要向人民群众表明反腐倡廉的决心和效果，又要注意选择好时机，把握好尺度，确保取得好的社会效果。另外，在审理案件过程中，要注意发现在某些制度和环节上存在的问题，及时向发案单位、有关部门提出司法建议，堵塞漏洞、加强管理、预防犯罪。这些都是人民法院参与治本的有效形式，要更加积极主动地广泛开展并长期坚持下去。

四是把加强审判工作与法院廉政建设结合起来。人民法院是反腐败的重要职能机关，加强自身的反腐倡廉工作显得更加重要。各级法院应坚持两手抓两手都要硬，在加强各项审判工作的同时按照党风廉政建设责任制的要求，切实抓紧抓好队伍廉政建设。要牢固树立“打铁必须自身硬”的监督理念，坚持把思想政治建设摆在第一位，按照政治过硬、业务过硬、责任过硬、纪律过硬、作风过硬的要求，全面提高审判人员职业素养和专业水平，努力营造风清气正的良好生态。

第二节 法律监督的时代要求

一、增强法律监督的政治自觉

党的十九届四中全会通过的《中共中央关于坚持和完善中国特色社会主义制度推进国家治理体系和治理能力现代化若干重大问题的决定》(以下简称《决定》)提出，“坚持和完善党和国家监督体系，强化对权力运行的制约和监督”，强调“健全人大监督、民主监督、行政监督、司法监督、群众监督、舆论监督制度，发挥审计监督、统计监督职能作用。以党内监督为主导，推动各类监督有机贯通、相互协调”。党和国家监督体系是国家治理体系的重要组成部分，没有监督这个“免疫系统”参与的治理是不完整、不健康的治理。在贯彻落实党的十九届四中全会精神、推进国家治理体系和治理能力现代化的大背景下，检察机关必须深化对党和国家监督体系的理解认识，切实回答好为什么要加强法律监督、如何改进和加强法律监督的时代之问，以期为推动各方面监督贯通协调、相得益彰提供有力的司法保障。

党的十八大以来，以习近平同志为核心的党中央对检察机关法律监督工作高度重视。习近平总书记在庆祝全国人民代表大会成立六十周年大会上提出要加强检察监督；在向第二十二届国际检察官联合会年会暨会员代表大会发来的贺信中指出，中国检察机关是国家的法律监督机关，承担惩治和预防犯罪、对诉讼活动进行监督等职责，是保护国家利益和社会公共利益的一支重要力量；在中央政治局第二十次集体学习时强调要加强民事检察工作，加强对司法活动的监督，畅通司法救济渠道，保护公民、法人和其他组织的合法权益。党的十八届四中全会、党的十九届四中全会更是对法律监督工作提出了明确要求。这都充分体现了党中央特别是习近平总书记对检察工作的亲切关怀，表明了对新时代检察机关法律监督提出了更高要求。

最高人民检察院党组织始终把落实习近平总书记重要指示精神和党中央决策部署作为首要政治任务，坚持“讲政治、顾大局、谋发展、重自强”的检察工作总体要求，聚焦更好发挥在国家治理特别是党和国家监督体系中的应有作用，提出一系列积极主动适应、跟上的思路举措，推动各项法律监督工作取得新的发展进步。但正如张军反复强调的，现有工作都还只是“破题”，必须持之以恒“解新题”“答难题”！从坚持和完善党和国家监督体系的角度来看，法律监督工作还存在一些短板弱项。比如，检察机关的法律监督长期存在“重刑轻民”问题，刑事检察“一家独大”，民事检察相对薄弱，行政检察更是“短板中的短板”“弱项中的弱项”。又如，法律监督能力还存在明显不足。不敢监督、不愿监督、不善监督，说到底都与能力不足有关。对于这些问题，最高检党组正在努力从学习领悟习近平新时代中国特色社会主义思想中寻找答案，以更强烈的政治自觉、法治自觉和检察自觉履职尽责，努力实现刑事、民事、行政、公益诉讼检察工作全面协调充分发展，在健全党和国家监督体系、促进国家治理体系和治理能力现代化中更好地发挥法律监督的特殊作用。[①]

二、监察体制改革后的监督定位

2016年10月，党的十八届六中全会决定深化国家监察体制改革，整合反腐败工作力量，建立集中统一、权威高效的监察体系。检察机关坚决贯彻落实党中央决策部署，按照党中央确定的“时间表”和“路线图”，全力支持配合国家监察体制改革。2018年2月，全国四级检察机关反贪、反渎和预防职务犯罪部门职能、机构、人员按时完成转隶。

国家监察体制改革后，检察机关在反腐败大局中始终坚持两个定位：一是反贪转隶后，检察机关仍然承担着对监察机关调查案件依法采取强制措施、补充侦查、审查起诉以及诉讼监督等职责，这些都是反腐败斗争的重要组成部分，检察机关仍然在反腐败斗争中责无旁贷。二是检察机关仍然是反腐败斗争的一支重要力量。根据修改后的《刑事诉讼法》《人民检察院组织法》的规定，检察机关对司法工作人员部分职务犯罪行使侦查权，主要涉及侵犯公民权利、损害司法公正犯罪的14个罪名。这是党中央对检察机关的充分信任，也是维护司法公正的重大制度设计。

反腐败斗争是党中央集中统一领导下的总体战、整体战。在这场关系党的生死存亡的斗争中，中央纪委国家监委发挥着至关重要的统筹指挥作用，检察机关的主要职责是配合中央纪委国家监委，履行职责使命，形成反腐败工作合力。《宪法》第一百二十七条和《监察法》第四条规定：“监察机关办理职务违法和职务犯罪案件，应当与审判机关、检察机关、执法部门互相配合，互相制约。”检察机关自觉坚持党对反腐败工作的绝对领导，坚持以宪法法律确立的互相配合、互相制约原则为根本遵循，主动与监察机关加强沟通配合，逐步完善监检衔接机制。在工作理念上，最高检一直强调，配合是政治要求，必须自觉落实到位；制约是法定责任，不落实就是失职。在机制建设上，2018年最高检配合中央纪委国家监委制定《办理职务犯罪案件工作衔接办法》，实现了无缝衔接。在具体实践中，检察机关在审查起诉和退回补充

---

① 王松苗．加强监检衔接配合 更好形成监督合力［J］．人民检察，2020（16）：7–11.

调查的全过程，注重与监察机关保持良好沟通，办案质效不断提高，取得很好的政治效果、法律效果和社会效果。特别是在查办司法工作人员部分职务犯罪中，最高检要求各级检察机关对发现的案件线索，全部向纪委监委通报，如果纪委监委决定全案立案调查，就全案移交纪委监委办理；如果纪委监委认为检察机关立案更合适，则检察机关依法立案侦查；如果纪委监委认为由纪委监委和检察机关分别管辖更为适宜，就分别办理。立案以后也要及时向纪委监委通报，便于纪委监委了解情况，更好统筹反腐败总体工作。

三、完善职务犯罪检察工作机制

总体来看，国家监察体制改革以来，监检衔接运行顺畅、平稳，但随着案件量逐步增加，具体工作中也遇到一些新情况。比如，在退回监察机关补充调查方面，有的检察机关对退回补充调查条件把握不准，不应退查而退查，没有很好地适用自行补充侦查措施；个别案件存在“应当退而退不出去”的现象。又如，各地检察机关对于监察机关移送起诉后，审查发现遗漏罪行或其他应当追究刑事责任的人应如何处理，对此理解和做法不统一，有的认为应退回补充调查，有的认为应作为线索移送。再如，在查办司法工作人员部分职务犯罪工作中，有的检察机关怠于与监察机关沟通衔接，在线索移送、互涉案件办理、情况通报方面，存在不同程度的不愿沟通、不会沟通，甚至不敢沟通等问题。

在查办职务犯罪工作中，检察机关应重点从三个方面改进：一是积极协助中央纪委国家监委完善监察法、刑事诉讼法衔接各项制度机制。配合国家监委研究制定有关加强和完善监察与刑事司法衔接机制的指导性意见。对贪污贿赂刑事案件办理中亟待明确的有关问题进行规范和细化。二是加强与纪委监委沟通协商，建立类案和个案相结合的协商机制。针对实践中存在的衔接不明确、法律法规空白、执法司法理念差异等问题，在个案办理程序问题上与纪委监委加强沟通协商，在类案证据标准、法律适用等实体性问题上共同研究建立长效机制。三是积极稳妥推进司法工作人员相关职务犯罪侦查工作，进一步加强与纪委监委的协作配合、沟通衔接，形成依法惩治司法腐败的合力。四是大力加强队伍建设，提升能力素质，适应新形势下反腐败斗争的更高要求。[①]

四、优化监检衔接监督运行机制

一是更好发挥纪委监委在党内监督体系中的主干作用，协调、督促各类监督主体各司其职、各尽其责。纪委监委监督是专责监督，在整个监督体系中居于主干地位。健全和完善党和国家监督体系，理应更好发挥纪委监委监督的统领、督促等作用。一方面，需完善党内监督与其他监督的有效衔接制度。在党委统一领导下，建立纪委监委与其他监督职能部门日常沟通联系机制，健全信息沟通、线索移送、措施配合、成果共享等工作机制。另一方面，需完善纪委监委对其他监督的"再监督"制度。在监督推动其他监督有效发挥效能的同时，更加注重监督推动其他单位职能监督的贯通。比如在实践中，政法机关之间制约不足、配合不够等问题时有发生，影响执法司法公正和效率，实际也是司法监督中存在的问题，需要通过加强"再监督"促推各执法司法机关落实好"党领导下各政法机关分工负责、相互配合、相互制约"原则，增强司法监督质效。

二是加强对行政执法与刑事司法衔接工作的监督。党的十八届四中全会《中共中央关于全面推进依法治国若干重大问题的决定》明确提出，"健全行政执法和刑事司法衔接机制"。近年来，最高检与有关部门就完善"两法衔接"机制陆续出台了一系列配套文件，规定了案件移送、受理、监督等工作程序。许多地方建立了"两法衔接"信息共享平台，部分省级检察院联合有关部门下发了"两法衔接"实施细则。虽然取得了一些重要进展，但仍面临一些突出问题。一方面，行政执法机关有案不移、以罚代刑问题仍未得到有效解决。一些行政执法部门向司法机关移送案件很少，有的甚至是空白，与实际案发情况严重不符。另一方面，"两法衔接"机制尚缺乏明确的法律规范。多数情况下开展工作靠协商协调，而不是靠刚性的法律规范予以保证。国家监察体制改革后，对于是否仍由检察机关对行政执法机关移送涉嫌犯罪案件进行监督产生了不同认识，无论是检察机关开展监督的积极性，还是行政执

① 王松苗．加强监检衔接配合 更好形成监督合力［J］．人民检察，2020（16）：7-11.

法机关配合监督的自觉性、主动性，都受到不同程度的影响。应尽早明确对行政执法机关移送涉嫌犯罪案件的监督责任，防止因职责不清晰导致“两法衔接”不畅。

三是划清纪检监察与法官、检察官惩戒的职能边界，加强对司法权运行的监督。建立法官、检察官惩戒制度是党中央关于司法体制改革的重大决策部署。2016年10月，最高人民法院、最高人民检察院共同发布《关于建立法官、检察官惩戒制度的意见（试行）》的通知。当前，存在争议的问题是如何界定法官、检察官惩戒与纪检监察职能的边界，进而构建法官、检察官惩戒程序与纪检监察程序相衔接的机制。比如，对于法官、检察官故意违反法律法规办理案件或者因重大过失导致裁判结果错误并造成严重后果，需要给予政务处分的，是否应由法官、检察官惩戒委员会先行审查认定其构成故意违反职责或存在重大过失后，再由法院、检察院或监察机关依法作出处理决定。再如，根据《法官法》第四十八条、《检察官法》第四十九条的规定，对于违反审判职责、检察职责的行为，惩戒委员会提出审查意见后，由法院、检察院予以惩戒，但《监察法》规定监察机关也有权调查并作出处理。基于这些问题，应尽快划清纪检监察与法官、检察官惩戒的职能边界，更好完善司法权运行监督机制。①

第三节　审判监督的法定职责

一、运用审判职能，依法惩治职务犯罪

在审判职务犯罪案件工作中，人民法院应坚决贯彻党中央反腐败斗争决策部署，不断提高治理腐败效能。一是高质量完成中管干部职务犯罪案件的审判。党的十九大以来，人民法院共审结中管干部职务犯罪案件67件，判处无期徒刑13人，并对陕西省委原书记赵正永、内蒙古自治区人大常委会原副

① 王松苗．加强监检衔接配合 更好形成监督合力［J］．人民检察，2020（16）：7-11.

主任邢云判处死缓并终身监禁，严厉惩处政治问题与经济问题交织的腐败案件，取得了良好的政治效果、法律效果和社会效果。二是坚决惩治扶贫等民生领域腐败和人民群众身边的“微腐败”，着力打通巩固发展反腐败斗争压倒性胜利的“最后一公里”，一批中饱私囊的基层腐败犯罪分子受到法律应有的惩处，为决胜全面建成小康社会、打赢脱贫攻坚战提供了有力的司法保障。三是将反腐败斗争与扫黑除恶专项斗争结合起来，深挖黑恶势力背后的公职人员腐败问题，依法从严审理了一批涉黑涉恶腐败和“保护伞”案件，人民群众的获得感、幸福感、安全感不断提升。四是坚决惩处金融风险背后的腐败问题，国家开发银行原党委书记、董事长胡怀邦，中国华融资产管理股份有限公司原党委书记、董事长赖小民，工商银行上海分行原党委书记、行长顾国明等一批违背党中央金融工作决策、大搞权钱交易、严重危害国家金融安全、经济安全的腐败犯罪分子被依法定罪处罚。其中，赖小民受贿、贪污、重婚一案，是全面从严治党的标志性案件，被告人弃守金融风险底线，以稀缺金融资源为筹码谋取私利，仅个人受贿金额就高达人民币17.88亿余元，2021年1月29日，赖小民被依法执行死刑。该案系新中国成立以来查处的贪污贿赂犯罪数额最大的案件，也是自2008年以来首个以受贿罪判处死刑并执行的犯罪分子，充分彰显了党中央惩治腐败的坚强决心。五是从严惩处政法领域的贪腐犯罪，依法审判了公安部党委原委员、副部长孟宏伟，吉林省人民检察院党组原书记、检察长杨克勤，安徽省高级人民法院党组原书记、院长张坚等一批以权谋私、贪赃枉法的腐败分子和害群之马，切实维护了政法队伍的肌体健康。六是加大国有企业反腐败力度，强化企业合规管理，严厉惩处“靠企吃企”、滥用职权等导致国有资产重大损失的“蛀虫”。2018年至2021年6月，全国法院对1043名被告人以国有公司、企业、事业单位人员滥用职权罪和非法经营同类营业罪、为亲友非法牟利罪等罪名予以惩处。

党的十九大报告指出，要坚持无禁区、全覆盖、零容忍，坚持重遏制、强高压、长震慑，坚持受贿行贿一起查，坚决防止党内形成利益集团。全国各级法院认真贯彻落实党中央部署，将坚持受贿行贿一起查作为实现腐败问题标本兼治、巩固发展反腐败斗争压倒性胜利的重要举措，不断加大对行贿犯罪的打击力度，取得了积极成效。2018年至2021年6月，人民法院依法审结行贿、单位行贿、对单位行贿、对有影响力的人行贿、对非国家工作人员行贿案件8621件，生效判决9810人。当前，行贿人“围猎”党员领导干部仍是腐败犯罪发生的重要原因，人民法院要突出重点，对以下行贿行为进行严厉惩处：一是多次行贿、巨额行贿以及向多人行贿，特别是党的十八大后不收敛不收手的；二是党员和国家工作人员行贿的；三是在国家重要工作、重点工程、重大项目中行贿的；四是在组织人事、执纪执法司法、生态环保、财政金融、安全生产、食品药品、帮扶救灾、养老社保、教育医疗等领域行贿的；五是实施重大商业贿赂的，等等。

为巩固和提升反腐败斗争成效，人民法院在审判职务犯罪案件中始终高度重视涉案赃款赃物的追缴工作，强力切断腐败资金链条。2020年至2021年上半年，全国法院共判决追缴职务犯罪赃款赃物价值396.1亿元，并已实际追缴，尽最大可能地挽回损失，摧毁腐败犯罪的经济基础。[①]

二、积极参与反腐败国际追逃追赃工作

反腐败国际追逃追赃是反腐败斗争的重要组成部分。习近平总书记指出：“不管腐败分子逃到哪里，都要缉拿归案、绳之以法。”[②]充分体现了党中央对反腐败国际追逃追赃的坚定决心。人民法院不断提高政治判断力、政治领悟力、政治执行力，从维护国家利益和国家安全的高度，深入推进反腐败国际追逃追赃工作，取得了明显成效。2018年至2021年6月，全国法院共审理外逃人员回国受审案件1129件，审理违法所得没收案件90余件，追缴违法所得逾82亿元，另有土地数百亩及地上建筑物、房产数十处以及外币、国债、基金等。其中，回国受审的既有“百名红通”人员杨秀珠、李华波、蒋谦、巴连孝等，也有影响重大的普通红通人员姚锦旗、黄海勇等，均在国内外产生了深远而良好的警示效应，促使一大批外逃分子选择了主动回国投案；同时对负隅顽抗、妄图抵抗不回的黄艳兰、彭旭峰、白静、徐进等人启

① 王晓东．依法从严惩治腐败犯罪 实现职务犯罪审判工作高质量发展［N］．人民法院报，2021-10-14（5）．

② 习近平．决胜全面建成小康社会夺取新时代中国特色社会主义伟大胜利——在中国共产党第十九次全国代表大会上的报告［N］．人民日报，2017-10-19（2）．

动违法所得没收程序，有效挽回国家损失，并达到以追赃促追逃的效果。对死亡的犯罪嫌疑人、被告人亦坚持“任何人不得从其违法行为中获利”原则，从山西省原副省长任润厚违法所得没收案到青岛饮料集团原董事长、总经理张正欣违法所得没收案等，确立多项开创性的举措和审判规则，有力推动了“追逃追赃并重”目标的实现。

2018年《刑事诉讼法》修改设立缺席审判制度，这是反腐败国际追逃追赃的重大制度创新，人民法院积极采取有效措施予以稳步推进。此类案件的被告人即使不出庭，在事实清楚，证据确实、充分的情况下，通过缺席审判程序仍然能够依法对其定罪量刑，明确其犯罪分子的身份，对犯罪所得予以追缴。目前，关于缺席审判程序适用的专门司法解释正在紧锣密鼓地制定之中，一批缺席审判案件将陆续落地，这将向已经外逃和可能外逃的贪腐分子发出强烈信号——无论逃到天涯海角，也逃脱不了法律的制裁。①

三、做好审理职务犯罪的法法衔接

为加强党对反腐败工作的统一领导，推进国家治理体系和治理能力现代化，党中央作出国家监察体制改革的重大决策部署。随着《宪法》《监察法》《刑事诉讼法》的修订制定工作相继完成，当前国家监察体系总体框架已经基本建立，国家监察体制改革取得重大阶段性成果。在最高人民法院的有力指导下，全国各级法院坚决贯彻党中央关于国家监察体制改革的重大决策部署，把配合推进国家监察体制改革作为重大政治任务，结合职能职责采取有力措施予以贯彻落实。特别是，自觉地把法法衔接工作放到推进国家治理体系和治理能力现代化的大局中谋划，聚焦国家监察体制改革中的新情况新问题，主动与监察、检察机关对接，有针对性提出对策，建立对接机制，制定对接办法，加强沟通，依法配合，加速磨合，取得显著成效。

在办理案件过程中，人民法院对发现的涉嫌违纪违法案件线索及时移送给纪检监察机关。当下，党员、国家工作人员身份信息核查，刑事案件信息通报，违纪违法线索移送等相关方面已经形成工作机制并在全国法院推行。

---

① 王晓东．依法从严惩治腐败犯罪 实现职务犯罪审判工作高质量发展［N］．人民法院报，2021-10-14（5）．

最高人民法院并已会同中央纪委国家监委、最高人民检察院、公安部专门就国家监察体制改革司法审判配套工作中的程序问题制定了相关文件，内容包括管辖、证据、涉案财物处理等多个方面。此外，最高人民法院正会同有关部门抓紧研究制定《关于办理贪污贿赂刑事案件适用法律若干问题的解释（二）》等一批配套司法解释，进一步规范监察与刑事司法衔接中的实体及程序问题，着力提升反腐败斗争的整体效能。

新时代新征程对人民法院的职务犯罪审判工作提出了新的更高要求。审判机关须认真学习贯彻习近平全面从严治党和反腐败斗争的系列论述，践行习近平法治思想，进一步增强做好职务犯罪审判工作的政治责任感和使命感。牢固坚持党的绝对领导，增强“四个意识”、坚定“四个自信”、做到“两个维护”，充分履行审判职能作用，把严的主基调长期坚持下去，为深入推进全面从严治党、巩固发展反腐败斗争压倒性胜利提供有力支撑。要牢固坚持以审判为中心，深入贯彻宽严相济刑事政策，严格落实罪刑法定、疑罪从无、证据裁判原则，严把案件事实关、证据关和法律适用关，确保将每一起案件办成经得住历史和法律检验的铁案。要树牢风险意识，强化责任担当，加强组织保障，健全审判管理，确保职务犯罪审判工作扎实开展、有序推进、稳妥进行。要按照政治坚定、业务精通、经验丰富、作风优良的标准要求，打造一支讲操守、讲奉献、能战斗、敢担当、守纪律的尖兵强队，努力实现职务犯罪审判工作高质量发展。①

四、探索实施刑事缺席审判制度

刑事缺席审判案件具有从立法到具体实践的指标性意义，体现了我国反腐败工作的新的法治途径在司法实践中的确立，显示我国反腐败的司法努力取得的新成果，彰显了检察机关在反腐败工作中发挥着程序推动和质量把关作用。

2018年《刑事诉讼法》修改确立缺席审判制度。缺席审判，对应的是“对席审判”，是指法院在被告人不出庭的情况下，对案件进行审理和判决。刑事

① 王晓东. 依法从严惩治腐败犯罪实现职务犯罪审判工作高质量发展［N］. 人民法院报，2021-10-14（5）.

诉讼原则上实行对席审判，只有特殊情况才实行缺席审判。这是因为刑事审判涉及个人或者单位的罪责问题，干系重大。我国刑事缺席审判制度主要应用于贪腐人员外逃案件。对于这些外逃贪腐人员，国家有关部门采取了一系列措施加以打击，由于我国现行法律法规有些与国际社会不能衔接，导致一些问题颇为棘手。建立我国的刑事缺席审判制度，可以更有效地对外逃贪官进行打击。因为在对潜逃贪官的逃往国进行引渡申请或谈判时，一些国家往往会根据其是否已被该逃出国依法定罪而做决定，一旦确定了罪犯身份，根据公约，一般情况下签约国就有义务支持引渡申请。因此，在世界范围内通缉腐败犯罪已成为各国面临的一个共同问题。

目前，如何有效打击外逃贪腐人员已成为我国设立刑事缺席审判制度重点考虑的问题。确立国家有效的反腐败制度，也是为配合《联合国反腐败公约》实施，发挥其在国际合作打击腐败犯罪方面的作用，2018年《刑事诉讼法》的修改，以《联合国反腐败公约》和联合国有关规定为依据，结合我国诉讼实践和具体国情，设立刑事缺席审判制度。就此，2018年《刑事诉讼法》第二百九十一条规定：对于贪污贿赂犯罪案件，以及需要及时进行审判，经最高人民检察院核准的严重危害国家安全犯罪、恐怖活动犯罪案件，犯罪嫌疑人、被告人在境外，监察机关、公安机关移送起诉，人民检察院认为犯罪事实已经查清，证据确实、充分，依法应当追究刑事责任的，可以向人民法院提起公诉。法院进行审查后，对于起诉书中有明确的指控犯罪事实，符合缺席审判程序适用条件的，应当决定开庭审判。

显然，刑事缺席审判制度的应用有着严格条件。刑事缺席审判的案件限于贪污贿赂犯罪案件以及严重危害国家安全犯罪、恐怖活动犯罪案件中具有某些特殊情形的案件，而非一般案件；对于外逃人员，必须有证据表明被告人身处境外，如果被告人未被抓获也不知其下落，但没有证据表明其已经逃往境外的，不能适用缺席审判。刑事缺席审判不能影响审判的公正性，应当符合司法公正的伦理标准。司法重在取得公信力，公信力建立在证据基础之上的实体公正和在自由保障原则之上的程序公正。《刑事诉讼法》对于不出庭的被告人，设定有一系列诉讼权利保障规定，确保其辩护权不因被告人缺席而无法实现。观察刑事缺席审判案件的一个观察点是这一案件的程序运作，尤其是被告人权利保障状况如何。

值得注意的是，刑事缺席审判制度中检察机关的作用重大。检察机关是公诉机关，刑事缺席审判制度的设计是将该程序的启动权交给检察机关，不仅如此，为了保障缺席审判案件的质量及相关司法活动的严肃性、规范性，特别规定危害国家安全犯罪、恐怖活动犯罪案件适用缺席审判制度，需要最高人民检察院核准，起诉书中还需要载明最高人民检察院核准的内容。

总之，刑事缺席审判案件具有从立法到具体实践的标杆性意义，体现了我国反腐败工作的新的法治途径在司法实践中的确立，显示我国反腐败的司法努力取得新的成果，彰显了检察机关在反腐败工作中发挥着程序推动和质量把关作用。并且向外逃贪腐人员释放明确的信号：任你逃到天涯海角，司法也会根据事实、证据和法律作出严肃的法律评价。并且以生效裁判为依据作出引渡的努力，力求使“伸手者”受到应有的惩罚。并对国内公职人员提供警示，实现国家遏制贪腐、建构清廉权力系统的目标。①

① 蒋杰安. 缺席审判：从纸面到行动［N］. 法治日报，2021-03-11（4）.

第八章 加强审计、统计和财会监督

党的十九届四中全会在对“健全党和国家监督体系”的重要部署中，鲜明提出要“发挥审计监督、统计监督职能作用”[①]。2020年1月13日，习近平总书记在十九届中央纪委第四次全会讲话中强调，要以党内监督为主导，推动人大监督、民主监督、行政监督、司法监督、审计监督、财会监督、统计监督、群众监督、舆论监督有机贯通、相互协调。2021年12月4日国务院新闻办公室发表的《中国的民主》白皮书中，明确列出了“人大监督、民主监督、行政监督、监察监督、司法监督、审计监督、财会监督、统计监督、群众监督”9种具体的监督方式。2023年中共中央办公厅、国务院办公厅印发《关于进一步加强财会监督工作的意见》，以加强财会监督工作，更好地发挥财会监督职能作用，进一步明确了审计监督、统计监督和财会监督在党和国家监督体系、中国特色社会主义制度和国家治理体系中的重要地位。从理论和实践相结合把握这三大监督的科学内涵、价值功能和实践路径，是坚持和完善党和国家监督体系的必然要求。

---

① 中共中央关于坚持和完善中国特色社会主义制度 推进国家治理体系和治理能力现代化若干重大问题的决定［N］. 人民日报，2019-11-06（1）.

第一节 审计、统计和财会监督概论

一、审计、统计和财会监督的含义和特征

（一）审计、统计和财会监督的含义

审计监督，是指行政组织内部设立国家审计机关，依照法律规定，对国家行政机关及企事业单位财政收支、经济效益等经济活动和遵纪守法、政策执行等情况实行的检查监督。审计制度是我国最为重要的经济监督制度，其中一个主要内容是审查监督各级政府机关的经济计划、预决算的编制和执行情况、财务收支状况，检查财经工作中的违法违纪行为，因而是行政监督的一个重要任务。审计监督机关是各级人民政府的行政管理监督职权的组成部分。根据宪法规定，审计监督权由各级审计机关独立行使，不受其他行政机关、社会组织和公民私人的干涉。审计监督权包括审计机关在依法进行审计监督中行使的调查、检查、审核、报告和处理等项职权。

统计监督是统计工作的基本任务之一，是指对政策、计划的执行情况进行检查和监管。通过统计资料来核实国家计划是否完成，党的经济政策是否得到贯彻执行，财经纪律是否得到维护，国民经济内部各种比例关系是否协调等。其目的是保证国家的整体利益，加强各部门、各地区执行政策和计划的责任心，强化财经纪律，维持正常工作秩序，促进国民经济持续、稳定、协调地发展。维护统计数字的真实性，是统计监督的基本功能，各机关、企业、事业单位均应按照国家有关规定，接受统计监督，提供统计资料，不得虚报、瞒报、拒报、迟报，不得伪造、篡改。

财会监督是“以财政部门为主体，相关政府主管部门、企事业单位和社会中介组织积极配合的经济监督活动”。该定义从宏观和微观角度，根据财政、会计和财务监督主体所界定。在宏观层面，主要是财政等相关政府主管部门制定财会政策制度，负责全国财政收支管理；编制、执行、审核相关预

算及决算等相关业务管理工作的开展情况；保障国有资产的安全完整、会计信息的真实可靠、财政财务收支的合规合法、国家财经制度政策的贯彻执行等。在微观层面，各企事业单位对财务收支、会计信息和经营活动的合法性、真实性、有效性等实施日常监督，具体表现为：通过内部控制等相关部门随时掌握企业各项经营活动的运行情况，及时进行督导、约束和控制；通过相关财务指标对企业财务管理情况进行考核，发现问题及时提出改进措施；通过对企业经营成果进行综合评价，督促企业采取措施堵塞漏洞，实现自我调整，做到防患于未然。同时，社会审计中介组织对各单位经济活动的合法性和会计资料的真实性等进行鉴证和监督。[①]

（二）审计监督、统计监督和财会监督的特征

审计监督、统计监督和财会监督同属经济监督，具有一些共同的特征。

1．审计监督、统计监督和财会监督都是由国家法律明确规定，具有法律强制性

这一法律强制性包括三个方面：首先，审计机关、统计机构和财政部门要严格依照法律规定的权力范围进行审计监督、统计监督和财会监督，不可超越法律规定行使审计监督权、统计监督权和财会监督权，否则就是违法越权。其次，审计机关、统计机构和财政部门应切实履行审计监督权、统计监督权和财会监督权，不可随意放弃，否则就会失职。最后，相关国家机关、金融机构、企事业单位、其他组织和个人应积极配合，均不得阻拦、拒绝审计机关、统计机构和财政部门依法行使审计监督权、统计监督权和财会监督权，否则必定要承担相应的法律后果。

2．审计监督、统计监督和财会监督皆属行政监督

审计监督、统计监督和财会监督的属性决定了三者的行政监督的属性。我国审计机关既不是立法模式的审计机关，也不属于司法模式的审计机关。我国宪法和审计法明确了国务院和县级以上地方人民政府设立审计机关。因此，我国的审计机关属于国家行政机关，各级审计机关依法独立行使审计监督权。其他任何行政机关、社会团体、内部审计机构、社会审计机构都无权

① 李雪，朱金宇．国家治理视角下财会监督、统计监督和审计监督新型协同机制的构建［J］．财务与会计，2021（9）：12-14．

行使国家审计监督权。[①]统计法规定，国务院和地方各级人民政府所属统计机构，组织指导、综合协调各职能机构的统计工作，并共同完成国家统计调查、部门统计调查和地方统计调查任务，贯彻并检查监督统计法规的实施。《关于进一步加强财会监督工作的意见》指出：各级财政部门是本级财会监督的主责部门，牵头组织对财政、财务、会计管理法律法规及规章制度执行情况的监督。因此，审计监督、统计监督和财会监督的行政性决定了三者皆属行政监督，都是对国家机关工作评价考核的重要方式，也是行政部门自我监督的重要手段，具有其他监督形式不可替代的作用。

3．审计监督、统计监督和财会监督都具有广泛性、客观性、数量性和全局性

审计法规定审计监督范围包括国务院各部门、地方人民政府及其各部门、国有金融机构和企业事业组织以及其他应当接受审计的单位或事项。[②]统计法适用于各级人民政府、县级以上人民政府统计机构和有关部门组织实施的统计活动。财会监督是依法依规对国家机关、企事业单位、其他组织和个人的财政、财务、会计活动实施的监督。审计监督、统计监督和财会监督都是依据国家经济社会发展各阶段和社会建设过程的客观规律来进行监督；无论是审计监督、统计监督还是财会监督，都是依靠数据来评价经济社会运行的各类状态各个阶段正常与否；审计监督、统计监督和财会监督都是可能从微观上升到综合性、全面性的监督，最终都会发展为从总体上、宏观上对经济社会运行的规律情况进行考察监督，并提出治理或决策措施。

二、审计监督、统计监督和财会监督的监督功能

（一）校正功能

现代行为科学基本理论显示人类行为偏差的存在有其自身的必然性。[③]在行政行为中，无论是行政集体还是公务员个人在依法行政和政策执行中，由于各种主客观原因，都有可能出现偏差、失误和过错，甚至存在有法不依、

① 安晨光，明连成．当代中国监督制度［M］．北京：中国民主法制出版社，1997：191.
② 胡秀梅．权力监督论［M］．北京：中国民主法制出版社，1996：165.
③ 周继中，李玉斌．反腐败与监督通论［M］．北京：人民日报出版社，1994：5-8.

执法不严、徇私枉法的问题，造成国家、集体或个人的损失，影响党和国家形象。审计监督会不同程度地发现各类行政偏差问题，就可相应从纵向和横向行政体系来纠偏，除了针对具体事项的整改和处理外，还要特别注重在体制机制和制度层面找出规律性的原因、提出避免问题再次出现的政策建议，促进行政制度创新和改革。统计监督中发现国民经济计划执行中存在重大问题，就可及时提出修正建议。如审计监督对制度和政策执行、管理问题的改进建议；对预算、绩效、重大政策缺陷问题的完善建议；对法律法规冲突和落后问题修订或废止建议；统计监督对数据造假的更正建议等校正工作，就都取得了良好的社会反响和认同。财会监督严肃查处财经领域违反中央宏观决策和治理调控要求、影响经济社会健康稳定发展的违纪违规行为；严肃查处财政收入不真实不合规、违规兴建楼堂馆所、乱设财政专户、违规处置资产、违规新增地方政府隐性债务等突出问题；严肃查处财务数据造假、出具“阴阳报告”、内部监督失效等突出问题；加大对无证经营、挂名执业、违规提供报告、超出胜任能力执业等违法违规行为的整治力度，强化行业日常监管和信用管理，坚决清除害群之马。

（二）制约功能

恩格斯认为，社会公共权力如果缺乏权力主体的制约，就会脱离权力者的控制，就会使公共权力异化成私有化，成为一部分人的谋私工具。[①] 审计监督权是我国社会主义公共权力之间分工分配到的一种监督权，其监督权力来自体现公共意志的《宪法》《审计法》等法律法规。审计监督、统计监督和财会监督，都可通过对“三农”、疫情、救灾、金融、环保等行业和重大建设项目资金等进行审计、统计、财会监督，都可发现一些数据造假、弄虚作假、有令不行、胆大妄为、有禁不止的行为，反映在政策执行中的断章取义和歪曲政策的新情况新问题，对这些问题审计监督和统计监督都可提出整改和问责要求，就是对各种社会管理行政权力的有效制约。

（三）预防功能

审计监督的预防功能就是指通过对财政、投资、资源、金融、信息、粮

① 中共中央马克思恩格斯列宁斯大林著作编译局．马克思恩格斯选集：第4卷［M］．北京：人民出版社，1995：178.

食、国有资产等领域的审计监督，提前发现在各项社会管理运行过程中可能出现的问题和潜在的弊端，以及苗头性和倾向性的问题，及时预警，提出建议，完善措施，从而达到防患于未然的作用。社会管理行为大多数是计划性、程序性和反复性的行为过程，在某项特定的管理活动付诸实施之前，参照之前经验和管理要求，对其规划、决策、方案等进行预防性的监督，不仅可以及时发现潜在的行为隐患，及时采取措施，而且可以通过这种监督完善勤政方面的建设。特别是对执掌管理权的公职人员，这种功能显得更为重要。审计监督也完全可以规范事前告知，提醒相关管理部门和项目单位审计监督的要求和目的，从而使相关被审计单位按法律法规要求认真落实公共资金运行和政策执行，以达到预防功能。统计监督重点监测重大发展战略实施情况以及经济社会发展规划执行情况等，深化经济运行情况监测分析，加强对经济社会发展中潜在风险的预警预判，以防止“数字上的腐败”。《关于进一步加强财会监督工作的意见》提出：到2025年，构建起财政部门主责监督、有关部门依责监督、各单位内部监督、相关中介机构执业监督、行业协会自律监督的财会监督体系；基本建立起各类监督主体横向协同，中央与地方纵向联动，财会监督与其他各类监督贯通协调的工作机制；财会监督法律制度更加健全，信息化水平明显提高，监督队伍素质不断提升，在规范财政财务管理、提高会计信息质量、维护财经纪律和市场经济秩序等方面发挥重要保障作用。通过有效的财会监督，及时发现纠正违法违规的苗头性倾向性问题，结合传统专项检查的优势，全流程实现对财会监督协调工作机制日常工作、会计行为和会计信息等进行监督。

（四）评价功能

审计监督机关在对被审计单位的财务收支运行、项目建设等经济活动的真实性、合法性、合理性和效益性等审查确认核实的基础上，评价其财务状况的好坏，经营成果的优劣，经济发展的成效，经济效益的高低和社会经济责任的履行情况，促进改善经营管理，提高财政资金经济效益。审计监督已多年开展领导干部任期经济责任审计和领导干部离任经济责任审计，评价职能居于突出地位。[①]统计监督通过对各项经济数据的汇总分析，对经济发展的实际成果、发展计划的完成情况，各阶段经济运行因素的相互匹配，经济政策对经济发展的促进效果等作出客观分析评价，以提供决策参考。会计具有反映、披露、监督和治理等功能，历来与政府、市场、组织和社会的治乱兴衰、竞争成败紧密关联，是国家治理、社会治理、企业和各类组织治理的微观信息基础。高效的财会监督有助于提高会计信息质量，实现各方利益关系的协调，稳定社会秩序，助力惩治腐败，提升国家治理能力和水平。

（五）反馈功能

审计监督的反馈功能，主要是指审计监督结束后对审计发现的问题提出整改或纠错要求，对所监督财务或政策事项的活动过程及其活动结果的非法性、合理性、真实性、准确性和可靠性依照法律法规比对，科学分析影响被审计管理行为和事项的相关因素，为被监督单位和被监督事项的决策者、执行者及其上级提供反馈意见，为将来改进工作提供科学依据。也能通过审计监督的反馈功能，适时调整监督本身的重心，适当调整审计监督主体与监督客体的关系，分析改进制约监督调控作用发挥的不利因素，提高监督行为自身的质量和效率。通过收集和整理统计数据与资料，统计监督实事求是的统计分析报告，反馈社会经济运行中存在的问题和矛盾，提出政策和措施改进方案，促进国家经济社会发展计划顺利实现，达到监督目的。财会监督将监督结果公告公示，对违反财经纪律的单位和人员，加大公开曝光力度，属于党员和公职人员的，及时向所在党组织、所在单位通报，发挥警示教育作用。

三、审计监督、统计监督和财会监督的相互关系

1982年宪法明确规定实行国家审计监督制度，审计监督是规范权力运行和反腐败的利器。新中国成立以来不同时期统计数据都是我国领导机关决策的基础[②]，但直到党的十九届四中全会提出要加强统计监督，发挥审计监督、

① 中国人民银行内审司“深化领导干部履职和离任审计”课题组，赵宗华，黄健，等. 离任审计将突出经济责任［J］. 中国金融，2012（14）：50–51.

② 熊友达. 中国统计管理体制机制沿革［C］// 中国统计学会. 纪念中国统计学会成立三十周年暨第十五次全国统计科学讨论会文集：第1辑. 北京：中国统计出版社，2009：89–94.

统计监督职能作用，第一次把审计监督和统计监督相提并论，直接提高了统计监督的地位。习近平总书记在十九届中央纪委第四次全会讲话中提出推动人大监督、民主监督、行政监督、司法监督、审计监督、财会监督、统计监督、群众监督、舆论监督有机贯通、相互协调，首次将三者共同纳入党和国家监督体系。我国的审计监督、统计监督和财会监督既是提供数据、资料、信息，为国家宏观经济管理和决策服务的行政机构，也是监督经济活动的行政监督机构，是党和国家监督体系中不可缺少的重要组成部分。

（一）财会监督是审计监督和统计监督的“基石”

财会监督主要为审计监督和统计监督工作提供信息支持，使后两者的工作更有针对性。具体表现为：财会部门、内部审计部门和社会中介审计机构向国家审计机关提供财务报告、专题报告等相关审计所需要的会计信息，以便让审计机关核查会计信息是否准确无误、政策制定是否合理、相关审计报告是否合规等；积极配合统计机构的统计工作，向统计部门提供统计所需数据，不仅能提高统计人员的工作效率，也能进一步了解统计报告折射出的财会问题，为下一步战略性决策指明方向。

（二）统计监督是审计监督和财会监督的“方向标”

统计机构通过直观数据分析，将分析结果提供给财会部门和审计部门，指出财会审计政策的制定是否合理、经济发展形势是否符合预期、财政和审计机关的相关措施是否有效等，实现对经济社会的宏观调控；在微观层面，统计中心或者企事业统计部门将统计结果提供给企业内控相关部门，帮助其明确控制工作的重点、下一步改进措施和发展战略。

（三）审计监督是财会监督和统计监督的“再监督者”

审计监督的主要作用突出体现为以权力制衡的思想实现对国家治理各重要方面的监督职能，对国家财经法律政策和宏观调控措施执行情况、财政预算管理及国有资产管理使用等与国家财政收支有关的特定事项进行专项审计调查，利用专业优势加强对财会监督质量的鉴定，维护国家经济安全。国家审计机关还能指导和监督内部审计工作，核查社会审计机构对依法属于审计监督对象的单位出具的相关审计报告，同时及时发现统计数据信息出现的问题，确保统计数据的真实可信，进一步加强统计监督的有效性。[①]

第二节　加强审计监督

审计是指独立的审计机关依法依规对被审计单位的财政收支等经济活动的真实性、合法性、效益性进行审核[②]，以及对其财经法纪遵守情况及政策落实等情况进行稽查，并作出客观评价报告，且将依法要求被审计单位按审计结论整改，并加以严格进行运用的一种经济监督活动。审计的过程就是审计监督的过程。审计监督有其独特的职能、性质、特点和作用。

一、审计监督的重大意义

审计监督是对国家权力进行监督的重要形式和重要组成部分。经济基础决定上层建筑，审计对经济活动的监督，就必然会影响上层建筑。党的十一届三中全会后，我国开始对外开放和经济体制改革，并全面进入社会主义建设时期，随之通过将审计监督制度写进了1982年颁布的《宪法》，颁发了《国务院关于审计工作的暂行规定》（现已失效）、《中华人民共和国审计条例》（现已失效）、《中华人民共和国审计法》（现已修正）等系列法律法规，基本建立了适合我国国情的审计监督制度体系，对我国规范市场经济建设和监督国家权力，意义重大深远。

一是促进我国民主政治建设。列宁晚年认为：不加约束的权力会导致腐败和舞弊[③]。约束权力和防止权力滥用是民主政治的根本。审计监督对社会经济事务的检查稽核，本质上就是对权力的监督和约束，以此促进和实现民主政治建设。

---

① 李雪，朱金宇．国家治理视角下财会监督、统计监督和审计监督新型协同机制的构建［J］．财务与会计，2021（9）：12–14．

② 拉杜·丘里莱亚努．国家审计与财政监督［M］．郭庆云，译．北京：中国财政经济出版社，1985：314．

③ 王志连，石磊．以“权利”制约权力——列宁晚年时对社会主义国家权力制衡的探索［J］．社会科学研究，2001（3）：21–25．

二是促进我国社会主义市场经济可持续发展。首先审计监督要求各被审单位针对存在的客观问题进行更正和整改，督促有关单位正确执行国家经济政策，保证财务活动真实、合理、可靠、有效，创造有利的经济发展环境；其次国家根据审计监督发现的普遍性问题，完善各项宏观经济政策，促进国家更科学、更准确有效地配置资源，进行宏观经济调控。

三是打击经济管理领域违法犯罪，促进廉政建设。① 通过对被审计单位各种经济活动及其业务往来核查，充分发挥前沿“哨兵”作用，对于被发现的一些“小金库”、贪污浪费、公款滥花、“回扣”、行贿受贿等不同程度的违法违纪行为，通过移送纪检、司法部门严肃查处和打击，就能促进公家工作人员廉洁奉公，维护党和政府形象，带动社会风气的趋向好转。

二、审计监督的形式和内容

我国的审计监督属于行政型审计监督模式，审计机关隶属于政府，负责对各级政府及其所属部门、机关团体以及国有企业事业单位行使审计监督权。审计署主管全国审计监督工作，各级审计机关按统一的制度和标准实施审计工作，下级审计机关在业务上受上级审计机关的领导。这种体制由我国统一的政治和经济制度决定的，与我国政治制度和社会主义市场经济体制相适应。

（一）对国家机关财政财务直接审计监督

我国《宪法》和《审计法》规定，除公安、安全、外事等机关绝密事项经费外，审计机关有权对本级各部门和下级政府及其所属部门、其他国家机关、社会团体预算的执行情况和决算，以及预算外资金的管理和使用情况进行审计监督。审计监督的形式有财政财务收支审计、财经法纪审计② 和经济效益审计。行政机关不能经商，一般只有财政收入，没有其他收入，也没有产品成本可计算，所以以财政财务收支直接审计为主，个别行政部门有负责项目投资建设的，才有对项目建设的经济效益审计。

对行政单位财政财务收支真实性、合法性、有效性的审计，主要核查预决算的真实程度，是否私设小金库，是否挪用挤占专项资金或预算内资金转

① 刘三昌. 政府审计［M］. 大连：东北财经大学出版社，2020：14.

② 孔令望，孙潮，郁忠民，等. 国家监督论［M］. 杭州：浙江人民出版社，1991：261.

预算外；是否存在以权谋私、行贿受贿、贪污盗窃等违法行为；有无公款旅游、大吃大喝、铺张浪费、提高开支标准和滥发钱物、转让和变卖公有财产等挥霍侵占国有资产行为；有无偷逃税、乱收费、乱罚款、乱截留应上缴国家的财政资金；有无内部控制制度和明确有效的财会制度、财务人员是否正确履行法定会计和财务职责，会计资料是否合法有效；在各项资金筹集、分配、使用和管理上，是否符合规定，经济效益和社会效益是否达到最佳状态。通过上述检查，监督被审计单位的微观经济活动、纠错防弊，促进正确、充分、有效地发挥财政公共资金的效益和职能作用。

（二）审计使用财政资金的机构和单位经济效益

经济效益审计是指对被审计单位、审计项目的财务收支及投入产出进行分析、评价，并对存在的问题和不足，提出整改建议，提高管理水平和经济效益所进行的监督活动。对被审计单位的业务经营和管理进行财政财务审计、财经法纪审计仍为经济效益审计的基础。经济效益高低的评判[①]，可纵向与自身历史上最好时期相比，也可横向与规定标准或同行业先进单位比较。在我国，对具备一定行政职能或使用财政资金的企事业单位进行经济效益审计，是提高财政资金拉动经济发展的关键环节。

经济效益审计的内容贯穿经济活动的计划、实现途径和结果全过程，如被审单位拟定的各种工作方案、步骤和方法及其贯彻执行情况；人财物的安排、成本控制、资金效用等管理情况；各项指标计划的完成情况及其横向纵向的比较分析等。不同行业、部门经济效益审计评价标准也不相同，国家层面的法规制度、国家和地方及部门制定的各种经济指标、国家和主管部门或授权企业制定的各类规程和定额指标都可以是经济效益审计的共性标准。

（三）专案财经法纪审计

国家审计机关对根据群众举报和审计资料所反映出来金额较大、情节严重、影响恶劣的可能触犯刑律的违反财经法纪的行为，专门进行的财经法纪审计，亦称专案审计[②]。它通过对有关单位和人员的不法经济行为立案审查，来查清事实并确定问题的性质，是我国对权力审计监督的一种重要形式，目

① 尹平. 审计绩效："十个维度"理论架构与实践思考［J］. 财会月刊，2013（23）：65-68.

② 王文成. 财经法纪审计应把握四个关键环节［J］. 农村财务会计，1999（11）：29-30.

的是维护国家财经法纪，保护国家、集体和个人利益，使党和国家法律法规、路线方针和政策得以贯彻执行。审计监督的内容包括违反财经纪律和财经法律两个方面的行为，具体表现为偷税漏税、严重损失浪费、贪污盗窃、侵占国家资财、截留财政收入等违反财经法纪，侵害国家和人民利益的行为。

（四）领导干部离任责任审计和任中责任审计

领导干部离任审计，是指对领导干部在整个任职期间依法应承担的经济责任履行情况和目标完成情况所进行的核查、鉴证和总体评价活动。离任审计，对核实家底，规范引导领导干部依法依规领导经济建设，揭露违法行为、加强廉政建设，建立完善现代行政管理制度和科学考核任用干部等具有重要的意义。领导干部离任审计由财务责任、管理责任和法纪责任审计三部分内容组成，属于综合性审计，运用检查审阅、观察监盘、查询函证、计算复核等方式，来审查所负责单位资产、负债、损益，资金运行效果和效率，财经纪律遵守等情况。

2015年审计署颁行《开展领导干部自然资源资产离任审计的试点方案》，明确了对离任领导干部进行自然资源资产内容、标准、责任界定等审计事项，并逐步实施、建立、完善领导干部自然资源资产离任审计制度。[①] 离任审计先离后审的缺陷，使被审领导干部任职期间发生的错误或舞弊行为无法及时被发现和制止[②]，审计监督的效果大打折扣，应重视任中经济责任审计与离任经济责任审计有机结合，提高审计监督保障国有资产保值增值及国家经济安全的作用。

审计的形式和内容是由审计目的决定的，在不同的历史阶段和社会条件下，生产力发展和社会经济管理的水平不同，审计的形式内容也会有所不同。我国现代审计的发展，已不仅仅限于纠错防弊为目的的财务审计，特别是效益审计越来越得到重视，最终的目的是适应受托者的全面经济责任审计的要求，并通过审计监督促进经济社会全面持续有序发展。

---

① 中办国办印发《领导干部自然资源资产离任审计规定（试行）》[N]. 人民日报，2017-11-29（1）.

② 李芸屹. 完善领导干部离任审计工作的几点思考[J]. 当代会计，2021（6）：118-119.

三、加强审计监督的基本原则

审计监督原则是指导审计监督的基本理论，是组织审计监督、处理审计监督事项所必须遵循的规律。在审计监督过程中始终贯彻各项审计监督原则，才能更好地完成审计监督任务，实现审计监督职能，发挥审计监督作用。《宪法》和《审计法》里体现的，在执行审计监督中必须遵循依法审计原则、独立审计原则、客观公正原则、职业谨慎原则和廉洁奉公原则五项基本原则。

（一）依法审计原则

习近平总书记指出："要坚持在党的集中统一领导下，在法治轨道上推进审计工作，依据党的路线方针政策和党中央决策部署，依据国家法律法规和相关制度规定，依照法定职责、权限和程序行使审计监督权。"[①]审计监督工作必须以党和国家的法律法规和政策法令作为判断经济活动是否合法、合理的唯一标准，这就是依法审计原则，是宪法和审计法明确的基本原则。其具体内容包括：审计监督机关的职责权限和被审对象范围、事项，由法律法规规定；开展审计监督活动过程，必须按照法律、法规明确的职权和程序；对审计事项评价，对存在的问题披露，对违法行为的处理、处罚和移交，必须严格依据法律法规的规定；审计结果的通报和公布也要依法进行。

（二）独立审计原则

在审计监督主体（审计机关和审计人员）、审计监督客体（被审单位）及委托者（人民）构成的审计监督关系中，被审单位对委托者担负着合法、效率、效益的受托经济管理责任，审计主体必须以独立的地位和客观公正的态度，来审查被审单位的会计资料等有关资料，保证出具的意见、结论、报告的客观公正，并向委托者报告监督情况。审计监督财务报告中很多数据和经济分析，可引导社会资源在市场中再合理调配。对会计报表的公正审计，是社会信用和认可的重要条件。这些都客观要求审计必须保持独立的地位，才能得到社会的信赖。

独立审计原则是《宪法》和《审计法》确定的审计监督的一项基本原则。具体内容包括：审计监督权是国家的一项经济监督权，由审计机关依法独立

① 习近平在中央审计委员会第二次会议上的讲话（2019年5月27日）。

行使；审计工作是在本级政府和上级审计机关的领导下，依法独立行使；审计工作不受其他行政机关、社会团体和个人的干涉。现阶段我国独立审计监督原则，具体表现在审计过程中审计机关的独立、审计人员在具体项目审计中独立开展工作，不受其他行政机关、社会团体和个人的干涉。当然审计机关“是国家机构整体的一部分，因此它不可能是绝对的独立”。

（三）客观公正原则

开展审计监督工作必须根据被审单位已发生的客观的经济事项为依据，实事求是、公平、正当地进行审计和评价，客观公正是审计监督工作最为基础的原则，主要体现在：一是进行审计监督时，应客观对待被审计单位，特别是审计人员收集财务票据等材料时，要客观公正，不能主观臆断，强人所难；审计分析、报告、决定、意见书都要坚持客观公正态度。二是审计人员审计监督时，如与被审单位或事项存在利害关系的，应主动回避嫌疑，确保审计监督的客观公正。

（四）职业谨慎原则

审计监督职业谨慎原则，是针对审计监督活动中的不确定性因素，要求审计人员在业务处理上谨慎小心，充分考虑可能发生的风险和损失，并加以防范。现代审计监督风险加大因素较多，社会发展带来审计对象、内容大幅增多，导致的抽样调查普遍运用，有可能带来结果误差的风险；新形势新发展新情况，审计监督也存在制度性体制性的缺陷、漏洞和法律法规依据不足的情况；一些单位会计信息错弊带来的风险；审计人员的创新应对能力跟不上现代绩效审计的步伐等，新的审计监督风险无处不在，这些都需要审计人员坚持谨慎，加以克服。审计人员应以高度政治责任感，精确掌握审计法律法规，坚持“依法审计、服务大局、围绕中心、突出重点、求真务实”的工作方针，在审计准备、审计调查取证、资料审核、审计分析结论等各阶段，都要严守纪律和职业操守，免疫自己，再健康运行审计监督这一“免疫系统”。

（五）廉洁奉公原则

廉洁奉公原则是指审计监督人员正确履行审计监督职权，不徇私情，公正廉洁地执行审计监督公务，克己奉公，努力为人民服务等方面的要求和行为准则。廉洁奉公原则是审计人员职业道德的核心内容，它主要包括两个方面的内容：一是在行为方面，必须严格遵守审计工作纪律，不得利用审计监督权力为自己或他人谋取私利；二是必须严格遵守审计法律法规工作程序和纪律要求，减少审计监督自由裁量度和随意性，不得参加可能影响公正执法的活动。审计干部应坚持原则、依法审计、求真务实、秉公用权、廉洁自律，作国家治理的“审计铁军”。

四、加强审计监督的实践路径

（一）审计监督存在的问题

1. 独立性不完整导致权力和社会关系干扰

独立性是指审计监督机关依照国家法律、法规和政策的规定独立进行审计监督，不受其他行政机关、社会团体和个人的干涉，独立性是审计监督有别于其他行政监督的特有属性。但现行审计机关实行对本级人民政府和上一级审计机关负责的双重领导体制，本级政府领导人对审计单位、审计事项的选择，对审计结论和决定的控制就在所难免。出于怕爆家丑、避矛盾和惹麻烦等各种担忧和考虑，本级政府领导人可能不同程度地存在对审计监督工作的干扰，这种权力与国家法律的矛盾，导致审计机关对审计监督难以按自主意愿推进，有时审计完成了，可能处理也被上司阻挠而不了了之了，或审计结论和决定下达不了，或整改报告成了一纸空文等，经常形成所谓“半截子悬案”。

除上级权力干扰外，还有错综复杂的社会关系网对审计独立性的干扰，如亲朋好友、上下级关系等也影响审计监督独立性作用的发挥，在选定被审单位时、审计进行中、审计结束后审计结论和决定的下达等过程，都有可能存在各种关系的说情干扰，对审计监督工作也有着一定的阻碍作用。

2. 审计监督广度、深度和手段不足

目前《宪法》《审计法》和有关审计法规规定的审计监督的范围包括：本级人民政府和下一级人民政府；国家金融机构；全民所有制企业事业单位和基本建设单位；国家给予财政拨款或者补贴的其他单位；有国家资产的中外合资经营企业、中外合作经营企业、国内联营企业和其他企业；国家法律、法规规定应当进行审计监督的其他单位。对行政机关、国有企事业单位和有国家资产的非全民所有制企业审计是审计监督的应有之义，但审计条例所界定的范围，对于许许多多没有国家投入支出的乡镇企业、非全民所有制单位，没有纳进审计监督的范围，对他们经济活动的审计监督于法无据，而这些单位线长面广，比较容易滥用国家赋予的权利，成为非法交易或活动的受纳洼地。如果完善这些非国家投入支出单位审计监督的法律依据，或以关联角度切入审计监督，将会对有序推进整个社会经济建设有序发展有更大的“镇海神针”的作用。审计监督工作开展时间不久，审计人员业务素质还有所欠缺，审计监督制度还不完善，审计监督内容不深、深度不足，有些审计报告与普通的财税大检查报告差不多，体现不出审计是高层次的经济监督形式。审计监督柔性手段多，刚性手段少；依法揭露、查出问题的程度及惩处过轻过软，与法律政策要求相差甚远。

3．被审计单位内控机制影响审计质量

我国处在社会主义市场经济体制转型的新时代，被审单位还没有完全步入规范管理状态。许多单位内控机制不完善，管理不严，损失浪费严重，财务人员水平不高、纪律松弛，财务预决算失真不准，会计凭证和财务资料不能完全反映财务情况等，经常出现屡审屡犯、屡禁不止的现象。即使审计监督部门无论怎样审慎，可能都难以避免因被审单位提供不规范资料，导致的对审计监督报告的质量影响的现象。

4．审计力量不足、自身业务素质不高

主要表现在：一是审计监督人员严重不足。[①]随着我国经济社会和各种新形式新经济的发展，社会进步对审计监督需求急剧上升，审计监督机关负责项目审理、离任审计、常规审计、法治“同级审”等审计任务，事多人少，审计力量与审计任务不匹配的矛盾突出，制约了审计监督工作的开展。二是审计人员业务知识不全面。很多审计人员知识结构老化，现有知识储备有限，学习能力不强，跟不上快速发展变化的新形势，如对审计监督全覆盖要求，对被审单位所涉行业法规涵盖面与复杂程度增加的新情况应付不了，对很多疑难问题“摸着石头过河”，影响审计监督的实效发挥。

① 孙永军．国家治理视角下政府责任审计机理与路径研究［M］．北京：光明日报出版社，2020：114.

（二）完善审计监督的对策

第一，合理确定审计监督机关的领导模式，充分发挥独立行使监督权的作用。审计监督机关的领导关系问题，是审计监督机关组织建设的重要问题，领导体制合理更有利于审计机关完成审计职能。目前世界上审计领导关系模式可分为三类：如美国、德国和法国的议会领导，罗马尼亚等国的政府领导，瑞典等国的财政部领导。我国审计的领导关系属于政府领导，政府领导体制下审计机关的权威比人民代表大会领导的权威偏弱，但肯定比财政部领导强些，财政部领导的话，审计监督更难发挥其独立性，权威性则更低。我国目前采用的政府领导的模式，领导的信息沟通途径快捷方便，便于指挥协调。四十年的政府领导审计监督发展实践说明，这种领导模式与我国经济社会发展、政治体制和现实国情基本相适应，一定时期内这种模式是不可能改变的。

审计监督是高层次的经济监督①，既可监督微观经济和宏观经济，也可监督政府部门和经济实体，这是由审计机关依法独立行使监督权的特性决定的。只有确保审计机关、审计人员独立，审计经费有保障，审计监督机关才能独立行使监督权，才可避开上级的权力干扰和各种关系的人情干扰，依法实事求是、客观公正地处理审计事项，争取做到每一项审计任务都事实清楚，定性正确，处理合规。

第二，增强审计执法审计结果运用力度②，提高审计监督震慑力。审计监督是行政执法监督，同时拥有监督检查权和处理处罚权，这是审计监督机关开展执法活动，维护经济秩序，保障国民经济健康发展的重要抓手。但近几年审计监督发现，很多单位法治意识淡薄，仍存在财务账实不符、偷税漏税、铺张浪费、公款私用等违法乱纪行为，且屡查屡犯、屡教不改，其主要还是因为审计监督执法力度不强，处罚不重，没有应有的震慑作用，这些单位缺少“怕”字。解决这些问题，需要审计监督严格执法，加强审计结果在干部任用提拔中的参考作用，杜绝人情审计监督，对权力干预审计监督及结果任用的，参照干预司法记录在案的做法，将其记录在案备查。抓住重点难点热点，对审计监督发现的违法违纪问题，严格依法进行经济处罚与行政处理，

---

① 黄志邦. 审计是较高层次的经济监督形式［J］. 中国经济问题，1991（2）：56-61.

② 宁月茹. 经济责任审计研究［M］. 天津：南开大学出版社，2014：34.

追究法律责任相结合，将该移交纪检监察处理的依法移交，该移交司法的移交司法处理，提高审计监督的震慑力和权威性。

第三，以评价经济责任履行情况为审计监督目标，以利驱动经济发展。现代审计监督的基础就是经济责任，国家审计监督就是稽查核实国有资产受托管理人在国有资产的管理、控制和使用等方面的履职尽责和效益情况。受托管理国有资产人员所应担负的经济责任包括：保证财政财务收支及会计资料的真实性、可靠性；依照国家法律、政策的规定开展生产经营活动，保证财政财务收支及其他经济活动的合法性；有责任建立健全有效的内部控制制度，保证国有资产的安全、完整，有效防止国有资产的流失；有责任地、高效率地管理和使用国有资产，提高经济和社会效益。政府部门及国有企事业单位所担负的这种经济责任贯穿于国家所有经济管理过程中，但法律法规却没有系统具体的规定，更谈不上相应责任的规定，审计监督执法就缺少了可操作的法律依据。目前以财政财务收支真实性、合法性为基础的审计监督，应尽快转化到以履行经济责任情况为目标的经济效益审计监督为主，才能充分发挥审计监督作用，促使审计监督与社会主义市场经济发展一致，促使领导干部加强经济发展促进责任，就必须通过立法建立健全受托管理公共资源的经济责任，以确保国有资产不流失，并使管理人员积极驱动经济发展。

第四，实现审计法制化、制度化、规范化，提高审计监督效率。法治化、制度化、规范化是提高审计监督工作质量、权威性和效率的关键因素。审计监督法制化，就是实现审计监督有法可依、有法必依、执法必严、违法必究的过程，具体包括建立、健全审计法律法规，加强审计执法和被审单位及相关部门守法三个方面。审计监督制度化，就是用制度将审计监督业务、审计监督管理、审计标准等固化和强化，以保证审计监督高效持久、经常稳定地发挥作用。审计监督规范化是指制定和实施审计监督作业规范，将审计监督程序和执行、操作与技术、报告和文书逐步规范和标准化，减少人为的随意性，增强制度刚性。审计监督法制化、制度化和规范化，使审计人员免受各种干扰，以法制制度和规范为行为准则，做好审计监督流程中的各项工作，增加审计全流程的速度，确保审计监督更快捷、高效和准确。

第五，强化内部审计制度建设，提高审计监督合力。《审计法》规定，依法属于审计机关审计监督对象的单位，应当依法建立内部审计制度。内审机构建设和内审经济工作，加强了经济违法违纪自查自纠的基础防线作用，扩大了审计监督的覆盖面。但当前，各部门各单位内审机构并没有建立，建立的也大多是形式化应付式的内审机构，多是财务人员兼职内部审计。内部审计制度建设应注重：1. 完善机构，配备人员，有专人内审；2. 内部控制制度建设，防止差错和弊端发生，提高内审工作质量；3. 监督检查制度建设，进行自我检查以及时发现和纠正问题。审计监督机关要积极推动各单位各部门内审机构的建立，要加强对内审制度建设的全面跟踪指导，提升内审工作质量、效率和水平①，以与国家审计监督形成合力，共同发挥审计监督的职能作用。国有资金的使用包括政府部门、各类企事业单位，范围极其广泛，靠目前审计机关的力量难以完成全覆盖中的审计监督任务，要在国家层面出台内审机构建设的硬性管理规定，推动内审机制的落地生根。一旦各部门单位内审机构完备，审计监督机关给予审计标准、指导和考评，这样审计监督机关就可由负责审计工作转化为负责审计工作和管理审计工作并重的监督形式，可见，内部审计在推动经济责任审计全覆盖中可起到重要补充作用。

第六，进一步提高审计人员素质，加强数字化信息技术应用。审计监督属高层次监督，监督范围广，监督质量要求高，因此对审计人员素质和水平要求较高，往往有审计监督人员在基础审计或经济效益审计时提不出问题，也提不出立竿见影的结论建议。国家应积极组织对审计监督人员的培训，迅速提高审计监督人员的政治和业务水平，以适应当前审计监督工作的需要。审计的对象有各种各样的单位，各单位的情况又经常不断变化，因此审计监督全覆盖，单纯靠审计人员的勤奋去全面掌握审计所需的各项专业知识，是非常困难的，这就需要将现代数字化信息应用新技术大范围地应用到审计监督中，如建立被审单位数据库、预算单位实时数据库、大数据综合分析数据中心，以助于提升审计监督的广度和深度及完成速度。

① 尹平，刘世林. 政府经济责任审计［M］. 成都：西南财经大学出版社，2009：306.

第三节 加强统计监督

继党的十九大提出的“完善统计体制”之后，党的十九届四中全会将统计监督纳入党和国家监督体系，习近平总书记也多次对统计监督批示指示，提出要强化统计监督职能，提高统计数据质量，加快构建系统完整、协同高效、约束有力的统计监督体系，[①]党对统计监督的一系列部署，赋予了统计监督新的时代使命。

一、统计监督的重大意义

第一，统计数据是国家在进行宏观调控以及制定科学管理决策的重要依据。正确的决策行为都只能建立在准确的信息上，而且只有数据背后真实的深层次信息，才能确保决策不偏离实际，要想得出深层次数据信息，只能以高质量的原始数据为基础。现实各类数据信息清洗、筛选、过滤等先进技术，也是只有建立在准确可靠的原始统计数据基础上才能发挥作用。数据质量、数据真实是统计的生命，统计监督就是要在统计数据真实的基础上获取、分析、比较、评判等数据生产全过程。因此，把好数据质量关，发挥统计监督职能，依法遏制打击统计数字造假、虚报漏报滥报，有效提升统计数据质量，让数据说真话，让真数据说话[②]，进一步维护统计监督的尊严和地位。

第二，统计工作是国家机关和相关企事业单位顺利开展相关工作的重要保障。统计工作涉及社会经济的方方面面，只有政府机构、企事业单位、社会团体和居民家庭都积极支持，及时提供客观真实的调查数据，才能使整体数据和分析报告准确可靠，数据真实是相关单位进一步做好工作的基础。如果缺少统计执法监督及其法律强制性，一些单位和个人就很可能以技术或商业信息保密等缘由，不配合数据的提供工作，使统计工作阻碍受限。依法进

① 在中央全面深化改革委员会第二十一次会议上的讲话［N］. 人民日报，2021-08-31（1）.

② 朱政. 做好统计工作重在求真务实［J］. 统计教育，2007（1）：58-59.

行统计执法等监督工作，是保障统计工作顺利开展的重要手段。

第三，统计工作是国家治理体系和治理能力现代化的必要推手。统计工作能准确客观反映国民经济、社会发展、科技进步等方面情况，以及政策或计划执行情况的统计数据及信息，有利于对相应事项的管理途径、管理手段进行准确判断和选择，促进国家治理体系和治理能力现代化。中国特色社会主义发展日新月异，市场配置资源的广度和深度迅速在拓展，传统的相对容易的数字汇总等常规统计，已基本被复杂的市场数字所覆盖，而市场数字风云变化，其数字背后反映的经济关系错综复杂，更难分析把握。因而对当今社会经济发展信息进行跟踪、监测和预警，难度更大，采用新科技、新手段强化统计监督职能更显急迫，充分提高统计监督对经济发展情况的预判能力，及时聚焦和改善薄弱环节，是推动国家治理体系和治理能力的现代化的必要手段。

二、统计监督的特点和方式

（一）统计监督的特点

统计监督的性质及特点完全取决于统计业务的性质及特点。我国统计部门既非决策部门，也非决策的执行部门，只是通过信息的搜集、反馈为决策部门提供决策参考依据。统计部门在社会经济监督活动中的这种超然状态，为公正进行统计监督提供了有利的条件，也充分体现了统计监督的显著特点。

1. 政治性、法定性和规范性

统计监督属于政治监督体系中的行政监督，我国各级统计机构依照统计法对国民经济、社会发展、科技进步和资源环境等情况进行统计调查、分析、预测和监督，向决策机关和社会大众提供统计信息和咨询服务，统计监督是统计工作三大基本职能之一，也自然属于行政监督。习近平总书记在党的十九届中央纪委五次全会上提出，要以强有力的政治监督确保党中央重大决策部署落实到位，推动各种监督协调贯通，形成常态长效合力。我国统计监督的主要目标就是以科学的统计监督标准监督各级党委政府落实党中央的重大决策部署，并与其他监督手段相配合检测执行效果，促进政治判断力、领悟力和执行力的提高，在统计监督方面，不违规违法干涉统计数据的上报，不打击报复严格统计执法人员，维护统计监督人员独立行使统计调查权、监督权和报告权，由此可见，统计监督的政治监督性与党中央政治监督的目标不谋而合。

统计监督法定性指统计机构的统计监督工作是法律法规赋予的，《统计法》规定："统计的基本任务是对经济社会发展情况进行统计调查、统计分析，提供统计资料和统计咨询意见，实行统计监督。"各级统计机构，必须履行法定职责，依法对经济社会发展情况实施统计监督，被统计单位、个人必须配合，按时提供相关材料，不得拒绝、阻碍检查核实，不得篡改、毁弃、转移、藏匿原始记录和凭证、会计资料及其他证明材料。

《统计法》及其实施条例明确了统计监督权限、行为和程序的原则。权限原则是上级对下级的层级监督和违法行为属地查处原则；程序原则规定了统计执法监督不得少于二人、执证上岗案件受理等方面的程序原则。政治性使统计监督在全党全国范围容易达成共识、形成合力，法定性和规范性促使审计监督机关和被统计单位和个人必须依法完成统计监督工作，使统计监督作用远远超过专项业务监督，确保社会主义统计监督事业沿着正确的轨道前进。

2. 宏观性、综合性和专业性

党的十八届三中全会决定建立国家统一的经济核算制度、编制全国和地方资产负债表、探索编制自然资源资产负债表"三大经济核算改革"，统计监督在"三大核算"体系中着重对总体和宏观进行核算和监督。因此，统计监督主要表现在对国民经济和社会发展的宏观监测①，以及对所有部门、企事业单位国家政策和计划的执行情况进行监测，探索其运行规律，以达到及时调整、补充、修正宏观决策，确保最终实现国民经济发展的宏观目标。

社会政治、经济、环境、教育、卫生、交通等各大类，第一、二、三产业等主要经济社会指标的完成情况、变化原因、实现过程等，都是统计监督的范畴，因此，统计监督具有综合性。统计监督主要监督是否存在"不贯彻落实党中央关于统计发展改革的决策部署，不遵守统计法律法规，不履行统计法定职责，不能维护统计人员依法独立行使统计职权，统计调查对象不提

① 余华银. 对统计监督内涵、特点及其实施条件的再思考［J］. 财贸研究，1990（1）：51-55.

供真实可靠数据，人为干扰统计活动、以数谋权”等现象，同时也贯穿了对党风、政风和社会风气监督的职能，如防范金融风险、精准脱贫和污染防治等党和国家重大政策的实施，统计监督也发挥了重要作用。

统计监督专业性包括对经济社会发展情况和统计数据质量情况，也就是数据的生产和数据的使用两方面进行专业监督，目的是保证社会发展统计数据的真实可靠，保证认真贯彻国家统计法律法规，以及实事求是评价经济社会发展政策措施的实施效果和计划完成情况，以期提供给决策部门研究，对未来作出正确决策。2021年12月12日，中共中央办公厅、国务院办公厅印发《关于更加有效发挥统计监督职能作用的意见》强调："摸清情况，搞准数据，使监督结果能经得起实践和历史的检验。"数据性特征内在要求统计监督强化专业意识、程序意识、规则意识，于专业监督中坚持党的领导，于党的领导中凸显专业水准。

3．独立性、间接性和数量性

统计监督独立性是有效监督的根本要求，只有统计机关独立行使监督权，统计监督的效力、权威、公正作用才能发挥。《统计法》里的"统计机构和统计人员依照本法规定独立行使统计调查、统计报告、统计监督的职权，不受侵犯"这一规定，成为统计机关独立监督的法律依据。作为党和国家监督体系的重要组成部分，统计监督在党的统一领导，依法独立行使统计监督职权，不受其他行政机关、社会团体和个人的干涉。

统计监督部门与决策者以及决策执行者都是间接关系，决策者和决策执行者都不是统计监督的对象，只有社会经济发展状况这个间接客体才是统计监督的对象。统计监督无权制定决策，也无权对决策的实施状况直接进行调控，只能以间接方式对统计客体进行描述、监测和预警。统计监督的最终效果取决于决策机构对统计数据判断与分析的信任度，不取决于统计本身，这些都是统计监督的间接性特点。

对国家政策和社会发展计划的实施等事项实行统计监督，都必须通过数量数据来作出评价、检查，其最终结果也是数量的形式，这是数量性特征。统计监督客体是已经客观实际存在的事实的数量，不受监督主体和被统计单位的主观意识左右，间接性和数量性的特点，也使统计监督本身能做到客观监督。

4．主动性、权威性和强制性

《统计法》规定统计机关应主动进行统计执法检查，被检查的单位和个人必须配合，任何人不得干涉、拒绝或者阻挠统计执法检查。2017年成立的专门实施统计监督检查工作的统计执法部门，已主动开展了各种形式的统计执法监督活动，严查了大量统计违法违纪案件，大大提高了统计监督的权威性。党中央、国务院授权的统计监督，具有国家强制性，是提高各级党政领导干部统计工作的责任意识和主体意识，防范和惩治党员干部统计造假、滥用公权、虚报政绩和虚增人民幸福感、获得感的有力武器。

（二）统计监督的方式

1．统计监督与统计服务结合方式

监督职能与服务职能在统计监督过程中是相互依赖、相互促进，辩证统一的两种统计职能。统计监督体现于统计服务之中，统计服务中又包含着统计监督[①]，只有提高服务质量，才能更有效地监督，只有监督作用更好地发挥，服务才会更优质高效。依照统计相关法律法规，统计监督和统计服务虽然相辅相成，但监督应是第一位的，监督之中应有服务，特别是当今经济发展形势越发复杂，经济活动越是活跃，就越需要用统计的手段来进行监督。

2．直接监督与间接监督并用方式

统计监督直接渗透进所有社会经济行业和微观主体，直接查处各类统计违法行为以获取准确数据，最终提供数据参与领导决策，来实现统计监督的目的。将统计宣传、预警监测、咨询服务等信息功能，将一些民生事项、社会公众关注度高、经济社会发展关键指标等统计资料，通过各类传播媒介，公之于众，以间接的方式发挥统计监督作用。

3．内部监督与外部监督交叉方式

统计监督内部系统的监督，是指对下级统计机关的工作制度、方法、标准、人员、经费等进行检查和督促，促进内部系统运行最优化以实现统计监督最佳效能。各级统计机关可直接对辖区内的区域、部门、单位实施纵向与

① 国家统计局政策法规司．论统计监督［M］．北京：中国统计出版社，1990：24．

横向的监督，也需要配合来自上级和本系统或区域外部的监督，从而对监督对象形成内外交叉结合的统计监督体系。

三、加强统计监督的实践路径

党的十九届四中全会强调“要发挥统计监督职能作用”，充分说明统计监督在党和国家监督体系中的重要作用，我们必须以高度的责任感和使命感，深入研究统计监督存在的问题并加以改进，采取有效措施，充分发挥统计监督职能作用，为推进国家治理体系和治理能力现代化贡献力量。

（一）统计监督存在的问题

1. 统计监督法制和体制机制配置先天不足的问题

统计监督尽管新中国初期已被确定其监督职能，但一直是曲折发展，可谓法制、体制和机制都先天不足。1978年以前的统计只是高度计划经济下简单数字统计，管理作用太弱，监督职能有限，发展到社会主义市场经济阶段，经济利益的实体多元化发展，但有关统计监督的法律法规、体制机制并未能及时跟上时代变化，导致长期以来统计监督的软化状态。如1984年4月颁行的《中华人民共和国全民所有制工业企业法》第三十七条规定：“企业必须遵守国家关于财务、劳动工资和物价管理等方面的规定，接受财政、审计、劳动工资和物价等机关的监督。”该条所列监督和统计监督同属经济监督体系，但这部法律却缺失了统计监督。1996年修改的《统计法》，尽管是统计监督核心法律，也总共才四处16字提及“统计监督”，只占该法总字数的0.2%。业务人员方面，统计师职称改革制度，由于统计监督处于连“治表”都举步维艰的弱势地位，统计师地位远远被会计师甩在后面。《中国共产党纪律处分条例》里，也没有明确对党员领导干部为谋取官职私利，伪造、迟报、虚报、瞒报、拒报、篡改统计数据，并造成不良影响事项的处理的规定。《刑法》中规定的渎职罪、扰乱市场秩序罪，也没有将利用职权谎报假数、制造“经济泡泡”，骗取职位的行为纳入范畴。如此一来，在过去几十年，从党规到国法，都没有严厉规制统计造假行为的条文，统计监督部门没有相应的执法和制裁权力，造假者就因有法律空子可钻而无所顾忌。

2. 忽视统计监督工作的观念因素依然存在

党的十一届三中全会以前，政治因素确实干扰了统计监督机制的运行，但党的十一届三中全会之后完全没有了影响统计监督的政治因素，因为从中央层面一直在逐步重视统计监督的职能作用，目前人们的统计监督法制观念提升了，权力干扰大量减少，数据的准确性和及时性基本得到保障，统计监督职能的改善和提高前所未有。但忽视和轻视统计监督的观念至今依然难以消除。长期以来，统计监督约束力弱，社会公众与行政领导仍普遍对统计监督工作低格评价，只需按领导意图搞好统计监督的思维仍在作祟。对统计监督仍持传统观念，如认为统计只不过是报数据做汇总，数据审核不严，错报漏报，一些部门、单位领导还持“政大于法”观念，操控数据信息，为政绩虚报浮夸数据的事例层出不穷。思想观念指导行动，对统计监督忽视的观念也严重影响了统计监督职能的发挥。

3. 衡量考核干部政绩和业绩的标准不科学

大部分地区多年来干部考核都存在着片面地将干部所在地方和单位的总产值、固定资产投资、招商引资、外资利用和出口创汇等增长率作为考核标准，且以此作为干部能否晋升的依据，这促使了部分干部为当官、忘初心，不顾统计监督，“长官意志”压制统计制度，不求实，乱加码，虚增长，虚报谎报统计数字现象不绝于耳。民间有讽刺谚语：“数字出官，官出数字”① “层层加码，马到成功；级级加水，水到渠成”。如一些地方签个意向协议，投资金额动辄几十亿的投资数据就统计报道了，而实际落地投资寥寥无几！很多地方指标数据上去了，好看了，但经济发展状况依旧，人民群众并没有增加幸福感、获得感，增加的是反感！数据夸大谎报获取名誉或地位这一极端利己主义现象，大大挫伤了那些实事求是真抓实干干部的积极性，削弱党和政府的威信，虚增群众幸福感，严重影响国家宏观政策的准确性和针对性。

4. 统计监督机构人员及技术保障不够

近年来统计监督工作内容逐年增加，统计监督任务繁重和落实力量不足的矛盾比较突出，特别是在市、县两级统计部门最为明显，因为大部分日常

① 坚持全面改革，加强法治建设，切实提高统计数据质量［J］. 统计研究，1998（3）：3.

统计、统计法规执法监督工作都是由这两级部门去落实的。如国家多次要求各地成立专门统计监督执法机构并配备人员，但有些地方受人事编制限制还没有成立，只能是兼职人员临时抓差，暂时顶替，应付了事。现代信息技术的发展，数字的统计不可以再像过去那样拨算盘了，只要利用好现代数字处理技术，可能过去成百上千人做的工作，现在在电脑和网络上可“一键”完成，但囿于大部分地方政府经费吃紧和统计部门不太被重视的实际，现代数字技术并没有被充分应用到统计监督工作，未能解决统计机关人少事多和业务拓展的需要。

（二）强化统计监督的措施

根据我国当前利益多元化导致的统计难度增加，市场经济发展情况的复杂性更要求宏观调控的准确有力，来避免市场经济发展的盲目和不足，为利于我国经济社会持续健康发展，就更需要充分发挥统计监督职能的作用，要充分发挥统计监督的作用，必须从实际出发，采取如下措施加强统计监督工作。

1. 尽快完善相关法律法规，将对统计违法行为的处理条款补充进相关法律法规

现今统计监督作用和潜力发挥不出来的关键原因，还是统计监督的约束力不够，一些部门、单位领导，社会团体、企业和个人因为制约性、惩罚性不够，不畏惧统计违法违规，为了政治上或经济上的私利对统计监督配合不够，不报、少报、虚报、瞒报等提供虚假数字的情况时有发生。尽管党的十九大、十九届四中全会，都将统计监督作为重要改革事项写进会议决定，2021年12月12日，中共中央办公厅、国务院办公厅印发了《关于更加有效发挥统计监督职能作用的意见》[①]，但也只是从宏观和顶层设计方面指明了方向，如果违反统计要求的处理问题不纳入法律法规，也还是可能出现“说归说，做归做”的局面。只有将违反统计规定的行为，以违法程度为标准，相应地纳入《中国共产党纪律处分条例》和《刑法》修正案，进行刚性处罚立法才可为统计监督执行提供坚实基础。中央要求做好统计监督工作的政治角度，

① 关于更加有效发挥统计监督职能作用的意见［N］. 人民日报，2021-12-22（1）.

要和违反统计监督规则会得到相应惩处的法律角度[①]相融合，才能使政治和法律都能最大限度地促进统计监督职能的发挥。

2. 统一思想，提高各级领导干部和社会群众对统计监督工作重要性的认识

鉴于目前尚有领导干部和部分群众以为统计对自己意义不大，对统计监督的地位、作用认识不清，轻视统计监督，为扭转这种局面，使统计监督得到各级领导[②]和广大群众的支持，必须利用广播、电视、报纸、网络新媒体等各种途径，大力宣传统计监督在社会经济发展中的地位、必要性和重要作用，统一思想，使各级领导干部和广大群众都基本能认识到统计监督对政策制定的基础作用，而政策与单位和个人息息相关。提高各级政府部门、企事业单位和居民（个人）各方都自觉维护统计监督，配合统计监督，使广大统计员敢于、善于开展统计监督，为发挥统计监督职能作用创造良好的内、外部环境。

3. 减少数据在考核中的权重，消除统计制假造假的动因

虽然统计数据主要来源于广大企业和居民（个人），但最终数据还是要到各部门和各级地方政府，再由各地方政府确认后上报。当前统计数据注水太多，与数据考核指挥棒关联度最大，一些地方官员为保住官位或得到提拔，以行政命令手段要求统计数据排名靠前，就有了数据是上级分配便通报的，而不是有依据和来源的真实数据。要改变这种状态，就必须要改进完全以数据为主的干部考核方法。一要改进和提高考核指标体系和考核评价方法的科学合理性。在制定考核指标，目标值不能搞层层加码，充分考虑各地经济基础和资源状况，不搞一刀切，不以数据论英雄，而要增加以资源节约、生态环境保护、人民成果分享程度、为国家贡献程度等作为考核内容且占一定比重，科学避免出现虚数据、假发展的考核导向。二是要提高对考核数据运行逻辑监控的水平。运用科学的评价方法，加大对数据真实性的抽查核实密度和数据之间逻辑性合理性之间的分析，如投资数额、工业产值、用电用水量与企业所得税增值税等税收的逻辑关系，一旦发现数据不实或逻辑混乱，应

① 许宪春，陈颖婷．着力发挥统计监督职能推动国家治理现代化［J］．审计观察，2020（8）：21-26.

② 杨先国．适应统计监督新要求着力推进统计法治建设［J］．四川省情，2022（1）：54-55.

严格查处。[①] 三要对领导干部统计责任进行分级考核。对各级领导干部在统计中的真实程度，依照法律法规和统计防假治假要求进行严格考核，这也是消除数据造假，确保统计监督职能充分发挥的一个重要措施。

4．深化统计监督改革，规范数据质量和评估标准

计划经济中，国民经济其实就是政府这一由很多“小企业”堆成的“大企业”，数据是直观的，直接报数直接监督即可。但市场经济中，统计的直接着力点已经由企业本身转向市场，市场是国民经济生产的“晴雨表”[②]“总指挥”，对市场这一监督目标，统计监督要通过政府、市场和企业的数据连接，即间接引导来进行。深化国民经济核算体系、统计指标体系、统计调查方法和数据质量评估系列配套改革，推行更科学的抽样调查、专项调查和重点调查方法，减少对政府层级汇总上报的调查模式的依赖，是适应市场经济统计监督，从统计途径上尽量消除权力对统计工作的干扰机会，还原市场真实数据。在上述改革完成前，还须严格统计法治监督，严格统计数据质量分级负责管理制度，责任到人，建立权力干扰数据登记制度，尽可能减少统计调查、数据处理上报、信息分析管理等各个环节可能出现的权力干扰和误差，确保统计数据，数出有据，真实可信。

5．依靠群众，推进阳光统计监督

统计监督工作的最终目的是经济社会的健康发展，发展为了人民，更要依靠人民！人民群众对统计监督来访来信及举报揭发，是党和政府倾听群众心声的渠道，是反腐败的重要环节。开辟人民群众统计监督举报窗口，对群众反映的问题必须及时调查核实，该立案的立案，该查处的查处。对依靠玩弄数字，骗取升迁的干部，果断处理和撤换；对后果严重影响恶劣的要依法严肃处理。开展统计监督信息公开工作，建立阳光统计监督制度，除涉及国家经济和金融安全数据外，统计监督规则、程序、结果一律公开，增强统计信息透明度，同时建立统计监督信息查询、咨询、听证制度，接受人民群众监督，最大限度地依靠群众，充分发挥群众在统计监督中的主体作用，赢得统计监督的公信力。

---

① 王文良．强化统计监督职能充分发挥统计在改革和建设中的作用［J］．统计与决策，1990（1）：4-5．

② 陈志永．统计调查要当好政府经济社会发展参谋［N］．贵州日报，2017-06-04（2）．

6. 配强人员，加强内部监督，利用好先进技术

统计信息、咨询服务、执法监督等都是政策性和实效性很强的工作，非专门机构的专业人员就很难胜任，配备素质高能力强的统计监督人员，是发挥统计监督职能的关键条件。强化内部督导，提高统计部门内部人员对统计数据真实性和严格执法的要求。随着经济社会发展，党和国家高层对统计监督工作重要性的认识已上升到新的高度，统计监督全覆盖、高要求将会带来更繁重的任务，要想克服任务重、人员少的矛盾，还必须依靠先进的电子信息网络处理系统和电子数据模型系统，完善国家统计信息平台，来对数据进行核对、汇总和初步分析、比对，扭转统计项目和统计数据监督的滞后性，减少统计监督录入、计算、传送等耗费的人力和时间投入，创新统计技术和理念，有效剔除无效干扰性数据，提高统计监督工作效率，完成党中央交给的统计监督全覆盖任务。

第四节　财会监督①

一、财会监督在党和国家监督体系中的确立

党的二十大报告以明确务实的精神规划了全面建设社会主义现代化国家新时代，党的历史使命决定的必然面临和必须解决的发展及其保障（理论、方向和全面从严治党等）的重大问题，这些都无一例外地、根本地涉及作为确保伟业实施的资金层面的财会核算反映及监督。新时代如何有效发挥财会监督在党和国家监督体系中的业务基础地位与核心、根本监督作用，保障实现“全面建设社会主义现代化强国”发展目标，是新时代财政部门及财会监督所面临和必须解决的基本问题。

2020年1月13日，习近平总书记在十九届中央纪委第四次全会讲话中强调，要完善党和国家监督体系，统筹推进纪检监察体制改革；同时，还进一

① 张明．二十大规划的党和国家监督体系中的财会监督协同刍议［J］．财政监督，2022（23）：17–24.

步强调要以党内监督为主导，推动人大监督、民主监督、行政监督、司法监督、审计监督、财会监督、统计监督、群众监督、舆论监督有机贯通、相互协调。十九届中央纪委第四次全会公报提出，要“牢牢抓住监督这个基本职责、第一职责，精准监督、创新监督，深化纪检监察体制机制改革创新，以高质量党内监督、国家监察促进国家制度和治理体系提质增效……一体推进不敢腐、不能腐、不想腐，不仅是反腐败斗争的基本方针，也是新时代全面从严治党的重要方略”。显然，将财会监督纳入党和国家监督体系，既是对监督这一客观存在的返璞归真和对其本质的深刻认识，也是对党和国家监督体系的核心和根本的完善。

2023年中共中央办公厅、国务院办公厅印发《关于进一步加强财会监督工作的意见》，旨在加强财会监督工作，更好地发挥财会监督职能作用，进一步明确了财会监督在党和国家监督体系中的重要地位。

现有考古表明，数字和文字发明最初主要是为丈量土地（因生产物分配需要）和神庙祭司簿记聚落供奉神的剩余收猎获物品（会计和人类社会库藏之始）通报相关方面（监督），表明会计产生即财务核算反映本就是满足监督需要的。在现代社会，会计更是人类活动资金的一般性反映核算工具（甚至是通用语言），其核算反映监督基本属性及功能更是所有人类活动必不可少的。总之，既没有脱离财会监督的有效国家监督，也没有国家监督不依靠财会监督而会有效的。

需要明确的是：第一，财会监督纳入党和国家监督体系与其他监督并列，表明纳入的财会监督与体系内其他监督无制度与业务重复，是相对独立的范畴。也就是说，纳入党和国家监督体系的财会监督应是狭义或通常所说的财会监督，即财务会计监督。第二，财会监督同财政监督是业务的伴生监督，是各类单位的财会部门及人员在履行资金核算反映职责时可直接实施的监督，监督权限通常在单位中层以下，在党和国家监督体系中，无法与上述直接用监督权制约执行权的监督相比（各类权力机关内的财会监督亦如此）。但财会监督又异于群众和舆论监督的外部性，因为财会监督既直接参与并内在于人类活动，又簿记核算人类活动的核心要素资金或财富，可全过程、根本地留痕、反映其中各种人及相关行为，是管理者用以制约、监督各种人及活动的利器。一些国家正因此确立审计与立法、司法并列独立为国家监督的国体，就是审计监督权的“刀刃”加上财会簿记核算资金或财富结果的“好钢”的完美设计。将财会监督纳入党和国家监督体系，显然有利于确立全面、自下而上、全流程、根本的贯通监督体系，一体化推进“三不腐”。第三，对应通常所讲的财会监督，广义财会监督是以资金（资产）活动核算反映为对象的监督。具体大致包括财务会计监督、财政监督（政府及部门预决算编审、政府及部门预算执行）、审计监督（含社会审计）、人大预决算审查等。在原来八项国家监督中，财政监督属于行政监督，但一直存在的问题是我国审计也属政府行政部门，而审计监督又并列于行政监督，这大概是由拥有专职监督权的审计的基本属性所决定的。

二、党和国家监督体系及财会监督地位

党的二十大规划的党和国家监督体系及财会监督地位，主要取决于两方面：一是监督起源中财会监督的地位及发展；二是党在新时代要求的党和国家监督体系及财会监督协同地位。

（一）监督起源中财会监督的地位及发展

1. 监督起源中财会监督的地位。如前所述，监督起源中财会监督的地位，表现为上古时神庙祭司对聚落供奉神的剩余收猎获物品情况的簿记。这一简单本源蕴含着至今人类社会监督的业务元素及内在逻辑结构，以及监督基础和主要内容。

（1）簿记聚落剩余收猎获物品是为向相关方面（所供之神和其他祭司）通报，即形成一定范围的公开或知情，产生当时人们远不能认知监督的作用。

（2）虽然当时的簿记只是几种物品类别及数量的简单记录，但揭示了记录、留痕、公开或通报（报告）、知情等业务元素与监督的内在逻辑。表明监督中簿记业务是其他业务的基础或依据，簿记的质量（真实性）决定其他业务执行效能，无簿记、无留痕就无其他业务执行。

（3）神庙管理聚落供奉神的剩余收猎获物品演变为承担聚落库藏（国库之始）职责，是人类“神权”社会的体现，但神庙祭司的主要职责及业务并不是聚落剩余物库藏管理。考古发现最初的类似数字与文字主要用于记录剩

余物库藏数量及类别，这或许说明聚落时代的人们注重物质资料簿记（现代资产核算或财会监督）已更胜于当时统领社会的神权事务。或许表明上古时“食物是人第一必需”的质朴本真直觉，就已为当时的人揭示了生存（物资）是其他一切的基础，掌控物资事务先于其他任何事务（包括统领社会事务），揭示了统领社会事务必须先统领物资经济事务的根本。同时也表明监督起源中财会监督地位的重要性和根本性，即任何监督都必须首先监督相应的物资及经济事务。

随着社会发展，一定范围通报（报告）或公开、知情发展为国家监督基本业务制度，而简单的簿记发展为财会核算反映监督业务制度。

2. 党和国家监督体系中财会监督的地位及发展。党和国家监督体系及其中财会监督的地位，是在长期的革命、建设和改革活动中，根据党的战略目标任务和实际情况，以及当时对党和国家监督及财会监督的认知而建设形成和完善发展的。党和国家监督体系建设发展事实表明：

（1）党内监督及制度建设基本上随党和事业发展展开。如1927年中共五大设立中央监察委；同年6月修改党章，规定全国和省两级党代会设监察委，为党内监督制度建设开始。

（2）行政监督、立法监督、司法监督制度建设与政权建设同步。如1931年《鄂豫皖区苏维埃临时组织大纲》设区内各级工农监察委，同年11月第一次全国工农兵代表大会通过《中华苏维埃共和国宪法大纲》和《工农检察部的组织条例》，设各级工农检察机关等。

（3）监督体系建设中财会监督是主要和核心的监督，财会监督制度建设也是监督体系建设的主要和核心内容。一是财会监督制度建设与政权建设同步，如1931年11月《地方苏维埃政府的暂行组织条例》规定，建立财政审计制度，中央执行委下设审计委负责财政监督，地方各级设政府直管审计委和稽查员等。二是财会监督制度建设在各时期都是整个监督制度建设的主要内容。如革命时期对根据地（苏区、边区、解放区）的军政资金、建设时期的政府资金、改革时期的政府企业资金等的财会监督，都是各时期监督体系的主要和核心内容。三是各时期监督体系中财会监督制度建设变化频繁、内容多，表明财会监督业务密度大以及在实现党各时期目标任务中的作用至关重要。因为党的所有事业都需要资金，管好用好资金是党所有事业成功的基本保证。革命时期，财会监督制度建设曲折多变，表明当时对财会监督业务存在不解与困惑，原因可能是残酷的军事斗争使之无暇深究财会业务及监督，或是受时代限制欠缺财会专业知识与人才等。建设时期，财会监督制度建设反复无常，原因是在国际两大阵营“冷战”时局下，意识形态斗争及整肃运动不断，干扰甚至替代国家监督并影响财会监督制度建设。四是财会监督制度建设虽然曲折多变甚至一度取消，但始终保持一定机构及业务，即使取消了也很快恢复发展的趋势。

（4）党的事业发展历程表明，财会监督在党和国家监督体系中一直处于重要和核心地位。党领导所有事业的实践，也充分揭示了财会监督在国家监督体系中的不可或缺性和无可替代性。

直到21世纪初，党和国家监督体系中的财会监督制度建设才基本系统地形成以财政监督为主的政府资金使用监督，以审计（含社会中介）监督为主的会计账务审查监督，以企业和其他社会组织财会部门为主的相对完整的财会监督体系。其中，财政监督既包括人大的政府及部门预决算审查监督、审计的政府资金使用后会计审查监督（属审计监督）等外部监督（或监督财政及政府部门），也包括财政部监督评价局的监督和财政各业务部门在分配财政资金（包括国有企业和社会组织的相关资金）过程中的自我监督，还包括所有政府机关、事业单位和非营利组织的财会部门对所使用管理核算资金的监督（属财会监督中的会计监督）。审计监督是遍及政府部门和各行业企业、社会组织的事后会计审查监督；通常财会监督是指政府机关、单位、企业和各类社会组织财会部门对所使用管理核算反映资金的监督。

（二）党和国家监督体系及财会监督协同地位

1. 党的二十大规划的党和国家监督体系业务设计。党的二十大规划的党和国家监督体系要求是一体推进“三不腐”，如何一体推进值得思考。党的二十大报告明确“以党内监督为主导，促进各类监督贯通协调”，这就是党的二十大要求的党和国家监督体系的业务创新，也是新时代党和国家监督体系的创新。

2. 党的二十大规划的党和国家监督体系业务中财会监督的地位。党的二十大规划的党和国家监督体系业务中财会监督的地位，既根本上由监督起源中的财会业务地位决定，也与时俱进地由财会监督在新时代伟大斗争、伟大工程、伟大事业中的作用决定。其中与时俱进的决定主要是相关伟业赋予财会监督的相应属性，而监督起源中财会监督的地位，则是由财会核算反映业务在业务活动全过程中所处地位决定的。现代管理按活动性质将人类活动分为事前、事中和事后业务过程予以分类监管。

（1）各类财会监督是事前、事中、事后监督的主要业务及内容。事前监督如人大或财政的政府预算审查监督；事中监督如财政和政府部门的预算执行监督，以及各类机关、事业单位、企业、社会组织财会部门的会计核算反映监督；事后监督如审计监督、人大的政府及部门决算、资产报告审查监督等。

（2）日常、季月、月季年末、年度和选择性等监督业务，对实现一体推进“三不腐”目标的作用按序依次减弱。其中日常性业务监督作用最强，因为日常性业务监督就是实时监督，严格执行“电子眼”监控效果，能有效确保日常业务行为规范和避免差别或选择监督，实现“不能腐”的目标。其中日常行政监督是对政府部门行政业务程序监督，而日常财会监督则通过聚焦资金活动这一重点领域和关键环节，能有效监督政治和经济交织结合部及权力集中、资金密集、资源富集等领域，是党和国家监督的关键业务信息及数据基础，值得党中央及各级党委相应重视。

（3）月、季、年等期间性业务监督有相对时效性问题和由此产生的业务失真。一是无法实时监督处理相关事件及责任人，宣传及震慑作用受限；二是因时间延迟容易被篡改和利用；三是延迟时间愈长，在实际的大量繁杂事实与资料中留痕愈易被无意埋没、漏掉或有意隐藏。

（4）选择性业务监督作用通常偶然性较大，如审计也可审计监督政府及部门预算，财政也可专门审查监督部门预算，但现实是除非有重大问题牵连其中，否则鲜见。又如，目前我国各级政府及部门预算都在相关官网公开，其他监督基本鲜有介入。类似的还有群众监督、舆论监督等，这些监督要发挥作用需有相应条件，否则难以发挥。

（5）党的二十大报告明确提出“发挥政治巡视利剑作用”和“用好问责利器”。显然，这是党中央务实地从国情出发考虑主要采取的有效、有序且稳定的、权威性和高强度震慑性的新时代党和国家监督方法。

党的二十大的党和国家监督体系创新，即“以党内监督为主导，推动各类监督有机贯通、相互协同”的业务，具体实施包括：以党内监督为主导，在事前、事中、事后的业务活动全过程细分环节基础上，推动各类监督业务有机贯通、相互协同；或者以党内监督为主导，推动各类监督业务在被监督活动全过程的事前、事中、事后细分环节基础上有机贯通、相互协同。因此，贯通“三不腐”内在联系和确立“三不腐”融合机制的有效载体，就是被监督活动的事前、事中、事后全过程细分环节。结论表明，党的二十大规划的党和国家监督体系及业态是在日常财会核算和预决算编报业务、月度数据统计和行政业务（权力行使程序）等日常业务监督基础上展开的。不仅如此，党的巡视问责监督也以这些日常监督业务为基础。这就是党的二十大规划的党和国家监督体系及财会监督的地位。

三、党和国家监督体系中的财会监督协同

党的二十大规划的党和国家监督体系中的财会监督是党统领的国家监督的一部分。财会监督在党和国家监督体系中要发挥固有的基础、核心、根本监督作用，从现有业务实际看，应有相关管理体制和财会监督自身业务改进的配套。

（一）党的二十大规划的党和国家监督体系中的财会监督管理体制改进

党和国家监督体系中的财会监督管理体制改进，主要是确立财会监督在党统领的国家监督体系中的基础、核心和根本监督地位，形成精准的高质量党内监督机制。笔者认为，可在中央财经委和审计委的现有顶层制度构架下考虑以下具体业务措施：

1. 确立各级党委（组）或纪委对人大监督、审计监督、财政监督、统计监督和介入财经审计事务的司法监督，以事前、事中、事后环节为基础的贯通协同工作领导制度。为贯彻落实党的二十大精神，在上述部门现有协同基础上，还须在党的领导下进一步完善强化贯通，以一体推进“三不腐”，同时确立各级党委（组）或纪委的财会监督直接领导。

2. 财会管理及监督职责纳入各级党委（组）或纪委日常管理。各级党委（组）或纪委根据辖内实际，确立财会监督职责纳入定时或定期日常管理业务制度，形成党对财会监督的直接业务领导，在事前、事中、事后业务环节，建立党内监督与财会监督的有机贯通协同业务机制。特别是确立党的巡视问责监督贯通财政监管的财政及各部门的预决算、资产报告编审和预算执行等事前、事中、事后监督，以及财政监管的各部门、单位、相关企业及社会组织财务会计的事中、事后监督和社会中介审计的事后监督等，同时确立财政监管的相应事前、事中、事后监督协同党的巡视问责监督；以及确立党的巡视问责监督贯通审计部门的事后监督，同时确立审计部门的事后审计监督协同党的巡视问责监督等业务机制。在现实条件下，党和国家监督要实现标本兼治，就必须运用财会日常业务严密监控各类事务（包括政治和经济交织事务），有效实现十九届中央纪委第四次全会提出的“坚决斩断‘围猎’和甘于被‘围猎’的利益链”目标，以日常业务监管确保“不能腐”。

3. 有序实行重大项目所涉经济、财务情况以报告方式上报党委（组）或纪委审核。重大项目相关经济、财务报告上报党委（组）或纪委，一是提高相关业务及管理者业务素质，因为一些重大项目的经济及财务关系隐秘、深层、复杂，相关业务及管理者为提交报告必须深入实际并做足功课，由此提高业务素质；同时也能从事业务性强、技术含量高的提升技能和培养务实精神的工作。二是确立各级党领导“总揽全局、协调各方”的领导力，强化党的全面领导能力。三是确立重大项目及深层利益关系在党相关领导和业务经办范围的公开机制，以利于党内监督从事前、事中、事后业务环节主导相关监督贯通协同。

4. 通过党的财会监督日常领导，强化财会监管，提高财会监督执行力，同时解决一些财政及部门财务因权限所限长期无法解决的疑难问题。如一些长期呆账、坏账、无账等的处理，以及财政及部门财务长期不能有效解决的“预算软约束”等问题。

（二）党的二十大规划的党和国家监督体系中的财会监督协同

如前述，我国财会监督业务是一个较为庞大的体系，业务范围遍及国家辖内所有法人实体。但总体上，除人大预决算审查监督外，所有财会监督主要由财政和审计两部门负责。其中，审计是通常的专职监督，而财政监督是伴生财政分配的监督，即财政既分配又兼分配监督。因此，党和国家监督体系中的财会监督业务协同，首先是党对财政、审计的财会监督整合，其次是财政、审计对各自负责业务的改进。

党对财政、审计的财会监督整合，如前述主要是党的巡视问责监督贯通审计的事后财会监督和财政的事前、事中、事后监督，同时形成审计和财政的财会监督协同党的巡视问责监督。审计和财政部门在党的领导下，各自致力专职业务并提高质量，而在党的巡视问责监督业务贯通中实现协同。这里既无须部门权责调整的体制改革，也不必强制融合审计与财政两部门的不同环节、不同重点监督。

新时代党和国家监督体系中的财会监督业务整合与协同，主要是财政负责的财会监督业务的改进，业界对此已有许多讨论。笔者认为，在党的十八大以来逐步改革的业务现实基础上，根据发展中财政在财会监督管理方面存在的一些不足，采取有制度条件和业务认同基础、较为可行的改进措施。

1. 财政及部门财务在党的领导下，要进一步强化政府及部门预算编制、执行统筹管理。发展是党的二十大确立的主要目标，政府及部门预算是党和国家发展建设的保障基础。在党的领导下财政进一步强化政府及部门预算编制、执行统筹管理，一是预算编制除“保运转”经费外，支出预算编制重点一定要紧密结合党的二十大规划的新发展格局和高质量发展、科教、文化、民生品质、绿色发展等方向。二是严格预算执行，杜绝无预算、超预算和不按计划、不按进度的支出，切实确保预算项目有效执行所需资金的安全性、及时性和到位率。三是通过严格的项目预算编制、执行，排除其他项目，杜绝“围猎”或“被围猎”项目，发挥财会监督在“党的自我革命及引领社会革命”方面的日常业务作用。

2. 根据现有制度设计积极有序推进全面绩效预算管理。党的十八大以来，预算绩效管理逐渐全面推进，财政部陆续颁布实施财政支出和预算管理方面相关绩效评价与管理业务制度，特别是2018年9月颁布《中共中央国务院关于全面实施预算绩效管理的意见》。由此表明，全面实施预算绩效管理在政府领域以及在新时代的重要性。

结合党一体推进“三不腐”目标，要有针对性地将全面预算绩效管理与绩效评价业务落实到事前、事中、事后环节，目前《项目支出绩效评价管理办法》（财预〔2020〕10号）的相关业务规定已比较全面，完全可付诸实际操作。一是以党的二十大的发展方向为目标，在自身业务基础上逐步推进全面预算绩效管理与绩效评价，特别是强化各类项目支出预算编制的全面绩效评价与管理监督，避免不符合新时代发展要求的项目上马。二是严格预算执行绩效管理与绩效评价，确保优质高效实现项目建设目标，杜绝支出执行中的“围猎”或“被围猎”交易。三是项目完成及时按预算绩效目标实施评价，如有目标差距，及时查明原因并报告党委（组），以便作出进一步处理。

3. 落实《政府会计准则》及制度核算业务，夯实政府财会监督基础。2019年我国全面实行《政府会计准则》及制度核算，主要在原预算会计基础上增加财务会计，确立财务会计和预算会计、权责制和收付制并行的“双体系”核算模式，建立了全面完备的政府会计核算业务体系，奠定了政府财会监督的业务基础。引入财务会计在业务上就增加资产和成本核算，这也是党的二十大高质量发展、提高民生品质、绿色发展方面落实《政府会计准则》及制度核算业务，一是逐步推进完善政府的资产、成本核算。因为资产和成本核算是新中国成立后政府预算会计长期未开展的业务，同时政府治理国家、服务社会活动中使用和产生的资产与成本种类繁多、属性复杂，如社会性、公共性、长期性、资源性、无形性等；又如目前交通、水利、街道路政等公共基础设施和文旅资产等核算有诸多问题待解决等。当然，这不仅是我国政府会计面临的难题，也是国际会计界的难题。上述政府资产核算业务开展，对落实党的十九届四中全会决定提出的“深化标本兼治，推动审批监管、执法司法、工程建设、资源开发、金融信贷、公共资源交易、公共财政支出等重点领域监督机制改革和制度建设”具有基础推动作用，也是党的二十大精神的要求。二是进一步加强完善对部门、单位会计业务管理指导。政府资产种类繁多是因为政府治国理政、服务社会业务种类繁多，以及政府部门、单位种类繁多，财政对各类部门、单位会计业务的指导管理，除原则方面外还须进一步结合部门和单位实际，相关财政业务部门及人员要深入业务实际，提高自身指导水平。三是打铁还需自身硬，要强化政府会计队伍建设。我国

《政府会计准则》及制度实施，不仅对部门、单位财务管理负责人，也对会计人员的业务素质提出了较高要求。笔者以为，目前中等会计水平难以应对政府会计通常的“双体系”账务处理。党的二十大提出的贯通“三不腐”的财会监督，主要针对政府部门和单位的财会监督，因此，不仅要加强相关人员培训、再学习等，还应相关部门对政府会计岗的技术职称级别予以调整提高，或实行助理级专业资格及以上上岗要求等。

4. 加强经营性国有资产财会监督。财政的经营性国有资产监管主要是会计核算反映，属典型财会监督。2016年后随政府国有资产报告制度出台，财政全面整合经营与非经营国有资产的监管作用凸显，经营性国有资产财会监督逐步成为日常业务。新时代加强经营性国有资产财会监督，主要是严格资产价值（总值和净值）、种类及增减变动核算反映。主要具体业务包括：一是切实按财政部相关规定严格经营性国有资产“入口”到“出口”的全生命周期监管，如资产“入口”的采购预算、合同订单、验收入库或安装使用等，以及资产“出口”的折旧、报废、毁损、变卖、清算等。二是严格按年度国有资产报告编报制度要求，审核相关企业提供的实有资产类别及相关绩效说明。通过经营性国有资产年度报告，强化促进“入口”到“出口”全程监管，既掌控资产使用与绩效或闲置浪费情况，又及时发现问题；既确保上报人大的国有资产报告的真实准确，又提供党中央执政兴国必备信息的需要，同时还可以在国企资产管理方面有效协同党的国企巡视监督，建立相应贯通监督机制。

5. 进一步加强各类企业会计人员业务指导，强化企业财会监督。财政部在《会计法》《审计法》《公司法》《税法》等框架下，制定颁布相关具体业务准则及制度，并担负着相关新规的贯彻落实责任，发挥着相应的业务指导作用。因此，根据党的二十大规划的新时代发展和监督要务，财政在企业财会监督方面可考虑以下业务措施：一是根据党的二十大的发展要务，考虑新时代支持创新及高质量、民生品质、绿色等发展和科教的成本计提分摊结构与比例等核算规定，改进完善现有业务制度。二是根据党的二十大的监督要务，强化企业会计全面核算反映企业生产投资运营分配业务信息的指导，特别注重与当地政府及部门有重大项目或多有经济业务往来的企业的指导。既提升企业对自身生产投资运营分配业务的监管，也提升政府相关部门的企业生产投资运营分配业务的全过程知情度，为协同党的巡视问责监督奠定业务基础，实现十九届中央纪委第四次全会公报提出的“严惩巨额行贿、多次行贿”和党的十九届四中全会决定中“坚决破除权钱交易的关系网，深化标本兼治”的目标。

审计监督、统计监督和财会监督是各级党委、政府领导的行政监督手段，都是对被监督单位的财政财务数据、政策实施、计划执行和项目建设等数据进行审查监督，从中发现经济管理开支、社会发展计划等存在的问题，再提出对问题的整改，将严重违法违规事项交由被监督单位的上级机关、纪检监察和司法部门处理，从而维护财经法纪，确保经济社会健康、有序地运行和发展。新中国成立后七十多年的实践证明，党的统一领导是发挥审计监督、统计监督和财会监督作用的根本保证。在党的领导下，在全社会树立审计监督、统计监督和财会监督意识；保障审计、统计机构和财政部门独立权威地行使监督职权；完善审计、统计、财会监督法律法规体系，特别是补充统计违法处罚的法律条文；加强审计、统计、财会监督自身机关建设，提高监督人员政治法律、业务素质，提高审计统计信息处理的自动化程度。这些都是审计监督、统计监督和财会监督机制有效运行面临的艰巨任务。

只要严格服从党中央的要求和法律法规的规定，实事求是、科学合理、系统治理，涉及审计、统计和财会监督违法腐败现象就会得到有效遏制，审计、统计和财会监督职能也能得到充分发挥。

第九章　完善群众监督和舆论监督

在党和国家监督体系中，群众监督和舆论监督，都是人民群众对国家机关及其工作人员的工作所进行的监督，是社会公众运用各种传媒传播媒介表达意见和态度的活动，是公民个人、社会团体和社会组织依据宪法、法律和法规，运用各种方式（通过各种媒介）对党政机关及其工作人员实施的监督。习近平总书记指出："各方面监督要严起来、实起来。无论党内监督，还是群众监督、社会监督、舆论监督，加强和改进的空间都还很大，有大量工作要做。"①群众监督和舆论监督都是人民行使当家作主权利的根本体现，不断完善群众监督和舆论监督，是实现全过程人民民主的必然要求。

第一节　群众监督和舆论监督概述

一、群众监督和舆论监督的含义

毛泽东同志指出："只有让人民来监督政府，政府才不敢松懈。只有人人起来负责，才不会人亡政息。"②国家的一切权力属于人民。必须坚持人民主体

① 习近平. 党员、干部都要按照"三严三实"要求鞭策自己［M］// 中共中央文献研究室. 十八大以来重要文献选编：中. 北京：中央文献出版社，2016：679.

② 赵洪祝. 进一步强化权力运行制约和监督体系［N］. 人民日报，2013-11-27（6）.

地位，“依法实行民主选举、民主协商、民主决策、民主管理、民主监督，使各方面制度和国家治理更好体现人民意志、保障人民权益、激发人民创造，确保人民依法通过各种途径和形式管理国家事务，管理经济文化事业，管理社会事务”[①]。群众监督和舆论监督对于建设良好廉洁的党风，对于同腐败行为进行坚决斗争，发挥着不可或缺的作用。

在我国，对公共权力运行的监督是一个相互关联的大系统。从本质上说，主要包括中国共产党内部监督、国家机关的职能监督、人民群众监督三个部分，在党内监督的主导下，既相互区别、相互独立，又相互渗透、相互制约，共同构成了一个多层次、全方位的具有中国特色的监督运行网络。其中党内监督是核心，国家监督是保障，社会监督是基础。社会监督作为社会主义监督系统的一个重要组成部分，是一种自下而上的监督，本身不具备法律强制性。因此要想真正发挥其基础性作用，有效地维护广大人民群众的权力和权利，必须与其他监督制度相互配合，很好地协调起来。

党的十八大以来，中国特色社会主义进入新时代。我们党所面临的国际、国内形势都发生了重大变化，同时党自身也面临着新的风险和考验。习近平总书记指出：“群众的眼睛是雪亮的，群众的意见是我们最好的镜子。只有织密群众监督之网，开启全天候探照灯，才能让‘隐身人’无处藏身。各级党组织和党员、干部的表现都要交给群众评判。……群众对党组织和党员、干部有意见，应该欢迎他们批评指出。群众发现党员、干部有违纪违法问题，要让他们有安全畅通的举报渠道。”这就要求我们党既要保持坚定的初心，又要时刻不忘接受群众的监督。群众监督和舆论监督成为管党治党、密切党群关系的有效途径，在党和国家监督体系中居于基础性地位。

二、群众监督和舆论监督的发展

第一，群众监督制度建设整体进一步深化。在群众监督制度各个环节制度建设基本成形后，我们党更加关注群众监督制度的执行效果。2014年到2016年间，国家信访局相继出台了6个关于进一步落实人民群众信访受理、

① 中共中央关于坚持和完善中国特色社会主义制度 推进国家治理体系和治理能力现代化若干重大问题的决定［N］. 人民日报，2019-11-06（1）.

办理、反馈的相关文件，其中还对如何引导群众依法逐级走访的规定进行了更加细化的规范。群众对党和国家进行监督的程序更为公开透明，方式方法更为便捷高效。与此同时，群众监督受理部门的制度执行情况受到重视，其工作环节和工作质量得到进一步加强和规范，同时也被纳入监督内容中来。

第二，群众监督各环节制度建设更加完善。群众监督内容规定更加细化。2014年国家信访局颁布了《信访事项内容分类》，将涉及人民信访内容逐级划分，并将其中所含详细条目进行了阐述，构建了多样化群众利益诉求渠道。此外，后监督环节，即群众监督反馈环节制度建设得到重视。一直以来，我们党的群众监督制度建设着力点主要放在调动人民群众监督热情、规范人民群众监督行为上，对群众监督的效果反馈关注较少。党的十八大以来，群众监督制度建设更加关注监督反馈环节，2014年，国家信访局出台了《信访事项办理群众满意度评价工作办法》，进一步规范了信访事项办理程序，提高了群众监督办理质量和效率。

第三，群众监督制度建设与时俱进。信息技术的发展和网络的普及给人民生活带来了巨大的变化，这一变化同样反映在人民群众的监督实践上。中国特色社会主义进入新时代，人民群众越来越多地通过微信、微博等新媒体、多媒体社交平台表达自身利益诉求。据此，我们党因时制宜，紧跟群众监督实际出台了《关于积极推进“互联网+”行动的指导意见》等相关文件，同时创造性地开设了视频信访系统等更加现代化的群众监督途径，在开创更加广阔的群众监督平台的同时，保障并规范了群众自发形成的新型监督方式，使新时代的群众监督高效、安全、稳定展开。①

三、群众监督和舆论监督的原则②

（一）党内监督导向原则

党内监督是对社会主义建设事业的领导核心的全面、综合、系统的监督，党能否把党的各级组织与党员监督好，直接决定其他监督能否得到真正落实。

① 贾丽民，赵天淼．历程・问题・路径：建党百年群众监督制度建设研究［J］．江淮论坛，2021（3）：12-18，193.

② 岳海鸥．论新时期社会监督的机制构建［J］．上海社会科学院学术季刊，2001（3）：46-52.

它规定着其他监督的任务、目标、原则和方向，并为其他监督提供路线、方针、政策和组织上的支持。所以离开了党内监督这一核心，社会监督就会偏离社会主义方向和正确的发展道路。另外，社会监督的形成、确立、维持与实施的全过程都需要国家监督的制度保障。一方面，社会监督的各种形式、方法必须通过国家权力机关或行政机构的确认和批准才能上升为具有社会权威意志的法律、制度或者规则，成为人们可以遵行的合法监督手段。另一方面，在社会监督实施过程中，由于社会监督本身没有直接处置权，因此只有通过国家监督制度的有力支撑才能增强其强制性。

（二）保持相对独立性原则

一切科学、有效的监督制度的建立，其基本条件之一，就是必须具有相对的独立性。任何一个监督制度，都不能处于其他监督制度的控制之下，不然彼此之间就无相互制约可言。社会监督保持相对的独立性首先要在法律上具有独立的品格，不依附、不受制于其他监督制度。其次在组织上要有独立的体系，彼此之间没有领导隶属关系。在我国，从事社会监督的职能机构大多隶属于党政机关，缺乏必要的独立性和权威性，这就在客观上造成了这些监督机构大多只是党委的工具，对党委只能服从、支持，而不能监督、制约。对此，邓小平同志曾强调："我们要坚持共产党的领导，当然也要有监督，有制约"①，而绝对"没有超乎人民群众之上的权力"，"没有向人民群众实行恩赐、包办、强迫命令的权力"②，为此必须"充分发扬人民民主，保证全体人民真正享有通过各种有效形式管理国家、特别是管理基层地方政权和各项企业事业的权力，享有各项公民权利"③。这深刻阐明了社会监督主体只有真正拥有各项权力，具有完全独立的行为品格，才能有效发挥其监督作用。

（三）与各类监督相互协调原则

这种相互协调的关系主要表现在：（1）互通情况，交换信息。群众监督所涉及的信息大都是人民群众亲身经历或颇为熟悉的第一手资料，具有实时性、分散性和局限性，在目前政治公开和透明度不高的情况下，社会监督要真正

① 邓小平. 邓小平文选：第三卷［M］. 北京：人民出版社，1994：256.
② 邓小平. 邓小平文选：第一卷［M］. 北京：人民出版社，1994：218.
③ 邓小平. 邓小平文选：第二卷［M］. 北京：人民出版社，1994：322.

有效地发挥其作用，必须要有其他监督系统及时通报情况，提供信息材料。在开展党内监督和国家监督时也必须有来自基层的信息传送和资料供给，这同样需要社会监督的大力支持。事实上目前群众的来信、来访、检举、控告所反映的情况已经日益成为侦破大案要案的重要线索。[①]（2）加强联系，共同研究。在社会监督实施过程中，常常会遇到一些牵涉面宽、政策性强、互有交叉或管辖不明确的问题，这就需要在日常工作中加强与其他监督系统的紧密联系，以便相互了解有关政策规定，共同研究监督中遇到的困难，统一各监督部门的认识和行动，协调工作关系。（3）综合监督，协同办案。在复杂的社会生活中，被监督者的行为错综复杂，仅靠社会监督或其中一两个监督系统的监督手段是难以实施有效监督的，必须运用行政、经济、法律、纪委、舆论等多种手段，实行综合监督，才能发挥各种监督的综合效能。

四、群众监督和舆论监督机制[②]

（一）代表性民意表达机制

在我国，公民人人享有监督权，但从公民个体角度来说，主要体现在举报、控申、信访等方面，实质上是反映问题的权力，而没有处理问题的权力。如果只有问题的反映而没有问题的处理机制，也就不能真正实现有效的监督。人大作为我国重要的民主政治机关有责任把人民的意志和愿望转化为国家意志，应该在支持人民群众行使民主监督权力方面发挥重要作用。社会监督如果要产生真正的法律效力，成为制衡公共权力的有效手段，必须同人大立法机关有机结合起来，使人大成为反映民意，维护人民利益的根本渠道。人民群众通过人大立法机关实施监督，关键在于人大代表是否能够代表人民的意志和利益。因此，人民是人大代表的选举者，人大代表必须由人民选举产生，并接受人民的监督。

选民对人大代表要有监督罢免权。我国宪法和选举法对代表的监督罢免

① 据统计，1992年10月至1997年6月，各级纪检机关共受理群众来信、来访、举报电话755万件（次），其中反映县（处）级以上领导干部问题的有93万多件（次），为查办违纪违法案件提供了一批重要线索。参见《中共中央纪律检查委员会向党的第十五次全国代表大会的工作报告》。

② 岳海鸥．论新时期社会监督的机制构建［J］．上海社会科学院学术季刊，2001（3）：46–52.

都有明确的规定[①]。但在实际当中，这些规定并没有能够真正得到落实，往往是在代表违法犯罪被党纪或法律追究责任后，才可能罢免，而对一个不负责任、不胜任职务的代表进行罢免是困难的。对代表监督罢免的实际缺位，将很难保证人大代表能够始终代表选民和选举单位的利益，很难使选民的利益诉求通过权力机关上升为法律规范。增强选民对人大代表的监督罢免权，必须从民主规定权力、民主委托权力、民主控制权力和民主收回权力4个环节着手解决，特别要对各种监督方式和程序加以具体化、制度化。

人大代表要了解民情。如何提高代表的作用了解民情是重要一环。了解民情并不是消极被动的，只通过群众的检举、控告、申诉等形式被动地获取信息是不够的，还必须发挥主观能动性，以极强的使命感和责任心，深入基层群众，力求掌握第一手材料，掌握人民群众真实的呼声，把握社会真实动态，在此基础上通过提炼和汇总，从全面性、倾向性问题的高度上提出改进工作的方案，才能真正体现人民代表为人民的内在要求。

（二）舆论性民意表达机制

在我国，社会舆论监督是人民群众通过舆论工具对党和政府的各项工作所进行的广泛的监督。它是以大众传播媒介为载体，以反映群众呼声为目的，以公众提供及时、可信的舆论信息为手段，对社会政治经济生活和决策机构提供咨询和实行监控的一种社会行为。它以其广泛性、公开性、及时性和评价性而具有强大的威慑力，曾经被马克思形象地称为“另一个法庭——社会舆论的法庭”。习近平总书记指出：“舆论监督和正面宣传是统一的，而不是对立的。新闻媒体要直面我们工作中存在的问题，直面社会丑恶现象和阴暗面，激浊扬清，针砭时弊。对人民群众关心的问题、意见大反映多的问题，要积极关注报道，及时解疑释惑，引导心理预期，推动改进工作。”[②]但是，与其他监督方式相比，我国舆论监督的功能还远远没有得到应有的发挥，其大部分能量还处于闲置状态，表现为监督渠道不畅、力度不足、时间滞后、自

① 各级人大代表应当同原选举单位和人民保持密切联系，听取和反映人民的意见和要求；县级（不含县）以上的人大代表受原选举单位的监督，县级以下的人大代表受选民的监督；选民或者选举单位都有权罢免自己选出的代表。参见《宪法》第七十七、一百零二条，《选举法》第四十三条。

② 习近平．坚持党的新闻舆论工作的正确政治方向［M］// 习近平．论党的宣传思想工作．北京：中央文献出版社，2020：188-189．

主性差等缺点，这极大地限制了舆论监督的有效开展。总结历史和现实的经验教训，正确发挥舆论监督作用，应注意以下三个问题：

第一，舆论机构必须具有相对的独立性。舆论机构在业务上要有自主权，有权决定机构内的人事任免，有权灵活地支配和使用经费，有权决定采访报道某一事件，有权决定登什么文章和采用何种形式。没有这一点，舆论机构就很难吸引和调动人民参与舆论监督的积极性。当然强调舆论机构的相对独立性并不是否认党对舆论机构的领导，而是说党的领导只能是在思想上政治上加以引导或指导，而不能直接用行政手段进行干预。

第二，舆论监督必须把政治效益放在第一位。舆论监督必须坚持四项基本原则，坚持为社会主义服务、为人民服务的宗旨，不能照搬西方资产阶级所鼓吹的新闻自由，正确处理好新闻的政治性与社会性、宣传性与娱乐性、社会效益与经济效益、正面报道与反面批评等关系。舆论监督必须在国家宪法和法律的范围内活动，不能随心所欲。媒体要遵守新闻纪律，坚持以正确的舆论引导人，不能盲目地、片面地追求所谓的“卖点”，图一时之痛快，而制造轰动效应，要从党和人民的根本利益出发，为改革开放大业帮忙而不是添乱。同时还要注意到舆论监督只是社会政治构架中的一种制约平衡机制，它只能披露事实，反映问题，促使执法部门或有关单位对问题的解决，并不能越俎代庖，代替执法部门①。

第三，舆论监督必须增强针对性和时效性。“新闻工作者要做到真实地反映生活，就要深入进行调查研究，不仅要做到所报道的单个事情的真实、准确，尤其要注意和善于从总体上、本质上以及发展趋势上去把握事物的真实性。要防止搜奇猎异，防止捕风捉影。要在保证真实、准确的前提下，讲求时效。”②舆论监督要抓住政府和群众都关心的热点、难点问题，追踪报道，在广度和深度上推进监督力度。

① 法律保障下的媒介监督只是一种批评的权利、议政的权利，这种权利不像其他监督形式那样具有强制力和惩罚性，要求法律保障被批评者必须怎样，这样媒介就越权了，媒介的职能就是曝光、评论，造成适当的（媒介不是法官，过分的舆论压力会影响公正审判）舆论压力。陈力丹，郭镇之. 关于舆论监督的访谈［J］. 现代传播：中国传媒大学学报，2000（4）：20–25.

② 中共中央宣传部. 毛泽东邓小平江泽民论思想政治工作［M］. 北京：学习出版社，2000：180–181.

第二节　夯实群众监督的基础

一、让群众参与到监督中来

习近平总书记在十九届中央纪委五次全会上指出："要充分发挥监督在基层治理中的作用，推动监督落地，让群众参与到监督中来"。这一重要论述揭示了群众监督在基层治理和推动监督落地的重要作用和特殊意义。让群众参与到监督中来，就要坚持倾听群众呼声、了解群众意愿，促进解决人民最关心最直接最现实的利益问题，以解民忧、纾民怨、暖民心的实际行动，让人民群众在全面从严治党中感受到公平正义。要聚焦巩固拓展脱贫攻坚成果和乡村振兴有效衔接，聚焦教育医疗、就业创业、养老社保、食品药品安全、扶贫环保等民生领域，持续整治落实惠民政策缩水走样、对群众吃拿卡要以及贪污挪用、优亲厚友、与民争利等问题，坚决查处群众身边腐败和作风问题，巩固发展惩治涉黑涉恶腐败及"保护伞"工作成果，加强扫黑除恶"打伞破网"长效机制建设，实现长效常治。工作中，既要关注群众普遍关注、反映强烈和反复出现的问题，也要及时发现损害群众利益的新情况新问题，精准有效整治隐形变异问题，让群众获得感成色更足、幸福感更可持续、安全感更有保障。

二、群众监督的基本手段[①]

当下，我国公民实施监督的基本手段是批评、建议、申诉、检举、控告。为了保障公民这些监督权力的实现，权威部门必须提供支持机制，在组织形式上，主要体现在要建立相应的受理群众批评、建议、申诉、检举、控告的机构。其中要重点加强信访机构和举报机构的建设。对于信访工作，《党政机

① 岳海鸥．论新时期社会监督的机制构建［J］．上海社会科学院学术季刊，2001（3）：46-52．

关信访工作暂行条例（草案）》中有明确规定："人民群众通过来信来访向各级党委和政府提出要求、建议、批评和揭发、控告、申诉，是宪法规定的民主权利，也是人民群众参与管理和监督国家各项工作，监督国家工作人员的一种方式。各级党委和政府要保障人民群众行使这项民主权利。"信访监督具有广、热、快、真等特点，是人民群众参政议政、献计献策、监督党政机关及其工作人员的重要形式。为了进一步做好信访工作，应从以下几个方面着手：（1）强化公民信访监督意识，掌握相关的信访知识。（2）党政机关中的信访机构及其人员要全心全意为人民服务，秉公办理来信来访。（3）搞好部门之间的协调配合，主动与纪检、监察、法院、检察以及新闻舆论等有关部门沟通情况。（4）注意保护群众的监督权。对群众在提出批评时的过火言辞和偏激态度，只要其出发点是好的，就不应计较其态度的好坏；对提出重要批评建议、给国家挽回损失或避免损失的信访人，要给予精神上、物质上的鼓励和奖励；对打击报复信访者的人，要给予严肃的处理，以保证"进谏"的畅通。

群众举报是公民行使监督权力的另一条重要渠道。群众举报作为群众监督的重要形式，具有方便易行、处理迅捷、覆盖面广、威力巨大等优点，已经日益成为群众维护正义、抑制和消除腐败的重要武器。但同时也必须看到，在举报工作实践中，还存在许多不尽如人意的现象。如举报者缺乏一定的举报常识；对举报者的保护激励不够；举报工作的法律化、规范化不够；少数人利用举报手段诬告、陷害好人；等等。这些都严重地干扰和阻碍了举报工作的顺利开展。如何解决这些问题，应从以下五个方面考虑：（1）政府要加强举报工作的宣传和教育，增强公民的举报常识，使举报者的举报能够准确、翔实、迅速和安全。（2）制定举报法。通过立法明确规定举报机构的设置、性质、职权、义务和工作程序，明确举报人的权利、义务和应负的法律责任等。（3）健全保密制度。保密制度必须对举报者的姓名和内容、举报信件的处理、举报的方式和方法全过程进行保密，对泄密者要严肃处理。（4）完善举报奖励与保护制度。举报是对社会和国家有益的高风险行为，按照规定举报有功人员，国家将予以奖励，对奖励的方式和数额要深入研究，以利于提高公民举报的热情。（5）完善举报查询制度。举报人对举报后受理与转办情况，有查询的权利，接受举报的单位应负责予以解释。对举报属实的，承办部门或有关人员压着不办的，举报人有继续向上级部门反映并要求追究原承办部门有关人员责任的权利。

三、群众监督相关制度的完善①

加强群众监督有待于政务公开等制度的完善。政治系统的公开程度从一个侧面反映了社会的民主化程度。政治系统公开性的逐步加强，意味着作为社会监督客体的权威部门在决策和执行环节中将更多地允许公众参与，听取公众的意见，从而减少决策和执行的随意性。公开的政治系统将为社会监督的开展提供更多的信息资源、监督渠道和参与热情，权威部门有责任、有义务也有能力为促进我国社会监督的落实和不断完善提供这方面的支持。

首先，政务公开必须增加实质性内容，而不能只停留在形式上的或范围上有限的公开。在不影响国家基本利益的前提下，执政党决策的过程、程序和内容的公开，立法机关议事日程、辩论过程、讨论记录、表决结果的公开，政府国务政务活动的公开，司法机关适用法律过程和结果的公开，以及党政主要官员财产和健康状况的公开，都是极为必需的。

其次，完善社会协商对话制度。社会协商对话制度是党和国家机关及其工作人员密切与人民群众关系、克服官僚主义的有效途径，它使得各级领导机关的决策直接置于群众的监督之下，通过协商对话能够及时准确地做到上情下达、下情上达、互相理解，是群众对领导决策最有力的监督形式之一。

同时，要健全群众评议干部制度。群众评议干部就是听取各级领导干部对本单位工作目标完成情况的汇报和个人述职报告后，由群众根据其工作实绩和德才状况，发表议论，作出客观公正的评价，再把评议结果结合组织的考核意见，决定其升降奖惩。

邓小平同志曾提出，人民群众有检举、控告、弹劾、撤换、罢免等权力。这五种权力是一个有机的统一体，而在实际当中后三种权力相比于前两种要薄弱得多。群众评议干部制度如果发挥得好，会产生较高的约束性和强制力，

① 岳海鸥. 论新时期社会监督的机制构建［J］. 上海社会科学院学术季刊，2001（3）：46-52.

对于保证后三种民主监督权力的实现有着重要的实践作用。从实践来看，舆论监督是一种社会行为，是媒体拥有运用舆论力量帮助公众了解政府事务、社会事务等涉及公共利益的事务并促使其沿着公共准则方向运作的权利。从反腐败的角度而言，舆论监督则是媒体代表公众对权力运作尤其是权力滥用导致的腐败进行的监督，是运用权利来监督权力。

第三节　发挥舆论监督的反腐败效能①

舆论监督是反腐败不可或缺的锐利武器，充分认识和发挥舆论监督在反腐败斗争中的作用，具有十分重要的意义。将舆论监督贯穿于党和国家的监督体系中，与其他监督贯通起来发挥合力，有利于助推形成不敢腐、不能腐、不想腐的体制机制。同时舆论监督在一个国家的政治、经济和社会生活中具有极大的影响力，其自身虽然并无强制力，但却可产生无形的、强大的力量，起到强有力的约束作用和监督作用，使行为主体强化“自律”意识，从而对权力进行制约与纠错。

一、舆论监督在反腐领域中的功能

一般而言，在反腐败斗争中，舆论监督通常表现为以下四种具体形式：一是媒体在第一时间以图文形式进行客观报道，力求使权力于阳光之下运行；二是媒体以文字评论和漫画的形式对权力滥用进行抨击和谴责；三是媒体以调查性报道等特殊的新闻文体和节目类型深入揭露腐败案例和现象；四是通过媒体或（网络）平台对腐败现象进行检举揭发。通过但并不局限于这些具体形式，舆论监督在反腐败斗争中发挥着重要作用，具有如下功能。

（一）引导和宣传

引领导向，是党的新闻舆论工作的职责和使命之一。舆论监督是媒体及新闻工作者对某一事物的意见、态度及评价，既带有较强的主观倾向，又表

① 牧歌，马少猛．反腐领域中的舆论监督：作用、问题及完善［J］．传媒，2021（6）：91-93.

达出其对正义或对政治、经济、社会生活正规化、秩序化的价值追求。舆论监督的主体是媒体及其工作人员，具有专业性。舆论监督的对象和内容具有广泛性，具有选择性。二者结合能够有效吸引公众注意力，从而起到引导和宣传作用。媒体的宣传左右着公众的视线，潜移默化影响受众，为受众的行为作出一定的指引。在党风廉政建设中，引导正确的舆论导向，宣传党的优良传统和作风，宣传反腐倡廉典型，引导党员干部树立正确的价值观、政绩观等。

（二）教育、防范和督促

思想政治教育，是党的传家宝，是一切工作的生命线。深入开展理想信念和思想政治教育，是反腐败工作的基础。教育并引导广大党员干部树立正确的“三观”，自觉抵制侵蚀，自觉抵制诱惑与“围猎”，防患于未然，从思想上解决“不想腐”的问题。开展党纪国法教育，增强党员干部的纪律观、法治观，从思想上把权力关进制度的笼子，从思想上解决“不敢腐”的问题。媒体报道的先进典型，可以督促受众向典型学习。媒体揭露的不良现象，可以教育他人引以为戒。媒体是加强党员干部教育工作的理论阵地、思想阵地，舆论监督是教育党员干部防腐拒变的有力武器。

（三）威慑和警示

媒体通过对贪腐事件和腐败现象进行报道或揭露，警醒世人，对心存不轨者形成威慑，使之心有畏惧，对有贪腐迹象之人形成强大的舆论压力，造成心理威慑。媒体通过开展警示教育，如播放警示教育片、报道剖析经典案例，警示党员干部不越轨、不伸手、不贪腐。从部分贪腐人员主动投案自首的情况来看，查究迫使其主动投案自首的原因，媒体警示教育的确在其中起到了很大作用。

（四）揭露和检举揭发

媒体通过设置“曝光台”等相关栏目或者通过对贪腐事件进行报道等方式揭露腐败现象，通过公布举报热线或有关部门电话对腐败分子进行检举揭发。随着网络媒体的发展及运用，网络舆论监督成为舆论监督的重要方式之一。此外，网络媒体还为检举揭发腐败分子或事件提供了平台。除纪委监委、巡视办等相关部门官方网站公布的官方举报、检举网络平台之外，随着微博、微信及其他自媒体的兴起，非官方运营的自媒体也成为检举揭发、揭露腐败分子或事件的途径之一。

（五）有助于形成监督合力、健全完善监督体系

将舆论监督融入党和国家监督体系，有助于形成强有力的监督合力，能够进一步挤压腐败空间，健全完善不敢腐、不能腐、不想腐的体制机制。作为监督体系中的重要一环，舆论监督制度自身的健全完善，有助于整个体系的健全完善。

二、反腐领域中舆论监督存在的问题

党的十一届三中全会以来，舆论监督虽然取得了长足的进步，但是，从反腐败斗争的角度审视，仍存在着一些问题。在传统的舆论监督方面，如报刊监督、报纸批评等方面，问题表现明显。首先，舆论监督的主体错位。舆论监督的主体是全体人民，记者、编辑等媒体工作人员是特殊主体。长期以来，公众把舆论监督看作是媒体的监督，媒体把舆论监督看作是记者、编辑的监督，从而造成舆论监督主体错位。人民群众本该积极参与，但却在舆论监督中缺位，从而削弱了舆论监督的力量。其次，舆论监督在反腐败斗争中权责不清。舆论监督政府和官员腐败，往往出于媒体人职业操守和道德，而非出自法律法规明文规定。至于舆论监督该做什么及如何做，并没有法律法规明文规定，造成权责不清，引发舆论监督在反腐败斗争中的缺位及不作为。其次，舆论监督力度不够。舆论监督流于表面化、形式化，事后批评多，批评基层多，常鞭笞“死老虎”。此外，媒体从业人员尤其是网络媒体从业人员素质良莠不齐，也在一定程度上影响了舆论监督质效。

当前，舆论监督已不再局限于报刊监督、报纸批评范畴，而是响应时代的最新发展和变化，具有了新的形式或方式。随着智能传播时代的到来，网络飞速发展，网络媒体凭借自身技术优势，带动了舆论监督变革，打破了传统媒体信息垄断格局，公众成为舆论监督的真正实施主体。随着步入“智众时代”，由于网络媒体客观存在的缺陷，在舆论监督过程中也暴露出一些问题。

首先，网络媒体信息良莠不齐影响舆论监督效力。在网络媒体中，网络的开放性使得“把关人”难以起到在传统媒体中的作用。网络空间的虚拟性，

部分网络媒体的商业性，使得部分网络媒体信息发布随意性大且质量不高。良莠不齐的信息，增加了公众甄别信息的负担，降低了网络媒体公信力，严重削弱其监督效力。

其次，易发生舆论监督权的滥用。网络具有开放性，公众在网络上进行信息传播或表达自身观点时相对随意，容易出现非理性表达。非理性的情绪表达容易引发“网络暴力”，甚至会破坏舆论监督的正义性，出现舆论监督权滥用现象。此外，媒体在进行批评报道中，可能会进行“媒介审判”，常以舆论监督的名义，扮演裁判官的角色，轻易地给案件定性或给涉案人员定罪。这种行为，是媒体职责的错位，严重干扰了司法公正，也是监督权的滥用。根据网络媒体的特性，更容易发生“网络媒介审判”。网络媒体的主体以普通公众居多，容易引发“道德审判”，发生监督权滥用，甚至很可能会影响执法、司法。

最后，缺失专门化的法律法规对网络舆论监督进行支撑和规范。在反腐败斗争中，网络舆论监督缺乏规范化的法律支撑。目前，通过网络媒体或平台对贪腐现象的曝光、举报和对官员行为的监督，缺乏明确的、完善的、细化的法律法规依据。对于网络舆论监督主体及客体如何规定，也缺乏专门的、详尽的法律法规。另外，对于权利滥用行为，也缺乏专门的法律惩处规定。

三、反腐领域中完善舆论监督的策略

纵然，舆论监督面临着互联网飞速发展带来的种种挑战，也存在主体错位、权责不清、力度不够等不足，我们却无法否认其是反腐败斗争利器这一事实。在权力在阳光下运行的今天，我们必须继承和发扬舆论监督这一优良传统，并且，要采取适当的应对策略，使其更加完善，以便其进一步发挥自身效能。

（一）我国的舆论监督必须坚持党的领导

习近平总书记在党的十九大上强调“坚持党对一切工作的领导”，媒体代表公众规范化行使舆论监督权利，舆论监督规范化运行，都离不开党的领导。舆论监督必须以维护党和人民的根本利益为出发点和落脚点。运用舆论监督开展反腐败斗争，也必须坚持党的领导，也必须以维护党和人民的根本利益为出发点和落脚点。

（二）树立正确的舆论监督新理念

习近平总书记指出："舆论监督和正面宣传是统一的，而不是对立的。"这鲜明地提出了舆论监督与正面宣传的辩证统一理念。这一理念，是舆论监督的根本理念，是贯穿舆论监督始终都要坚持的正确理念。我们对于舆论监督在思想理念或许尚存些许模糊认识，"对立论""抹黑论""家丑论"等老旧且错误的理念仍然作祟。媒体从业者、媒体及公众，必须摒弃舆论监督的老旧及错误理念，牢固树立并坚持"舆论监督和正面宣传是统一的"这一正确的新理念。

（三）必须加强并优化与其他监督形式的协作配合

用舆论监督进行反腐败斗争，其本质是用权利监督权力。由于其自身没有强制性，单靠舆论监督并不能拔除腐败毒瘤。媒体必须加强与有关部门的密切协作配合，实现协同运作，才能更加有效地与腐败分子、腐败现象作斗争。以党内监督为主导，把包括舆论监督在内的诸监督贯通起来形成并增强合力，推动各类监督有机贯通、相互协调，才能构建出完善的监督体系，才能更有利于反腐败斗争的开展。

（四）加强对舆论监督的引导，构建舆论监督的监督机制，营造良好的舆论监督环境

习近平总书记多次强调，"要把权力关进制度的笼子里，一个重要手段就是发挥舆论监督包括互联网监督作用"。[①] 作为构建关权所用的制度之笼的重要元素之一的舆论监督也必须要在制度轨道上有序行驶。为防止舆论监督权利滥用，必须加强对舆论监督的有序引导，使其规范化运行，建立有效的舆论监控机制。加强对网络舆论监督的规范化管理和引导，真正把网络建成反腐阵地和平台，引导网民积极参与反腐败斗争。对舆论监督进行日常监督和重点监督，构建舆论监督的监督机制。为整治舆论监督权利滥用、错用等，构建惩戒机制。打铁还需自身硬，为充分发挥舆论监督在反腐败斗争中的作用，舆论监督必须坚持自身在防腐拒变上过硬，因此，有必要营造风清气正的媒体（包含网络媒体）行业风气和良好的舆论监督环境。

① 习近平．在网络安全和信息化工作座谈会上的讲话［N］．人民日报，2016-04-26.

第四节 切实加强新时代人民群众监督

党内监督是根本，人民群众监督是基础。党和人民群众血肉相连，党内监督和人民群众监督自然交融在一起。在党的十九大上，习近平总书记发出了新时代管党治党的强音，“增强党自我净化能力，根本靠强化党的自我监督和群众监督”。群众监督是以广大人民群众为主体的监督，是党外监督的主要渠道和最重要的方式，是对党内监督的有效补充。勇于接受人民群众的监督，既是我们党的优良传统和作风，也是新形势下全面从严治党的客观要求。

一、人民群众是监督的真正主体

习近平总书记指出：“人民群众中蕴藏着治国理政、管党治党的智慧和力量，从严治党必须依靠人民”，“群众的眼睛是雪亮的，群众的意见是我们最好的镜子。只有织密群众监督之网，开启全天候探照灯，才能让‘隐身人’无处藏身。各级党组织和党员、干部的表现都要交给群众评判。”[①]能否自觉接受人民群众监督，是衡量党员干部政治觉悟和思想境界高低的重要标尺。善待批评声音，才是真正的胸襟；欢迎他人监督，才是真正的自信；做到从谏如流，才是真正的智慧。党员领导干部要以闻过则喜的雅量、见贤思齐的精神、择善而从的品格，主动接受人民群众批评监督，让党内监督与人民群众监督成为全面从严治党的基本遵循，进而促进党的事业健康有序发展。早在延安时期，毛泽东同志就回应了民主人士黄炎培提出的中国共产党如何跳出“历史周期率”的问题，说到要依靠人民。我们建立健全党和国家监督体系，说到底是“坚持党内监督和人民群众监督相结合”，“只有让人民来监督政府，政府才不敢松懈”。人民群众的监督是对党组织和党员监督的有效形式。党的八大上，邓小平同志也曾鲜明指出：“我们需要实行党的内部的监督，也需要

① 中共中央文献研究室．十八大以来重要文献选编：中［M］．北京：中央文献出版社，2016：101.

来自人民群众和党外人士对于我们党的组织和党员的监督。”①

我们党来自人民、植根人民、服务人民，除了最广大人民的利益，没有自己的特殊利益。干部的权力也是来自人民群众，干部的成长进步也离不开组织的培养和人民的哺育，特别是当自身存在问题、又没有深刻认识到的情况下，群众监督就是最有力的武器。习近平总书记明确指出：“能不能正确对待、自觉接受党和人民监督，是衡量领导干部党性修养水平的一个重要尺度。在我们的领导干部队伍中，有的同志虚怀若谷、从谏如流，热忱欢迎监督；有的同志能够接受监督，但只是就事论事地改正缺点错误，而不会举一反三完善自己；有的同志则不愿接受监督，甚至千方百计回避监督、抵触监督。我们党有严密的组织性和纪律性，党的根本宗旨是全心全意为人民服务，那么，接受组织和人民监督就天经地义。”② 只有吸收群众参与、听取群众意见、体现群众愿望、接受群众监督，才能更好地服务群众，让工作不断得到改进。这就决定了我们党必须始终保持同人民群众的血肉联系，既从人民群众中汲取智慧和力量，又自觉接受人民群众批评监督。人民群众监督既是党的性质和宗旨永不褪色的重要保证，又是人民行使当家作主权利的重要形式。让人民群众更多地参与监督、评判管党治党和党的建设工作，对于保证人民当家作主，保证权力正确行使，防止和纠正损害人民群众利益的行为，确保党始终做到立党为公、执政为民有着重要意义。决定执政兴衰成败最重要的因素就是人心向背。人民的心声、心愿、诉求就是民心。人民满意不满意、高兴不高兴、答应不答应是衡量人心向背的尺子，是检验我们工作的根本标准，只有回应群众的关切，解决人民群众反映强烈的问题，才能赢得人民的信任和拥护，巩固党执政的政治基础。党的十八大以来，我们党紧紧依靠人民群众的大力支持和积极参与，主动顺应民心，自觉接受群众监督，以全面从严治党的实际行动和成效回应人民期盼，增强了群众对中央的信心和信任，厚植了党执政的政治和群众基础。

---

① 邓小平．邓小平文选：第一卷［M］．北京：人民出版社，1994：215.

② 中共中央文献研究室．十八大以来重要文献选编：中［M］．北京：中央文献出版社，2016：678–679.

二、充分发挥人民群众的监督作用

群众监督是以人民群众为主体的广泛的监督形式，是党外监督的主要渠道，把党内监督与外部监督贯通起来的一个重要方面就是充分发挥人民群众的监督作用，切实保障群众的监督权利，建立健全党内监督与群众监督的沟通协调机制。让群众真正做到监督权力，监督好我们的党员干部，关键是要落实人民群众的知情权、参与权、表达权和监督权。阳光是最好的防腐剂，群众参与监督的前提是知晓相关情况，即知情权得到充分保障，需要通过党务公开和政务公开这两个载体，让人民群众及时了解权力运行情况，从而进行有效监督。党务和政务公开工作要细化，切实做到决策前、决策中和工作结束后的常态化公开，要明确党务公开的内容、程序和方式，将党组织问题决策、领导班子建设、干部选拔任用、干部廉洁自律等事项公开，尤其是要注意公开的时间和内容，真正让党组织和党员的活动置于人民群众的监督之下。

可以借助民意调查、实地走访等反馈措施跟踪了解群众知情情况，防止党务政务公开流于形式。要落实人民群众参与权，通过组织党员干部下基层、进村入户、发放干部民情联系卡等方式将党委及政府的决策和执行情况告知群众，直接为群众提供服务。可以充分运用现代化科学技术和手段，加强信息平台建设，开展网络问政专栏，增强网络互动，让群众足不出户就可对权力运行情况进行监督。要确保人民群众的话语权，各级组织和领导干部要进一步畅通群众信访投诉的渠道，重视民声、体察民情，对群众合理的诉求及时处理并给予回复，对确实存在的问题及时纠正、对群众暂时不理解、不支持的工作要及时解疑释惑，对少数党员干部存在的违纪违法行为要及时予以查处。只有这样，才能维护好党委和政府部门公信力，维护群众合法权益，为群众监督的顺利开展提供坚强后盾。

人民群众监督的实现需要一定的形式、规则和程序，没有这些，群众监督便无法操作。只有用法规制度把这些形式、规则和程序确定下来，并得到有力保障，群众监督才能发挥出现实的效力。当务之急是要逐步健全民主选举制度和民主评议党员、干部等制度，使群众能充分行使监督的基本权利。各级领导干部要正确对待和妥善处理群众监督的意见，增强群众监督的自信心和主动性；要畅通群众监督渠道，使群众监督的呼声和建议能及时反馈到党和国家相关机构中，以保证群众的意见能够被采纳，群众反映的情况能成为纪检机关办案的有效线索；要健全落实监督保障制度，建立落实群众监督奖励措施，加强对监督者的保护，对监督有实效的人员及时兑现奖励，激发群众监督的积极性；要坚决惩处那些打击报复群众监督的行为，对监督保障不力的依法依规追究责任，消除广大群众的后顾之忧，充分调动广大人民群众监督的积极性、主动性，保证群众监督的可持续性。通过多管齐下的方式形成群众监督的良好环境，从而使群众监督不断开创新局面、取得新成效。

要广泛发动群众，推动形成人人都愿监督、人人都敢监督的良好氛围。我们要充分发扬社会主义民主，贯彻党的群众路线，营造鼓励群众监督、保护群众监督的环境，激发人民群众主人翁意识和监督热情。长期以来，受各种因素影响，有些群众监督主体意识不强，不愿监督或是不敢监督、不会监督的问题比较突出，影响了监督实效。因此，我们要深入开展对党组织和党员监督方面政策法规的宣传，帮助广大人民群众了解、掌握有关监督知识，增强监督意识和能力。要引导人民群众依法依规进行监督，提倡署真实姓名反映违纪违法事实，养成按照法治原则和法治要求表达诉求、开展监督的习惯。

三、坚持党内监督和群众监督相结合①

新形势下，把党内监督和人民群众监督有机结合起来，对于健全对党组织和党员的监督体系，保证党的组织充分履行职责、发挥核心作用，保证党员发挥先锋模范作用，保证党的领导干部忠诚干净有担当，形成党风正、民心顺、事业兴的良好局面，具有重要意义。只有把党内监督和人民群众监督有机结合，才能充分发挥对党组织和党员的有效监督，增强党在长期执政条件下自我净化、自我完善、自我革新、自我提高能力，确保党始终成为中国特色社会主义事业的坚强领导核心。习近平总书记明确指出，中国共产党有严密的组织性和纪律性，党的根本宗旨是全心全意为人民服务。党来自人民，

① 孟建柱．坚持党内监督和人民群众监督相结合［EB/OL］．人民网，2016-11-11．

植根于人民之中，坚持党内监督和人民群众监督相结合，让人民群众更多地参与监督，是保证人民当家作主，保证领导干部正确行使权力的重要方式，能够防止和纠正各种损害人民群众利益的行为，确保党始终做到立党为公、执政为民。

坚持党内监督和群众监督相结合，也是健全对党组织和党员监督体系的重要途径，党内监督和人民群众监督虽然各有相对独立的结构和功能，但二者之间相互补充、相互促进，在根本性质和目标上是一致的。党组织和党员置身于人民群众之中，人民群众对他们的情况最清楚、最有发言权，让人民群众对其一举一动进行监督，能有效弥补党内监督不足，让权利在阳光下运行，有利于推动党的建设深入开展。

同时，完善党内监督制度，是人民群众监督得以实现的重要保证。对人民群众检举揭发的党组织或党员违纪违法行为，只有及时启动党内监督程序，依规依纪进行严肃处理，人民群众监督才能取得实效。可以说，党内监督是自律，人民群众的外部监督是他律。只有推动党内监督和人民群众监督有效衔接，才能促进自律和他律相结合，构建起科学严密的监督体系，永葆党的先进性和纯洁性。

（一）增强党内监督和人民群众监督整体性和协同性

要坚持党内监督和人民群众监督有机结合，让党内监督和人民群众监督融会贯通。织密监督的天网，开启全天候“探照灯”，让“隐身人”无处藏身，让“微腐败”无所遁形。把内力主导和外力推动相结合，向人民群众真开门、开大门、敞开道，让人民群众的监督无所不在，真正释放人民群众监督正能量，让党员、干部的工作和生活始终处于党和人民群众监督之下，不断净化党员尤其是领导干部的生活圈、交往圈，确保我们的领导干部始终保持清正廉洁的政治本色。

在监督体系建设中，制度机制具有全局性、基础性、长远性的作用。坚持党内监督和人民群众监督相结合，必须推动不同监督机制之间的衔接、协调，增强监督的整体性和协同性。要坚持党务公开与保障群众知情权、参与权、表达权、监督权相同步。实践表明，监督对象信息公开透明，是人民群众进行有效监督的前提条件。要把党务公开的内容、程序和方式作为群众监督的重要前提来看待，让群众了解党组织的重大决策、领导班子建设、干部选拔任用、干部廉洁自律等事项。

要坚持党内监督和人民群众监督的程序相衔接，完善人民群众举报线索和监督意见的受理、核查、反馈、落实程序，让人民群众感受到监督处置过程的及时性和公正性，确保人民群众批评监督的事项件件有回应、件件有着落。坚持保障人民群众监督权利与保障监督对象相关权利相结合。一方面，要始终把保护人民群众监督权利放在重要位置，对人民群众的批评、建议、检举、申诉、控告要及时处理，作出回应。同时，要对检举人和检举信息进行保密，积极预防、严肃处理对检举人的打击报复行为。检举人及其近亲属人身、财产安全受到威胁时，有关部门要及时采取保护措施。另一方面，要保障监督对象的申辩权、申诉权等相关权利。经调查，监督对象没有不当行为的，应当予以澄清和正名；对以监督为名侮辱、诽谤、诬陷他人的，依纪严肃处理；监督对象对处理决定不服的，可以依党章党规提出申诉，有关党组织应当认真复议复查，并作出结论。

（二）积极推动党内监督主体和人民群众的互动

保持党同人民群众的血肉联系，是坚持党内监督和人民群众监督相结合的第一位要求。党委（党组）要带头执行党的群众路线，紧紧依靠人民群众加强和改进党内监督工作。党委（党组）在党内监督中负主体责任，书记是第一责任人，党委常委会委员（党组成员）和党委委员在职责范围内履行监督职责。党委（党组）及其领导干部要多深入基层，深入群众，加强与人民群众面对面交流，认真听取人民群众建言献策和批评监督。要创新联系群众的方式方法，完善民意调查、舆情监测等机制，充分发挥新媒体等信息平台作用，真正做到听民声、察民意、知民情。党的纪律检查委员会要坚持开门搞监督，让人民群众参与、支持监督执纪问责工作。党的各级纪律检查委员会是党内监督的专责机关，履行监督执纪问责职责，负责加强对所辖范围内党组织和领导干部遵守党章党规党纪、贯彻执行党的路线方针政策情况的监督检查。要坚持相信群众、依靠群众，就全面从严治党问题多向人民群众请教，尽可能多地掌握第一手材料，真正做到摸透情况、找准问题。要不断提高工作透明度，拓宽人民群众监督渠道。党的基层组织和党员要发挥经常与基层群众打交道的天然优势，及时了解、反映基层群众的批评建议。党的基层组织和党员身处人民群众之中，对人民群众各类意见诉求感受最直接，也肩负着及时向党反映人民群众意见和诉求的监督义务。要切实发挥基层党组织战斗堡垒作用和党员先锋模范作用，更好地组织群众、宣传群众、凝聚群众、服务群众，及时反映人民群众意见诉求，保障、畅通人民群众监督渠道，努力成为全心全意为人民服务宗旨的忠实践行者、党的群众路线的坚定执行者、党的群众工作的行家里手。

随着党内民主和人民民主不断发展，党内监督与人民群众监督形式越来越多样化。《中国共产党党内监督条例》规定了巡视、巡察、党内谈话、领导干部述责述廉、个人有关事项报告、插手干预重大事项记录等多种监督形式。人民群众监督形式主要包括直接向有关机构提出申诉、检举、控告，向有关部门举报、信访，通过互联网提出批评监督意见，通过群众团体和基层群众自治组织进行监督等。坚持党内监督和人民群众监督相结合，必须推动相关监督形式有效对接，做到互联互通、相得益彰。要推动巡视巡察与群众申诉、检举、控告更好地对接。巡视是党内监督与人民群众监督相结合的重要方式，是我们党在长期执政条件下强化自我监督的有力保障。充分发挥巡视的利剑作用，必须更广泛更直接地接触被巡视地区、单位的广大群众。通过巡视巡察，拓宽人民群众反映意见的渠道，加强人民群众举报线索受理工作，实行规范处置、动态管理，在党和人民群众之间架起便捷的沟通桥梁，形成强大的内外监督合力。大力推动领导干部述责述廉、个人有关事项报告、插手干预重大事项记录制度与人民群众监督更好地对接。党员领导干部是否实事求是地述责述廉，是不是如实报告个人及家庭重大情况，有没有利用职务之便违规插手干预干部选拔任用、工程建设、执纪执法、司法活动，要让人民群众监督、评判。有关部门核实有关情况时，要充分听取人民群众意见。要推动监督执纪问责与信访更好地对接，党的纪律检查机关要高度重视和认真处理人民群众信访举报，及早发现、及早报告、及时处置；对社会反映突出、人民群众评价较差的领导干部有关情况，要及时核实、报告；对重要的检举事项，要集体研究、认真处理。同时，要善于通过定期分析研判信访举报情况，对信访反映的典型性、普遍性问题提出有针对性的处置意见，督促信访举报比较集中的地方和部门查找分析原因并认真整改。

（三）积极推动党内监督和人民群众监督内容贯通

党内监督的主要内容为八个方面：（一）遵守党章党规，坚定理想信念，践行党的宗旨，模范遵守宪法法律情况；（二）维护党中央集中统一领导，牢固树立政治意识、大局意识、核心意识、看齐意识，贯彻落实党的理论和路线方针政策，确保全党令行禁止情况；（三）坚持民主集中制，严肃党内政治生活，贯彻党员个人服从党的组织，少数服从多数，下级组织服从上级组织，全党各个组织和全体党员服从党的全国代表大会和中央委员会原则情况；（四）落实全面从严治党主体责任，严明党的纪律特别是政治纪律和政治规矩，推进党风廉政建设和反腐败工作情况；（五）落实中央八项规定精神，加强作风建设，密切联系群众，巩固党的执政基础情况；（六）坚持党的干部标准，树立正确选人用人导向，执行干部选拔任用工作规定情况；（七）廉洁自律、秉公用权情况；（八）完成党中央和上级党组织部署的任务情况。[①] 这八个方面涵盖了管党治党的重要领域和重大问题，对保证党章党规党纪在全党有效执行至关重要。无论是党内监督，还是人民群众监督，都要向这八个方面聚焦发力。

对推进党风廉政建设和反腐败工作情况的监督上，要把党内监督和人民群众监督更好地结合起来，织密监督的天罗地网。对落实中央八项规定精神，加强作风建设，密切联系群众，巩固党的执政基础情况的监督上，要总结党的十八大以来敞开大门、依靠人民群众推进作风建设的重要经验，把内力主导和外力推动结合起来，向人民群众打开大门，发挥人民群众无所不在的监督力量，查找隐形变异的“四风”，释放人民群众监督正能量。对坚持党的干部标准、树立正确选人用人导向、执行干部选拔任用工作规定情况的监督上，要总结组织部门开通“12380”举报电话以及网站举报等做法，进一步拓宽发现选人用人不正之风的渠道，建立健全集信件、电话、网络、短信“四位一体”的举报平台，让更多群众参与到干部选拔任用工作中来，让党的干部在更广泛的社会空间中接受检验。对廉洁自律、秉公用权情况的监督上，要把组织监督和人民群众的监督结合起来，加强对权力行使依据、过程和结果的

---

① 参见《中国共产党党内监督条例》。

监督，确保权力运行到哪里、监督就跟进到哪里，让党员、干部工作和生活始终处于党和人民群众监督之下，确保党员始终保持清正廉洁的政治本色。

（四）创新党内监督和人民群众监督相结合的方式

当前，新一轮科技革命兴起，特别是移动互联网、物联网及云计算、大数据、人工智能的发展，人类生活所经历的一切都在转变。在互联网时代，网络成为人民群众表达意见诉求、行使监督权利的重要平台。鉴于网络监督具有公开、快捷、方便、高效等优势，我们要推动互联网监督与党内各项监督方式更好地对接，使网络成为人民群众进行监督的新形式。各级组织和领导干部要有网络舆情意识，能运用互联网思维看待群众的监督，对网络上的建言献策、批评监督，要多一些包容和耐心，对建设性意见要及时吸纳，对模糊认识要及时廓清，对怨气怨言要及时化解，对错误看法要及时引导和纠正，让网络成为汇聚群众诉求、反映民意动态的新途径，成为发扬人民民主、接受人民群众监督的新渠道。

中央纪委国家监委网站开通以来，通过设置举报专区、开设廉政留言板和加强交流互动等形式，极大地方便了人民群众监督举报。新形势下，我们要站在时代的潮头，把科技革命与监督创新深度融合起来，通过理念的转变、科技的运用、机制的创新，实现党内监督和人民群众监督有机融合、精准高效。借鉴一些地方和部门在人民群众身边设立微信公众平台、开通“随手拍”一键举报等做法，让人民群众监督更加方便快捷，让不正之风和腐败现象无处藏身。大力推广信访微信公众号、手机客户端信访应用和远程视频接访，方便人民群众网上投诉、评价，进一步打造开放、动态、透明、便民的“阳光信访”新模式。建立健全网络舆情收集、研判、处置机制，对人民群众和媒体反映的重要信息和线索及时跟进，不断聚集和提升网络监督正能量。大数据能够揭示人们以往难以认识到的事物内在关联性，是促进监督工作转型升级的重要抓手。要总结有的地方实施“数据铁笼”计划的经验，用大数据编织制约权力的笼子，使权力运行过程全程电子化、处处留痕迹，增强监督工作预见性、精确性、高效性，增强监督结果可信度、说服力。建立情况明、数据准、可监控的数据库，推动各类监督信息跨地区、跨部门互通共享、预防减少举报线索重复受理现象，切实提高监督工作效率。

群众监督是党和国家监督体系的重要基础，是习近平法治思想在反腐败领域的切实践行。毛泽东指出:“只有让人民来监督政府，政府才不敢松懈。只有人人起来负责，才不会人亡政息。”加强群众监督，就是要坚持人民主体地位，“依法实行民主选举、民主协商、民主决策、民主管理、民主监督，使各方面制度和国家治理更好体现人民意志、保障人民权益、激发人民创造，确保人民依法通过各种途径和形式管理国家事务，管理经济文化事业，管理社会事务”①。在监督体系运行中，制定严格的信访处理程序，确保公民举报控告诉求及受理，防止监督者受到歧视刁难和打击报复。加强群众监督要高度重视网络舆情。现代法治国家的重要监督方式之一就是群众参与下的群众监督与舆论监督。借鉴各国舆论监督经验，完善舆论监督制度，就要重视其广泛性、群众性、及时性、经常性等特点，建立健全网络舆情的收集、研判、处置、引导、反馈与应对的机制体制，不断发挥网络监督正能量。建立舆论监督的良性互动机制，与群众监督、民主党派监督等监督形式互通，建立全方位、立体化的监督网络体系，保证权力运行具有合法性、有效性和权威性，确保人民赋予的权力永远为人民谋利益。

① 习近平. 决胜全面建成小康社会夺取新时代中国特色社会主义伟大胜利——在中国共产党第十九次全国代表大会上的报告［N］. 人民日报，2017-10-19（2）.

第十章　党和国家监督的贯通协调

习近平在十九届中央纪委四次全会上发表重要讲话强调，“要以党内监督为主导，推动人大监督、民主监督、行政监督、司法监督、审计监督、财会监督、统计监督、群众监督、舆论监督有机贯通、相互协调。纪委监委要发挥好在党和国家监督体系中的作用，一体推动、落实纪检监察体制改革各项任务”。党的二十大报告强调，“健全党统一领导、全面覆盖、权威高效的监督体系，完善权力监督制约机制，以党内监督为主导，促进各类监督贯通协调”。在二十届中央纪委二次全会上，习近平总书记就推动完善各类监督的贯通协调机制做了进一步强调，为党和国家监督体系现代化指明了方向，提供了根本遵循。从目前对监督体系研究的现状看，大都体现在对监督体系整体和各类监督方式的阐释性研究上，鲜有对监督体系中各类监督的监督属性和相互关系进行研究，特别是对监督方式整体的贯通协调问题尚待进一步深入探讨。有鉴于此，本章拟从党和国家监督体系内各要素的监督属性和相互关系入手，对构建党和国家监督的贯通协调机制展开研究。

第一节　监督主体贯通协调总体架构

一、总体架构的提出

习近平总书记指出，健全党统一领导、全面覆盖、权威高效的监督体系。坚持以党内监督为主导，“纪检监察机构要发挥合署办公优势，推进纪律监督、监察监督、派驻监督、巡视监督协调衔接，推动党内监督同国家机关监督、民主监督、司法监督、群众监督、舆论监督有效贯通，把权力置于严密监督之下”[①]，为构建党和国家监督体系各要素间的贯通协调机制提供了方向指导和根本遵循。这就要求构建党的集中统一领导机制，确保监督体系在党的统一领导下运行；建立党内监督主导机制，牢牢把握党和国家监督的工作方向；建立纪检监察统筹机制，实现纪检监察监督、派驻监督、巡视监督的统筹衔接，人大监督、民主监督、司法监督、舆论监督等监督方式的贯通协调，形成党和国家监督同向发力、综合发力的强大监督合力。

二、总体架构示意图

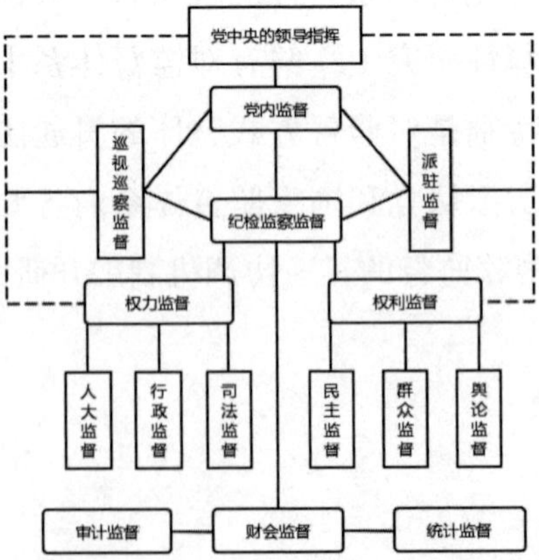

党和国家监督贯通协调机制示意图

① 习近平．在新的起点上深化国家监察体制改革［J］．求是，2019（5）：5-7.

三、总体架构示意图解

上述示意图显示，党和国家监督体系贯通协调机制主要由党的集中统一领导机制、党内监督主导机制、纪检监察统筹机制构成。在党和国家监督体系中，党中央的领导指挥居于监督体系的首要地位，涵盖党和国家监督体系中的各个监督要素。党内监督居于党中央的领导指挥之下位，在党和国家监督体系中起着主导作用。纪检监察监督在党中央的领导指挥和党内监督的主导下，发挥党和国家监督的专责统筹作用，衔接巡视巡察监督和派驻监督两种监督方式，衔接权力监督和权利监督两种监督类型。巡视巡察作为党中央领导指挥和各级党委履行全面从严治党主体责任最直接有力的抓手，与纪检监察监督紧密衔接，通过纪检监察监督对权力监督和权利监督发挥作用。派驻监督作为党的统一领导下纪检监察机关的分支机构，在党和国家监督体系中发挥纪检监察的“哨兵”和“探头”作用。权力监督的本质是国家监督，包括人大监督、行政监督和司法监督。人大监督在权力监督中居于最高层次，通过宪法和法律对行政、监察和司法进行监督，以保证行政监督、监察监督、司法监督依法规范运行。行政监督在权力监督中居于主干地位，主要体现为上级行政机关对下级行政机关及其工作人员的监督，本级行政机关对所属工作人员的管理监督，以保证国家行政权的依法规范运行。司法监督在权力监督中居于终局地位，通过行使检察权和审判权保证公共权力依法规范运行，是党和国家监督体系中的刚性支撑。权利监督的本质是人民监督，包括政协民主监督、群众监督和舆论监督。民主监督是人民政协和各民主党派对国家机关的工作监督，在权利监督中居于首要地位，作为完善全过程人民民主的重要方式，通过对“一府一委两院”的参议型监督，保障和促进公权力依法规范运行。群众监督和舆论监督在权利监督中居于基础地位，通过网上举报、电子信访、信息负面公开等多种方式和路径，监督和促进公权力依法规范运行。

第二节 监督体系中各要素相互关系

一、各类监督的基本属性

从党和国家规范性文件的表述看，党和国家监督体系中的各个要素主体分别为党内监督、纪检监察监督、人大监督、行政监督、司法监督、民主监督、群众监督、舆论监督、审计监督、财会监督、统计监督。其中，人大监督、行政监督、司法监督等属于权力监督范畴，具有宪法法律规定的以国家强制力为后盾的权力属性；民主监督、群众监督、舆论监督属于权利监督，具有宪法法律赋予的人民民主监督的权利属性。因此，党和国家监督结构从某种意义上说是党和国家权力监督与人民群众权利监督的结合体。

党和国家监督体系的监督对象是公权力和公职人员，其要旨是“消除权力监督的真空地带，压缩权力行使的任性空间，建立完善的监督管理机制、有效的权力制约机制、严肃的责任追究机制”，“确保人民赋予的权力始终用来为人民谋幸福”①。党内监督、纪检监察监督、人大监督、行政监督、司法监督等权力监督，是党的自我革命战略思想，即跳出历史周期率第二个答案的集中体现；民主监督、群众监督、舆论监督等权利监督，是党的人民群众监督思想，即跳出历史周期率第一个答案的集中体现。从这个意义上说，党和国家监督体系是党的自我革命战略思想和人民群众民主监督思想的有机结合，确保人民赋予的权力永远为人民谋利益。

二、各类监督的相互关系

党和国家监督体系中权力监督与权利监督的相互关系，在理论上体现为党的自我革命和人民监督的关系，也即跳出历史周期率两个答案的关系。习

---

① 习近平．在新的起点上深化国家监察体制改革［J］．求是，2019（5）：5-7．

近平总书记在十九届中央纪委六次全会上深刻指出："一百年来，党外靠发展人民民主、接受人民监督，内靠全面从严治党、推进自我革命，勇于坚持真理、修正错误，勇于刀刃向内、刮骨疗毒，保证了党长盛不衰、不断发展壮大。""自我革命"和"人民监督"这两个答案，进一步深化了我们党对马克思主义执政党建设规律的认识。

首先，自我革命和人民监督内在统一、一脉相承。其表现为两个答案的理论基础统一、目标指向相同、检验标准一致。在理论基础上，马克思主义唯物史观认为，人民群众是社会实践的主体，是历史的创造者。自我革命和人民监督两个答案都遵循马克思主义基本原理，都建立在马克思主义唯物史观的理论基础上。在目标指向上，我们党除了广大人民群众的利益，没有任何自己的私利，党所付出的一切努力、进行的一切斗争、作出的一切牺牲，都是为了人民幸福和民族复兴。这是我们党勇于进行自我革命、敢于接受人民监督的勇气之源、底气所在。在检验标准上，自我革命和人民监督的成效，都要由人民群众来评判，要以人民群众拥护不拥护、赞成不赞成、高兴不高兴、答应不答应作为检验标准。

其二，自我革命和人民监督与时俱进、不断丰富。自我革命和人民监督这两个答案的内涵在党团结带领人民战胜一个又一个艰难险阻、取得一个又一个伟大成就中不断丰富发展。勇于自我革命是我们党最鲜明的品格，开辟了百年大党自我革命的新境界，对自我革命的成功实践和宝贵经验进行了深刻总结，实现了我们党对长期执政的马克思主义政党建设规律认识的新升华。自毛泽东同志在延安窑洞给出第一个答案后，我们党毫不动摇坚持和发展人民监督。新中国成立七十多年来，党确立人民代表大会制度、中国共产党领导的多党合作和政治协商制度、民族区域自治制度，为人民当家作主提供了制度保证。改革开放以来，特别是党的十八大以来，党领导人民坚持中国特色社会主义政治发展道路，发展全过程人民民主，保证全体人民依法管理国家事务和社会事务、管理经济和文化事业。

其三，自我革命和人民监督相辅相成、相得益彰。自我革命和人民监督是我们党跳出历史周期率的"一体两翼"，需要统筹把握、系统推进。一是坚持党的全面领导。自我革命和人民监督都要坚持党中央集中统一领导，确保党始终总揽全局、协调各方。二是坚持以党的创新理论为指引。推进自我革命和人民监督，必须坚持以习近平新时代中国特色社会主义思想为指导，用中国化时代化的马克思主义世界观和方法论武装头脑、指导实践、推动工作。三是坚持站稳人民立场。推进自我革命和人民监督，必须牢牢站稳人民立场，永远保持同人民群众的血肉联系。四是坚持问题导向。我们要把工作的着力点放在解决最突出的矛盾上。顺应时代潮流、回应人民要求，不断拓展自我革命和人民监督的方法路径，确保党员干部和国家公职人员依法履职、秉公用权、廉洁从政从业，实现党长期执政、国家长治久安、人民安居乐业。

第三节　贯通协调的领导机制

一、贯通协调领导机制的提出

党和国家监督贯通协调的领导机制，就是完善和维护党的领导的政治监督规范，即“两个确立”“两个维护”的督查机制。“两个确立”“两个维护”是党的领导的最高政治原则和根本政治规矩，坚持党对纪检监察工作的全面领导，首先要增强“四个意识”，坚定“四个自信”，做到“两个维护”，牢牢把握“两个确立”在监督体系中的核心地位。通过一系列制度安排，对各监督组织系统履责情况进行内部督查，对各类监督组织进行经常性“政治体检”，推动党和国家监督工作高质量发展，确保党中央关于全面从严治党的重大方针、重大要求、重要部署在各类监督中得到有效落实。

二、贯通协调领导机制的构建

具体而言，必须建立健全以下七项机制：

（一）党对人大监督的领导

依据《宪法》规定全国人大及其常务委员会享有立法权、任免权、决定权、监督权四大职权，人大监督作为人大及其常委会的重要职能之一，主要是对国家行政权、监察权、司法权等国家权力进行监督。在党和国家监督体系中人大监督是具有宪定意义的权力监督。根据《中国共产党章程》规定，党必须按照总揽全局、协调各方的原则，在同级各种组织中发挥领导核心作用。因此，党对人大监督工作领导是坚持党的全面领导的重要内容。党对人大监督的领导方式主要表现在以下三个方面：一是思想政治上的领导。以党的路线政策和党的政治威信与影响力，影响人大的决策，确保人大监督在正常轨道运行，提高监督实效。二是执政党依法行使政治权利（非国家权力）。党对国家的大政方针有建议权，对修宪和立法有建议权，对人大的工作及其国家工作人员有民主监督权，对由人大选举和任命的各级国家领导人员有推荐权。其中，"修宪建议权和重要领导干部人选推荐权，事实上已经成为执政党特别享有的特殊权利"。三是使党的主张通过法定程序（人大）变成国家意志。执政党不是直接以党的形式来掌握国家权力，而是通过在人大中的党组织和党员的工作，以国家的形式来掌握，即把党的主张以对人大的建议的形式向人大提出，由人大按法定的程序予以采纳后，变成人大的决定或者立法，从而转化为国家意志与国家法律，成为对全社会具有普遍约束力的行为准则，进而实现党对国家的领导。可见，党对人大监督工作的领导，是指导性的，非指令性的。党不能向人大发号施令，党的领导权不是管辖权，党中央和地方党委同人大在组织上没有上下级的隶属关系。"党同政权机关的性质不同，职能不同。不能把党委同人大之间的关系简单地理解为组织上的隶属关系"。

（二）党对纪检监察监督的领导

健全完善党对纪检监察监督的领导机制，就是同级党委和上级纪委双重领导体制的具体化、程序化、制度化的实现机制。党的地方各级纪律检查委员会和基层纪律检查委员会在同级党的委员会和上级纪律检查委员会双重领导下进行工作。这是党章对纪检监察工作领导体制的权威规定，是党对反腐败工作全面领导的题中应有之义，必须毫不动摇地坚持和完善。实现双重领导体制具体化、程序化、制度化，就要认真落实《中共中央政治局关于加强和维护党中央集中统一领导的若干规定》和《中国共产党重大事项请示报告条例》等，每年纪委全会工作报告都要提请同级党委常委会审议，研究涉及全局的重大事项，遇有重要问题以及作出立案审查调查决定、给予党纪政务处分等事项都及时向党委请示报告，既报告结果，也报告过程，通过主动接受双重领导的形式，实现党的集中统一领导。监委不是独立于纪委之外的机构，纪委监委合署办公，本质上是党的政治机关，在党委统一领导下开展工作，处于第一位的是对党委负责、向党委报告工作、接受党委的领导和监督。监委职权范围内的重要事项由纪委常委会研究决定，通过接受纪委常委会领导的方式，直接接受同级党委的领导和监督。同时，要认真落实“执纪审查工作以上级纪委领导为主，线索处置和执纪审查情况在向同级党委报告的同时向上级纪委报告，各级纪委书记、副书记的提名和考察以上级纪委会同组织部门为主”的要求，强化上级纪委对下级纪委的领导。①

（三）党对行政监督的领导

行政监督通常指行政机关内部上下级之间，以及审计机关对行政机关及其公务人员的监督。行政监督是行政管理活动的一个重要组成部分。行政监督是由国家行政机关内部的各种监督组成的有机统一体系，是行政机关内部的自我监督②，也是监督公权力运行的重要主体。党对行政监督的领导主要体现为党对行政监督的政治领导、思想领导和组织领导。在政治领导上，完善党的领导制度，强化行政机关政治纪律。把“两个确立”“两个维护”落实到行政监督的各个环节，自觉地把政府工作置于党的领导之下，忠实贯彻落实党的决策。在思想领导上，健全完善不忘初心、牢记使命等理论学习和主题教育制度。坚持以习近平新时代中国特色社会主义思想为指导，不断增强政治意识、大局意识、核心意识、看齐意识。在学懂、弄通、做实上下功夫，大力弘扬理论联系实际的优良学风，全面系统学、带着问题学，及时跟进，融会贯通。既要学出更加坚定的信仰、更加真实的忠诚、更加强烈的担当，也要学出依靠群众开展工作的自觉、全心全意服务群众的责任、保护和发展群众根本利益的实效。在组织领导上，充分发挥行政机关党组的核心领导作用。坚持党中央集中统一领导这个“根本的政治规矩”，紧密结合政府工作具体实际，加强行政机关党的组织建设、纪律作风建设，把从严治党、从严治

① 马文孝．坚持和完善党对纪检监察工作全面领导的体制机制［J］．青海党的生活，2021（3）：42-44.

② 程开明，刘琦璐，李泗娥，等．统计监督与其他监督的贯通协同机制研究［J］．统计理论与实践，2022（4）：3-10.

吏的各项要求落实到各级行政机关，以行政机关的自我监督保障和推进国家监督体系的权力监督，不断提高行政机关党风廉政建设和反腐败斗争的能力和水平。

（四）党对司法监督的领导

党对司法监督的领导机制主要体现在四个方面：其一，党委政法委员会指导推动司法机关建立健全与执法司法权运行机制相适应的监督制约体系，构建权责清晰的执法司法责任体系，完善程序化、平台化、开化管理监督方式。其二，司法机关党组（党委）依法依规将司法工作情况纳入党务政务公开范围，依法有序推进司法公开，完善司法机关之间监督制约机制，确保司法工作在依法有效监督和约束环境下推进。其三，党委要加强对司法工作全面情况和重大决策部署执行情况的督促检查，特别是党中央以及上级党组织决定、决策部署、指示等情况的督促检查，必要时开展巡视巡察，并在一定范围内进行通报；推动完善和落实政治督察、执法监督、纪律作风督查巡查等工作制度机制，全面推进司法工作特别是党中央以及上级党组织决定、决策部署、指示等情况的贯彻落实；建立健全向批准其设立的党委全面述职制度和重大决策执行情况的督查反馈机制，确保党中央以及上级党组织决定、决策部署、指示等在本单位或者本系统得到贯彻落实。其四，建立司法机关党员干部接受纪检监察制度，派驻司法纪检监察机构，要督促司法机关领导班子落实全面从严治党主体责任，履行对司法机关全面从严治党的监督责任；检查司法机关守政治纪律和政治规矩以及贯彻执行民主集中制、选拔任用干部、强作风建设、依法行使职权和廉洁司法等情况，充分履行党的纪律检查和监察监督职责，确保司法监督在党的领导下充分发挥维护公平正义的法治保障作用。

（五）党对民主监督的领导

民主监督既是全过程人民民主的关键环节，也是国家监督体系的重要组成部分。中国共产党的领导是人民政协事业发展进步的根本政治保证，也是人民政协必须恪守的根本政治原则。人民政协进行民主监督，关键是坚持党的领导。坚持党对人民政协民主监督的领导，必须强化党委的统一领导。推动各级党委不断完善对人民政协民主监督的组织领导机制；将人民政协民主监督工作安排纳入党委工作总体部署；加强对重点监督议题的集中统一领导，通过总揽全局、协调各方，确保监督工作有力有序有效开展。要为人民政协民主监督营造良好环境。坚持“不打棍子、不扣帽子、不抓辫子”，鼓励讲真话、讲实话，尊重和包容不同意见、逆耳之言和尖锐批评。但是，对任何违背四项基本原则的言行，都必须态度鲜明、坚定立场、坚决反对，以确保人民政协民主监督的正确政治方向。坚持党对人民政协民主监督的领导，必须发挥政协党组在政协工作中把方向、管大局、保落实的领导作用。政协党组必须担负起坚持和维护党的领导的政治责任。要完善领导机制，政协党组要在同级党委领导下，不断完善人民政协民主监督的组织领导、知情明政、协调落实、办理反馈、权益保障机制，确保人民政协依章程进行民主监督。切实把握民主监督的方向和原则、节奏和力度，并及时向同级党委报告工作进展情况和遇到的重大问题，确保党的领导落实到民主监督工作全过程和各方面。①

（六）党对群众监督的领导

群众监督即人民群众依法对党政机关及公职人员进行的检视和监督。历史已经证明，只有党领导人民群众取得革命胜利，人民群众才能真正掌握民主权利。党的领导是人民民主的根本前提，党的领导与群众监督密切相连。当党进行正确领导时，群众监督工作就会取得突出效果；当党的领导出现失误甚至缺位的时候，群众监督就会陷入无序或混乱状态，甚至影响国家正常的生产生活秩序。由此可见，群众监督必须始终坚持党的领导不动摇。党的十八大以来，习近平总书记特别重视党对群众监督工作的全面领导，重视党的领导结构的系统优化，探索构建更加成熟科学、稳定有效的领导监督体系。一是坚持党的领导，有序拓宽监督渠道、丰富群众监督形式，如党中央统一部署和开展教育实践活动、创建群众监督与舆论监督的连体模式等。二是党领导推动实现群众监督与其他监督多元结合，以党内监督为主，构建全面性的立体监督体系。特别是将群众监督与党内巡视监督有机结合，将群众监督贯穿于党内监督过程始终，体现出党对群众监督工作的全面领导。三是

① 杨统连．关于人民政协民主监督的几点思考［J］．中国政协理论研究，2021（3）：29–34．

加强党的领导关键在于正确引导人民群众，推动群众监督更加理性化、秩序化，进一步助推群众监督进入规范化轨道，加强了党对群众监督的科学全面领导。①

（七）党对舆论监督的领导

舆论监督是党和国家监督体系中不可或缺的一环，有着不可替代的制度功能，是贯彻落实全过程人民民主重大理念的重要实践，是党和国家监督体系做到“耳聪目明”的根本保障。加强党对新闻舆论监督的领导，必须加强对各方面的制度建设，构建“大宣传”格局，建设好以党刊为引领，社会公共传媒、自媒体、新闻宣传共同发力的有效机制，适应新形势，改善领导方式，转变思路用好新兴媒体，加强监管，确保国家意识形态安全和新闻舆论的正确导向。各类媒体都要强化政治意识、大局意识、核心意识、看齐意识，在舆论监督中对具体事件进行公正对待、客观分析，无论是思想、政治还是行动都要同党的要求一致。准确把握新闻的独立性与公正性原则，防止被利益集团利用，面对当前的各种诱惑和危机，必须始终紧盯党的指挥棒，通过加强舆论监督，密切党和人民群众的血肉联系。舆论监督和正面宣传都立足于以人民为中心的工作导向，立足于反映人民群众创造的经验、面临的问题，立足于丰富人民精神世界、增强人民精神力量。把握好舆论监督与正面宣传之间的辩证关系，体现党性和人民性的高度统一。

第四节　贯通协调的主导机制

一、贯通协调主导机制的提出

党和国家监督贯通协调的主导机制是党内监督制度。党的执政地位决定了党内监督在党和国家监督体系中是最基本的、第一位的，党内监督有力有

① 於天禄. 改革开放以来党的群众监督理论演进的历程、特征与启示［J］. 理论与评论，2021（3）：37-47.

效，其他监督才能发挥作用，党内监督具有其他监督所无法替代的作用和优势以及重要的示范、纠偏和统领作用。准确把握各类监督贯通协调的原则和要求，要坚持在党内监督的引领下，促进各类监督既依照自身职责发挥效能，又强化关联互动、系统集成，实现同题共答、同向发力。在监督的示范上，中国共产党是执政党，党内监督失效，其他监督形式必然失灵，内部监督不到位，外部监督再用劲，作用也有限；在监督的纠偏上，党内监督重点解决党的领导弱化、党的建设缺失、全面从严治党不力、党的观念淡漠、组织涣散、纪律松弛、管党治党宽松软等根本性问题，保证党组织充分履行职能和发挥核心作用；在监督的统领上，中国共产党坚强有力的领导，使得党内监督凝聚党和国家各方面监督力量，确保各方面监督力量统一意志、统一行动、步调一致，形成党内监督、国家监督、社会监督的强大合力。

二、贯通协调主导机制的内容

（一）党内监督决定监督体系的监督方向①

党内监督的性质决定国家监督的性质。党内监督是执政党自我净化、自我完善、自我革新、自我提高的实现机制，其目的在于提高党的执政能力，实现长期执政、科学执政和依宪执政。要实现该目标，必须清除消极腐败现象，确保中国共产党始终保持先进性和纯洁性，始终保持党同人民群众的密切联系，实现党的长期执政和全面领导。国家监督包括国家机关监督和民主监督、舆论监督、群众监督等党外监督形式，无论是国家机关监督还是党外监督，其性质都是党和国家机关的自我完善与革新，都必须在党的领导下展开，国家监督既要体现权力制约与监督的精神，又要实现与党内监督相互配合衔接，形成监督合力。

（二）党内监督的目标决定国家监督的重点

党内监督在不同时期有不同的要求，新时代党内监督主要围绕反腐败展开，通过加强对遵守党的政治纪律和政治规矩的情况的监督，加强党中央权

① 朱福惠．党内监督体系的概念生成、制度特征与实践创新［J］．党内法规研究，2022，1（2）：110–128.

威和集中统一领导。国家监督虽然以合法性监督为主，但人大监督、行政监督、检察监督等均体现反腐败的政治导向，打赢反腐败重大政治斗争必须加强对国家机关及公职人员的政治监督。纪委的派驻机构依法依规督促国家机关履行监管和社会治理职责，对违纪违法的党政机关及其领导干部实行党政联合问责。党和国家监督体系对党内监督体系与国家监督体系进行一体化建设，实现党内监督与国家监督的衔接，进而实现党内治理与国家治理的协同推进。

（三）党内监督是国家监督机关发挥作用的前提[①]

党内监督强调各级党组织落实全面从严治党主体责任，领导并支持国家机关行使监督权。党的执政地位和党的领导原则决定了执政党在公权力体系中具有基础性作用。根据党管干部原则，党内法规不仅对党员领导干部规定了严格的纪律责任，而且对具有党员身份的公职人员依法履职、秉公用权、廉洁从政从业等方面提出了更高的要求。由此看来，党内监督直接实现对公职人员行使公权力的刚性约束，是国家监督发挥作用的前提与基础。党组织履行监督主体责任的方式包括听取国家机关有关监督工作的汇报，研究部署本地区本部门党风廉政建设和党内监督工作，解决国家机关履行监督职能过程中遇到的问题，为国家机关的监督提供组织保障，等等。党组织对国家机关在行使职能过程中发现的具有党员身份的公职人员的违纪违法问题，应当及时支持国家机关依法行使监督权，对应当立案审查调查的果断决定审查调查，对纪检监察机关提出的处置意见及时研究并作出决定，对应由国家机关处分的案件或者追究刑事责任的案件，及时采取组织手段支持国家机关顺利开展调查工作。党和国家监督体系的运行机制恰恰在于，推动党内监督与国家监督相互配合并形成监督合力。

（四）党内监督与各类监督的有机贯通、相互协调

以党内监督为主导，实现各个监督主体的有机贯通、相互协调，主要体现在以下三个方面：一是推进党内监督主体间的有机贯通。坚决落实党委（党

① 朱福惠. 党内监督体系的概念生成、制度特征与实践创新［J］. 党内法规研究，2022，1（2）：110–128.

组）在党内监督中承担的主体责任，党委（党组）书记作为第一责任人，加强对党内监督的领导和统筹，强化自上而下的组织监督，改进自下而上的民主监督，发挥同级相互监督作用。把主体责任和监督责任贯通起来，加强配合、相互促进。把日常监督、信访举报、巡视巡察、列席民主生活会、提出纪律检查建议等日常监督方式结合起来，形成监督合力。二是推进党内监督与国家监督的有机贯通。完善党的纪律检查与国家监察合署办公体制，健全统一决策、一体运行的工作机制，推动执纪执法贯通、有效衔接司法，实现纪法双施双守。建立纪检监察机关与其他监督主体的联席会议制度，理顺执法机关、司法机关向纪检监察机关移送问题线索机制、协助调查核实机制。加强对审计结果、统计结果的运用，把审计监督、统计监督与纪检监察、巡视巡察贯通起来。三是推进党内监督与社会监督的有机贯通。各级党组织支持民主党派履行监督职能，多方收集民主党派和无党派人士提出的意见和建议，完善反馈与落实机制。发挥群众监督作用，畅通党员群众反映情况、开展监督的渠道，完善来信、来访、电话、网络四位一体的信访受理平台。建设覆盖纪检监察系统的检举举报平台，通过共享和最大限度利用各种相关信息，精准发现问题，提高监督有效性。

第五节　贯通协调的统筹机制

一、贯通协调统筹机制的提出

党和国家监督贯通协调的统筹机制是指作为行使党内监督和国家监察专责的纪检监察机关，统筹协调人大监督、行政监督、司法监督、民主监督、群众监督、舆论监督等的一系列制度安排。贯通协调的统筹机制以纪检监察监督跟进和落实党内监督为前提。这种跟进和落实主要体现在两个方面：一方面，纪检监察监督填补党内监督管辖“空白”。从对象上看，《中国共产党党内监督条例》规定：“党内监督的重点对象是党的领导机关和领导干部特别是主要领导干部。"[①]监察监督的管辖对象是所有行使公权力的公职人员。而在我国公职人员队伍中，80% 以上的公职人员都是共产党员[②]，虽然两者在监督对象上存在大范围的交叉重合，但对非党员的公职人员的监督覆盖正好填补了党内监督管辖的盲区，两者在多个方面的监督内容上高度一致，是党内监督框架下的补充性再强化。比如，在关于政治监督的规定中，要求对公职人员是否坚决维护宪法确立的国家指导思想，是否坚持党的领导、坚持中国特色社会主义制度，是否贯彻落实党和国家路线方针政策、重大决策部署，是否依法履行公权力等情况进行监督。另一方面，纪检监察监督解决党内监督执纪盲区的法律适用难题。从监督的运行载体看，党内监督的载体是"四种形态"[③]。作为党内监督的重要抓手，"四种形态"贯彻了标本兼治、分类施治的策略和方针，体现了纪严于法、纪在法前、纪法分开的要求。作为监察执法的主要依据之一，《公职人员政务处分法》吸收转化党纪中关于各类违纪行为的规定，将党员干部和非党员公职人员一体纳入纪检监察监督的范围，通过"四种形态"在国家监察场域的制度内嵌，实现监察监督对党内监督的跟进和落实。

二、贯通协调统筹机制的具体构建

（一）纪检监察监督保障和接受人大监督

在纪检监察机关与人大监督的监督关系中，纪检监察监督本质上是国家

---

① 《中国共产党党内监督条例》第 5 条、第 6 条规定，党内监督的主要内容是：遵守党章党规，坚定理想信念，践行党的宗旨，模范遵守宪法法律情况；维护党中央集中统一领导，牢固树立政治意识、大局意识、核心意识、看齐意识，贯彻落实党的理论和路线方针政策，确保全党令行禁止情况；坚持民主集中制，严肃党内政治生活，贯彻党员个人服从党的组织，少数服从多数，下级组织服从上级组织，全党各个组织和全体党员服从党的全国代表大会和中央委员会原则情况；落实全面从严治党主体责任，严明党的纪律特别是政治纪律和政治规矩，推进党风廉政建设和反腐败工作情况；落实中央八项规定精神，加强作风建设，密切联系群众，巩固党的执政基础情况；坚持党的干部标准，树立正确选人用人导向，执行干部选拔任用工作规定情况；廉洁自律、秉公用权情况；完成党中央和上级党组织部署的任务情况。第 6 条规定，党内监督的重点对象是党的领导机关和领导干部特别是主要领导干部。

② 习近平．在第十八届中央纪律检查委员会第六次全体会议上的讲话［N］．人民日报，2016-05-03（1）．

③ 《中国共产党党内监督条例》第七条规定：党内监督必须把纪律挺在前面，运用监督执纪"四种形态"，经常开展批评和自我批评、约谈函询，让"红红脸、出出汗"成为常态；党纪轻处分、组织调整成为违纪处理的大多数；党纪重处分、重大职务调整的成为少数；严重违纪涉嫌违法立案审查的成为极少数。

监督的程序化、法定化、具体化，人大监督本质上是体现人民主权的国家监督。人大监督主要通过听取和审议监察机关工作报告或者专项报告、检查法律法规实施情况、审查规范性文件、询问和质询、特定问题调查、罢免和撤职等方式实现其监督职能，督促监察机关切实履行监督职责。例如，通过召开联席会议定期通报反馈等方式，及时加强各环节、各阶段信息互通；人大常委会听取监委关于重点监督、专项整治工作的专项报告，采取执法检查和规范性文件备案审查等形式开展监督；邀请人大代表直接参与监委的监督事项。纪检监察机关对于人大提出的监督事项必须认真落实，对人大提出的监督建议必须认真接受和对待。在党和国家监督体系中人大监督主要发挥对“一府一委两院”的监督职能，保证行政权、监察权、检察权、审判权得到依法正确行使，保障公民、法人和其他组织的合法权益。纪检监察监督就是要通过程序化、法定化的手段保障人大的人民主权监督落到实处。

（二）纪检监察监督指导和衔接行政监督

行政监督是行政管理活动的一个重要组成部分，是行政机关内部对行政机关及其公务员在执行公务和履行职责时的违规违法行为进行的全面监察和督导，是由国家行政机关内部的各种监督组成的有机统一体系。纪检监察监督是独立行使国家监察权的专责监督。国家监察体制改革后监察权具有独立性，即不受行政机关、社会团体和个人的干涉。在行权逻辑上，纪检监察监督属于行政机关的外部监督。在党和国家监督体系中纪检监察监督与行政监督的关系表现为：监察机关对行政管理监督中公职人员违法行为的处分居于主导地位，指导行政机关对违法公职人员适用政务处分，并对处分是否恰当给予确认，对属于第四种形态的严重违法行为涉嫌职务犯罪的移送司法机关追究刑事责任，实行纪（党纪政规）在法（政务处分法）前、法在刑（刑法）前的执纪执法监督模式。行政监督作为行政机关的管理监督，要接受纪检监察机关的指导，确保行政监督的规范性、公正性。监察机关对行政机关管理监督中公职人员违纪违法行为的处置实行有机衔接，两机关均可适用监督执纪“四种形态”。

（三）纪检监察监督衔接和加强司法监督

司法监督即检察监督和审判监督。在党和国家监督体系中司法监督作为衔接人大监督、行政监督、监察监督等权力监督方式的终结机制，是确保公共权力依法规范运行的刚性支撑。纪检监察监督作为依规治党和依法治权的专责机制，主要通过监督行使公权力的公职人员，保障公共权力在阳光下规范运行。从这个意义上说，司法监督是对公权力运行即“事”的监督，纪检监察是对公权力行使者即“人”的监督。从人是生产力第一要素的观点看，对执掌公权力的人的监督是最根本的，旨在避免以权谋私、滥用职权的主观故意，当然司法监督对公权力运行即对“事”的监督也是必要的，通过检察监督和审判监督可以从终局上纠正公权力的错误行使。在党和国家监督体系中，纪检监察机关和检察审判机关，分别从对“人”和对“事”两个维度保证公共权力运行的公正性和人民性。纪检监察监督和司法监督的衔接主要体现在三个方面：一是“四种形态”的监督模式与刑事司法程序的对接。对符合第四种形态构成职务犯罪、需要追究刑事责任的案件移送检察机关审查起诉，检察机关依法审查监察机关的移送案件，依法向审判机关提起公诉，实现罪刑法定。二是对于司法工作人员相关职务犯罪，监察机关和检察机关依法实行双重管辖，检察机关在法律监督中发现司法人员失职渎职等职务犯罪可依法进行侦查，并通报纪检监察机关。三是纪检监察机关和司法机关内部监察机制，依照《监察官法》《检察官法》《法官法》《公职人员政务处分法》等法律法规进行监督处置，双方监督处置的结果应相互通报。

（四）纪检监察监督保障和支持民主监督

民主监督是人民政协和各民主党派对国家机关的工作监督，是完善全过程人民民主的重要方式，通过对国家机关的参议型监督，保障和促进公权力依法规范运行。纪检监察监督和民主监督在本质上具有一致性，都是代表人民对人民赋予的权力进行监督。人民政协的民主监督形式主要表现为间接监督和宏观提议。人民政协在协商式监督中往往能够保持客观公正立场，能够“旁观者清”，可以真实而全面地反映各方面的实际情况，为纪检监察监督的决策、定向起到引导和参考作用。反过来，纪检监察监督作为人民政协民主监督职能实现的重要保障和支持力量，督促各机关和单位落实人民政协提交给党委和政府研究办理的提案、改进工作意见等。两者都是在推进国家治理和社会发展方面履行各自的独特职责，完成党和国家赋予的监督使命。纪检监察监督保障和支持民主监督，就要高度重视人民政协民主监督提出的与国计民生相关的各类监督意见，建立民主监督与纪检监察监督的绿色通道，把监督意见纳入纪检监察法律法规，使人民政协宏观性、针对性监督意见落到实处。

（五）纪检监察监督接受和引导群众监督和舆论监督

舆论监督本质上就是人民监督的重要组成部分，在党和国家监督体系中，群众监督和舆论监督发挥着“千里眼”“顺风耳”的作用，纪检监察机关接受群众监督和舆论监督信息是应然之义。群众监督和舆论监督中的政治参与、批评建议、检举揭发、信访举报等正是纪检监察监督发现问题线索的主要渠道，而纪检监察监督是群众监督和舆论监督目的实现的重要抓手。从监督的功能作用上看，群众监督和舆论监督针对官员缺乏德行、滥用权力、以权谋私等现象进行监督，在改进党和政府职能部门工作、减少执政失误、防止权力滥用、提高决策质量等方面发挥重要作用。群众监督和舆论监督提供的社情民意来源广泛，是公职人员政治品行、道德操守情况、勤政廉洁状况，是否滥用权力，是否正确执行党的方针、路线、重大决策部署等情况的重要线索来源，可有效拓展和延展纪检监察监督线索获得渠道。但群众监督和舆论监督所获取的信息资源也存在片面、杂乱、虚假、不实、误导公众的弊端，这就需要纪检监察机关认真查访调研、调查核实，做到去伪存真，从而引导人民群众正确行使监督权。同时，纪检监察监督正确引导群众监督和舆论监督方向，建立奖惩、举报、保密等机制，可以调动人民群众和公共媒体的积极性，充分为群众监督和舆论监督拓宽渠道、释放空间，最大化提高群众监督和舆论监督效能。

（六）纪检监察监督整合和协调审计、财会、统计监督

审计、财会、统计监督虽然属于行政监督的范畴，但由于其对公权力监督有着重要的职能作用，因而在党和国家监督体系中作为相对独立的监督方式提出。纪检监察监督整合和协调审计、财会、统计监督，形成有效监督合力。其一，纪检监察整合和协调审计监督。就是将纪检监察的“政治体检”与审计的“经济体检”相结合，建立审计机关与纪检监察机关查办案件协同机制，审计机关发现公职人员徇私舞弊、滥用职权、行贿受贿等违法违纪问

题时，纪检监察机关会接收审计机关移交的问题线索并依法进行处置，及时与审计机关交流审计和调查结果，对相关问题线索进行执纪问责和监察调查处置。其二，纪检监察监督整合和协调财会监督。发挥财会监督具有的专业优势，紧盯政府采购、“三公”经费、固定资产、专项资金管理使用等重点领域，开展驻点监督、专项监督、联审联查等，有效发现虚报冒领、乱发钱物、挪用公款甚至贪污公款等违规违纪违法问题。财会监督能提升发现问题线索的精准性，纪检监察监督有利于推动问题线索高效办结。实践中可从日常沟通、协同监督、问题线索移送、成果综合运用等方面建立联动机制，形成“督前信息沟通、督中专业协作、督后协同整改”的全过程监督联动体系，织密对国有资产的监督网，不断深化“纪巡财审”联动，推动监督成果共享共用。其三，纪检监察监督整合和协调统计监督。通过建立相关督查机制，维护统计数字的真实性。各机关、企业、事业单位均按照国家有关规定，接受统计监督，提供统计资料，不得虚报、瞒报、拒报、迟报，不得伪造、篡改。将统计监督成果转化为纪检监察监督事项，形成确保国家计划完成、党的经济政策得到贯彻执行、财经纪律得到维护、国民经济内部各种比例关系协调的强大监督合力，以保证国家的整体利益，加强各部门、各地区执行政策和计划的责任心，强化财经纪律，保持正常工作秩序，促进国民经济持续、稳定、协调的发展。

结语：贯通协调机制的价值依归

健全党和国家监督体系，是坚持和完善中国特色社会主义制度、推进国家治理体系和治理能力现代化的重要任务。党的二十大报告指出，坚持制度治党、依规治党，健全党统一领导、全面覆盖、权威高效的监督体系。建立健全党和国家监督贯通协调机制，既是新时代新征程推进监督体系现代化的必然要求，又是坚持系统观念，推动党内监督与其他各类监督贯通协同、形成合力，把党的全面领导落实到贯通协同全过程，把协调机制优势贯穿贯通协同各环节，把制度保障作用体现在贯通协同各方面的重要载体。系统观念是马克思主义哲学重要的认识论和方法论，是贯穿习近平新时代中国特色社会主义思想的立场观点方法之一。坚持系统观念，要求我们客观地而不是主观地、发展地而不是静止地、全面地而不是片面地、系统地而不是零散地、普遍联系地而不是孤立地观察事物、分析问题、解决问题，在矛盾双方对立统一的过程中把握事物发展规律。[①] 构建党和国家监督体系贯通协调机制要紧扣责任链，着眼于科学合理、系统全面、运行规范的机理，整合优化监督力量，最大限度地发挥各监督主体作用，更好地凝聚监督力量。建立党的集中统一领导机制、党内监督主导机制、纪检监察监督统筹机制，就是要在党的统一领导和党内监督主导下，以纪检监察专责监督，保障和接受人大监督、衔接和加强司法监督、保障和支持民主监督、接受和引导群众监督及舆论监督、整合和协调审计财会统计监督，充分发挥党和国家监督体系的制度效能。

① 杨莘．坚持系统观念（思想纵横）——深刻学习领会“六个坚持”之五［N］．人民日报，2022-11-23（9）．

参考文献

一、论文

［1］吴建雄．开创党和国家监督体系现代化的新境界——坚持和完善党和国家监督体系的历史逻辑、理论逻辑与实践逻辑［J］．新疆师范大学学报（哲学社会科学版），2019，40（6）．

［2］吴建雄．国家监察体制改革的法哲学思考：立场、观点与方法［J］．中南大学学报（社会科学版），2019，25（4）．

［3］黄武．坚持系统集成协同高效持续深化纪检监察体制改革重点领域和关键环节接续实现突破［J］．中国纪检监察，2021（1）．

［4］任建明，洪宇．党和国家监督体系——要素、结构与发展［J］．廉政学研究，2018（1）．

［5］吴建雄．国家监察体制改革与新时代中国特色社会主义监督体系构建［J］．统一战线学研究，2018，2（1）．

［6］吴建雄，夏彩亮．中国特色社会主义监督体系的优势［J］．世界社会主义研究，2019，4（10）．

［7］吴建雄．构建全覆盖的责任制度和监督制度［J］．中国党政干部论坛，2021（3）．

［8］张文显．习近平法治思想的基本精神和核心要义［J］．东方法学，2021（1）．

[9] 朱福惠. 国家监察法对公职人员纪律处分体制的重构[J]. 行政法学研究，2018(4).

[10] 钟纪言. 赋予监察委员会宪法地位健全党和国家监督体系[J]. 中国人大，2018(5).

[11] 张文显. 新时代全面依法治国的思想、方略和实践[J]. 中国法学，2017(6).

[12] 付子堂，周尚君，朱林方，等. 学习领会习近平法治思想笔谈[J]. 现代法学，2021，43(1).

[13] 王东峰. 坚持把党的政治建设摆在首位推进新时代全面从严治党向纵深发展[J]. 中国纪检监察，2017(23).

[14] 李敬煊，李思学. 新时代党的建设理论创新的三重审视[J]. 探索，2018(2).

[15] 吴建雄. 中国反腐：迈向法治化的新征程——新中国成立70周年反腐败斗争[J]. 中国党政干部论坛，2019(10).

[16] 吴建雄. 中国反腐70年的历史答卷[J]. 智慧中国，2019(11).

[17] 吴建雄. 中国共产党自我革命的百年实践、内在逻辑和基本经验[J]. 中南大学学报(社会科学版)，2022，28(2).

[18] 冯志礼. 加强对权力运行的制约和监督[J]. 中国党政干部论坛，2022(3).

[19] 袁曙宏. 深化国家监察体制改革的四重意义[J]. 中国纪检监察，2018(5).

[20] 李林. 习近平全面依法治国思想的理论逻辑与创新发展[J]. 法学研究，2016，38(2).

[21] 吴建雄. 论国家监察体制改革的价值基础与制度构建[J]. 中共中央党校学报，2017，21(2).

[22] 吴建雄，刘峰. 国家监察体制改革：价值、逻辑与路径[J]. 求索，2017(1).

[23] 王阳亮. 人民监督权力：全过程人民民主的内在价值与保障机制[J]. 探索，2022(3).

[24] 王译. 党内监督执纪“四种形态”间程序衔接规制探讨 [J]. 河南社会科学，2021，29 (6).

[25] 周伟. 监察机关派驻监督体制机制的完善 [J]. 现代法学，2020，42 (6).

[26] 王世谊，周琴. 一体推进不敢腐、不能腐、不想腐体制机制研究 [J]. 廉政文化研究，2020，11 (5).

[27] 崔会敏. 监察体制改革背景下提高派驻机构监督有效性的思考 [J]. 社会科学战线，2019 (9).

[28] 王桂玲. 对监督执纪“四种形态”的认知与思考 [J]. 社会科学家，2017 (10).

[29] 韩大元. 论国家监察体制改革中的若干宪法问题 [J]. 社会科学文摘，2017 (8).

[30] 刘峰铭. 国家监察体制改革背景下行政监察制度的转型 [J]. 湖北社会科学，2017 (7).

[31] 余继东. 把握好党内监督与人大监督的有机结合和与时俱进 [J]. 人大研究，2017 (7).

[32] 任建明，吴国斌，杨梦婕. 监督执纪“四种形态”：内涵实质、关键要素及运用指南 [J]. 理论视野，2016 (6).

[33] 薛伟宏. 新时代如何强化检察法律监督 [J]. 中国检察官，2019 (15).

[34] 张相军. 在“全面”和“深化”上发力做实行政检察监督 [J]. 人民检察，2021 (Z1).

[35] 朱孝清. 新中国检察制度的不变与变 [J]. 人民检察，2021 (Z1).

[36] 徐映奇. 民主监督的三维解读 [J]. 广州社会主义学院学报，2019 (1).

[37] 吴建雄. 党的反腐倡廉建设：百年回望及经验启示 [J]. 新疆师范大学学报 (哲学社会科学版)，2021，42 (2).

[38] 吴汉圣. 突出政治监督做到“两个维护” [J]. 中国纪检监察，2021 (3).

[39] 徐显明. 论坚持建设中国特色社会主义法治体系 [J]. 中国法律评论，2021 (2).

[40] 姚强，张晋铭，王忠敏，等. 一体推进不敢腐不能腐不想腐的历史探究和现实思考 [J]. 中国纪检监察，2021 (23).

[41] 李蕢. 当好监督“专业队”“主力军”：发挥专责监督作用加强权力运行监督 [J]. 中国纪检监察，2021 (1).

[42] 黄文艺. 坚持党对全面依法治国的领导 [J]. 法治现代化研究，2021，5 (1).

[43] 秦前红. 全面深化改革背景下检察机关的宪法定位 [J]. 中国法律评论，2017 (5).

[44] 张宏伟. 社会主义协商民主发展与参政党民主监督建设 [J]. 湖北民族学院学报 (哲学社会科学版)，2016，34 (3).

[45] 关晓卫. 有序有效开展民主监督 [J]. 群众，2021 (3).

[46] 刘畅. 人民政协民主监督的演进逻辑、价值意蕴与发展路径 [J]. 吉林大学社会科学学报，2022，62 (4).

[47] 陈伟，周玲. 监察全覆盖视域下政务处分与处分的双轨制运行 [J]. 温州大学学报 (社会科学版)，2022，35 (3).

[48] 李金昌，余卫. 新时代发挥统计监督职能的思考 [J]. 统计研究，2021，38 (6).

[49] 王康康. 推动统计督察和统计巡视监督的贯通协同 [J]. 中国统计，2022 (1).

[50] 黄贵辉，何文靓. 习近平总书记关于权力制约和监督重要论述及其实践价值 [J]. 重庆理工大学学报 (社会科学)，2022，36 (9).

[51] 杨昊杰. 中国共产党纪检监察派驻制度研究 [D]. 北京：中共中央党校，2020.

[52] 赵建业. 监察权研究 [D]. 保定：河北大学，2019.

二、报纸

[1] 海南省海口市纪委监委案件审理室调研课题组. 从案件审理视角看深化运用“四种形态” [N]. 中国纪检监察报，2021-07-15 (7).

[2] 温红彦，盛若蔚，姜洁，等. 坚决打赢反腐败这场正义之战 (砥砺奋

进的五年——党的十八大以来反腐败斗争成就述评)[N]. 人民日报，2017-09-18（1）.

[3] 沈德咏. 充分发挥审判职能依法惩治腐败犯罪[N]. 人民法院报，2003-03-08（3）.

[4] 王晓东. 依法从严惩治腐败犯罪实现职务犯罪审判工作高质量发展[N]. 人民法院报，2021-10-14（5）.

[5] 中共广东省委贯彻落实《中共中央关于坚持和完善中国特色社会主义制度、推进国家治理体系和治理能力现代化若干重大问题的决定》的实施意见[N]. 南方日报，2020-02-11（10）.

[6] 赵乐际. 坚持和完善党和国家监督体系为全面建成小康社会提供坚强保障[N]. 人民日报，2020-02-25（3）.

[7] 瞿芃. 以高质量监督促进高质量发展[N]. 中国纪检监察报，2020-01-16（4）.

[8] 张文显. 准确把握习近平法治思想的鲜明理论品格（深入学习贯彻习近平新时代中国特色社会主义思想）[N]. 人民日报，2021-12-06（9）.

[9] 袁曙宏. 发挥党员民主监督作用[N]. 学习时报，2016-11-10（A1）.

后 记

本书为国家社科基金重点项目“坚持和完善党和国家监督体系研究”(批准号：20AZD106）的结项成果。三年来，课题组紧紧围绕对党的十九届四中全会精神阐释这一定位，坚持目标导向、问题导向和对策导向，积极开展党和国家监督体系的历史逻辑、理论逻辑和实践逻辑研究，把前瞻性理论探索和对策性智库研究结合起来，取得了一系列阶段性成果。2020年4月至2022年12月，课题组成员在《光明日报》《中国法学》《中共中央党校（国家行政学院）学报》《新华文摘》等高级别刊物发表相关学术文章四十余篇，多项成果获正部级以上领导批示，两项成果获省部级以上研究成果一等奖。课题研究突出体现了以下四个特色：

第一，紧密结合建党百年纪念活动拓展研究视野。通过举办“建党百年毛泽东反腐败思想的传承与发展”高峰论坛，编撰出版《中国共产党理论与实际的伟大创新》，在权威核心期刊发表《新中国反腐的历史轨迹和实践经验》《建党百年视域下的反腐败理论创新》《党的反腐倡廉建设：百年回望及经验启示》《中国共产党百年反腐的理论逻辑、实践逻辑与经验启示》《中国共产党自我革命的百年实践、内在逻辑和基本经验》等重磅文章，将健全党和国家监督体系放在建党百年的重大历史成就和宝贵经验的背景下研究，有力证成了党的自我革命与监督体系的内在关系。其中《建党百年视域下的反腐败理论创新》一文被中央党校列为“中国共产党成立一百周年年度十大值得品读的文章之一”。

第二，紧密联系新冠疫情防控实践深化研究主题。密切关注党和国家监督体系在新冠抗疫组织管理中的功能作用，先后发表《习近平法治思想中的公平正义观》《健全公平正义法治保障制度的逻辑展开——基于疫情防控应急状态下的实践考量》《在法治轨道上统筹推进疫情防控工作》《应急管理中公平正义的法治保障》等系列文章，提出我国新冠疫情防控应急管理监督，既是对监督制度优势的一次大考，也丰富了这一制度的时代内涵。面对新冠疫情防控应急管理中的多样性利益需求和矛盾冲突，法治的“利益”“秩序”“效率”“自由”等价值必须在公平正义统摄下实现。在新冠疫情防控应急管理状态下，党和国家监督体系各项监督主体的基本理念和监督方式都应彰显公平正义的价值目标。

第三，紧跟党和国家决策部署推进理论研究创新。党的十九届四中全会《中共中央关于坚持和完善中国特色社会主义制度推进国家治理体系和治理能力现代化若干重大问题的决定》专章作出“健全党和国家监督体系、加强对权力的制约和监督”部署之后，课题组先后发表《习近平法治思想中的反腐败科学要义》《反腐败取得压倒性胜利并全面巩固的制胜逻辑》《构建全覆盖的责任制度和监督制度》等系列成果，及时贯彻党的十九届五中全会精神，充分阐释以高质量监督保障高质量发展的重大命题，跟进党的十九届六中全会关于加强权力运行制约监督体系建设部署要求，集中阐释健全监督体系的顶层设计和改革方向。其间，中共中央发出《关于加强新时代检察机关法律监督工作的意见》，课题组先后发表《人民检察制度的理论逻辑与价值彰显》等重磅文章，出版《以人民为中心：新时代检察工作的创新发展》专著，从理论和实践的结合上诠释如何加强监督体系中的法律监督。其中《司法人员职务犯罪双重管辖制度的多维思考》获最高人民检察院2020年检察理论研究成果一等奖。

第四，坚持问题导向和对策导向有效服务监督体系实践。为统一学术界对深化监察体制改革的基本认知，先后发表《坚持和完善党和国家监督体系的重要抓手——试论纪检监察工作规范化、法治化》等系列论文，其中《国家监察体制改革若干问题探析》被评为人大复印报刊资料《政治学》2020年下载量、阅读量最高的文章。为助推“十四五”经济社会高质量发展，举办“十四五”民营经济法治保障高峰论坛，围绕“亲”“清”政商关系监督，依法平等保护民营企业产权和企业家权益监督，民营经济法治保障落实不到位、不规范、不全面、不深化监督等，提出相应的对策措施并形成专著出版。为助推监督体系顺畅运行，课题组深入纪检监察和检察审判一线进行实证调研，先后发表《监察检察主体互涉案件管辖问题检视》《司法人员职务犯罪侦查制度的基本理论与机制构建》《公职人员职务违法惩戒制度的理论逻辑和有效实施》等学术论文和智库成果，受到副国级领导和省部级领导的关注和肯定性批示。在《光明日报》《瞭望》等中央传媒上发表的《一体推进不敢腐、不能腐、不想腐的法治向度》《高擎监督探照灯》等理论阐释文章，阅读量超过100万人次，形成强大的监督舆论正能量，以满足人民群众对党和国家权力监督的新期待。

本书由本项目负责人吴建雄教授拟定编撰大纲，撰稿人具体分工如下：吴建雄（导论、第一章党和国家监督体系概论）；吴建雄、杨立邦（第二章党和国家监督体系的理论基础）；吴建雄、夏彩亮（第三章加强党对监督体系的统一领导）；吴建雄、马少猛（第四章深化纪检监察体制改革）；林艺芳、吕晓刚（第五章健全人大监督和民主监督制度）；吴建雄、熊世才（第六章加强和改进国家行政监督）；李法宝、晏妮（第七章发挥司法监督法治保障作用）；吴建雄、门甜（第八章加强审计、统计和财会监督）；牧歌、田坤（第九章完善群众监督和舆论监督）；吴建雄、黄琼（第十章党和国家监督的贯通协调）；吴建雄（后记）。全书由吴建雄负责统稿完成。

本书在编撰过程中，吸取了政治学、法学、社会学、公共管理学等多学科专家学者的优秀研究成果。特别值得指出的是，2020年10月在湖南岳阳市举行的“健全党和国家监督体系研究”高峰论坛上，全国人大监察与司法委员会委员谢勇，最高人民检察院咨询委主任、原副检察长朱孝清，湖南省人民检察院原检察长龚佳禾，岳阳市纪委书记、监委会主任谢运策，岳阳市人民检察院监察长罗青，湖南省社会科学院原院长朱有志，湖南大学党委副书记、纪委书记曹升元，湘潭大学党委副书记廖永安，北京师范大学刑事科学研究院研究员李法宝，中国传媒大学教授牧歌，中央党校教授李勇，中国人民大学金融刑法研究所副所长刘建，中南大学教授敖双红等专家学者的开题建言，对课题研究和本书的编撰起了重要参考作用。在此一并深表感谢！

“坚持和完善党和国家监督体系研究”课题组

2023年8月